제국 없는 제국주의 시대

# 제국 없는

# 제국주의 시대

다가온 탈제국의 조류,
한국호의 방향타는 어디로?

김성해 지음

개마고원

머리말

# '제국주의'라는 연구 테마의 덫

　미국은 이번 대통령선거에서 왜 트럼프를 선택했을까? 특별히 주목할 부분은 대외정책에 관한 것으로, 러-우 전쟁을 24시간 안에 끝내고 미국 경제 회복을 위해 수입 물품에 대해 높은 관세를 매기겠다는 그의 선거공약. 해외 전쟁에 천문학적인 액수의 돈을 쏟아부으며 극소수 금융업자와 무역업자들 배만 불리는 자유무역을 바로잡겠다는 선언이었다. 국제정치 전문가들의 표현을 빌리자면 그간의 '국제주의Internationalism'를 접고 '고립주의Isolationism'로 돌아가겠다는, 즉 세계 경찰이 되어 지구촌 악당을 혼내주는 영웅 노릇 그만두고 앞으로 미국만 챙기겠다는 얘기다. 하지만 일방적으로 악당이 되어 쫓기고 죽임을 당하는 쪽에서 보자면, 그간 미국의 영웅놀이가 과거 제국들이 약소국을 상대로 벌였던 제국주의 행태와 딱히 다를 게 있을까. 그런 점에서 이번 트럼프의 당선은 제국의 확장을 잠정 중

머리말 **5**

단하고 우선 집안정리부터 하자는 선택으로 볼 수 있다. 사실 이는, 앞서 제국의 길을 걸었던 영국에서도 있었던 일이다.

1945년 7월 5일, 2차대전의 영웅 처칠 수상과 보수당이 압승을 기대했던 10년 만의 총선거에서 뜻밖의 패배를 했는데, 그 가장 큰 원인이 '지긋지긋한 전쟁, 이제 그만하자'는 공감대였다. 보수당이 집권하면 제국주의 정책이 계속되고, 이를 위해 또 다른 전쟁이 벌어지고, 국방비가 아니라 복지비를 늘려 국민을 먹고살게 해주는 일이 다시 후순위로 밀리는 건 아닌지 하는 우려가 판세를 갈랐던 셈이다. 물론 영국에서 처칠 수상이 버림받은 것과 미국에서 바이든 대통령이 패배한 건 우연의 일치일지 모른다. 대부분의 사람들이 이 시대의 거인이라고 칭송하는 처칠과 달리 트럼프는 범죄자이면서 가짜뉴스를 퍼뜨려 당선된 악마 같은 정치인이라고 믿는 사람도 많을 만큼, 그때와 지금은 닮은 점 이상으로 다른 점도 많으니 말이다.

그렇지만 제국의 확장에 대한 거부감이 강했다는 점, 트럼프가 공약으로 내세운 게 영국 노동당과 많이 겹친다는 점은 부정할 수 없다. 이는 역사가 본디 '단절' 아닌 '연속'이라는 관점에서 볼 때 더 잘 설명된다. 한국 사회에서는 별 관심도 없고, 그래서 한심한 음모론으로 쉽게 치부되는 '미국 제국주의'라는 관점을 다시 꺼내든 건 바로 그런 까닭에서다. 물론 이미 한물간 이야기라거나 또 헛다리짚는다는 정도의 힐난이야 웃어넘긴다 해도, 그렇게 치부하고 말 수는 없는 또다른 고민이 있다는 게 문제다.

*

목마른 사람이라고 누구나 우물을 팔까? 말은 쉬운데 선뜻 "그렇지"라고 답하기는 어렵다. 왜 그럴까? 갈증을 느끼는 건 본능인데 그게 상황에 따라 달리 보인다는 점 때문이다. 이를테면 산을 오르거나 운동을 해서 누구나 갈증을 느낄 때라면 괜찮은데, 그게 아니라면 좀 별난 사람 취급 받기 쉽다. 주변에서는 아무도 물을 찾는 사람이 없는데 혼자만 그런다면 건강이 안 좋은가 하는 소리를 듣는다. 그렇다고 목마르다는 '진단'에 대해 "그럴 수 있겠네"라는 동의만 얻으면 끝일까? 그도 아닌 게 "꼭 우물을 파야겠어?"라는 식으로 '처방'에 대한 질문까지 따라온다. 근처에 있는 다른 우물을 찾아 갈증을 푸는 건 어떠냐고. 계곡물을 마시거나 수돗물을 마시는 등의 다른 선택지도 있지 않느냐고.

그래도 우물을 새로 파는 것말고는 다른 길이 없고 이게 최선이라고 치자. 그럼 이제는 매듭이 지어질까? 안 그렇다. 당장 우물을 판다 해도 '어디'에 구멍을 뚫고, '얼마'나 깊이, 또 '성공 확률'은 어느 정도인지 따져 봐야 한다. 우여곡절 끝에 이 장애물들을 모두 넘어도 또 올라야 할 산이 나온다. 우물을 혼자서는 팔 수 없어 어떻게든 누군가의 손을 빌려야 해서다. 돈 주고 살 수 있는 일꾼이 있으면 몰라도, 안 그러면 도와줄 만한 사람을 상대로 "꼭 필요하고, 다른 선택이 없고, 무엇보다 할 수 있다"라는 걸 다시 설득해야 한다. 이걸 해내면 정말이지 이젠 뭔가 더는 없을 거 같은데, 그렇지 않다. 많은 사람이 넉넉하게 마실 수 있는 물이냐는 마지막 관문이 기다린다. 아무리 공들여 판 우물이라 하더라도 양이 너무 적거나 물맛이 너무 형편없다면 괜한 짓을 한 게 된다. 자신만 그르친 게 아니라 주변 사람에게도 말할 수 없는 민폐를 끼치게 된다.

한국에서 미국을 '제국'이라고 부르면서 미국의 선한 행동에 대해 '제국주의'라 판단하는 것 자체가 이런 우물 파기와 같은 일이다. 대략 다음의 네 가지 이유에서 그렇다.

첫째는, 이 책에서 '목마름'으로 지목한 "왜곡된 세계관과 그에 따른 부작용"이라는 진단에는 논란이 불가피하다는 것이다. "국제사회가 미국이라는 초超-제국에 의해 관리"되고 있는데도 우리 "눈에 콩깍지가 씌었고 또 색안경을 끼고 있어" 그 실체를 모르고 있다는 얘기인 건데, 그 심각성을 선뜻 동의받기가 쉽지 않다. 대체로 나오는 반응의 유형은 대충 세 가지인데, 그중 하나가 '방관자' 집단이다. 인간은 누구나 자기가 보고 싶은 것을 보고 각자 서 있는 자리의 풍경만 보는데 뭐가 문제냐고 생각한다. 또 하나는 이런 생각 자체가 틀렸다고 보는 무리다. 제국주의는 다 지난 옛날 일이고, 미국을 제국이라고 비난하는 건 상식을 벗어난다고 본다. 미국이 국제사회에서 멋대로 하는 일이 있어도 국제기구나 국가 간 협약 및 국제법 등을 벗어나지 못한다는 것, 다른 국가의 영토를 강제로 빼앗지 않았다는 것, 다른 나라의 주권을 일방적으로 짓밟지 못한다는 게 이유다. 마지막으로는, 진단에는 고개를 끄덕여도 그것이 과거에 없던 참신한 주장이거나 뭔가 더 파고들만 한 게 없다고 생각하는 부류다. 이들은, 미국이 노골적으로 제국주의를 추구해도 큰 문제가 없이 굴러가는 건 국제사회 다수의 학습된 무기력 때문이라고 본다. 몰라서가 아니라 알아도 안 한다는 얘기인데, 다르게 보려고 했다면 얼마든지 달라질 수 있었다는 얘기다. 틀린 말은 하나도 없는데 모두가 '목마름'을 느끼지 못하듯, 결국 선택은 직접 삽질에 나서는 사람이 하는 것 아닐까 싶다. 문제의식이 같지 않으니 결과물도 다를 수밖에 없을 것이다.

우물 파기에 비유하는 둘째 이유는 이 작업이 녹록지 않아서다. "남들보다 더 잘할 자신이 있어?"라는 질문에 "물론이지"라고 즉답하기는 어렵다. 국제사회의 본질과 작동방식에 관한 질문이라 실체적 진실을 파악하는 건 누구에게라도 힘들다. 게다가 해외 석학과 비교했을 때 지적 능력이 달리는 건 인정할 수밖에 없다. 관련 정보라도 많으면 좋겠는데, 구조적으로 그러기도 어렵다. 탁월한 통찰력이 있으면 이 모든 한계를 넘어설 수 있겠지만, 그걸 어떻게 자신할 수 있단 말인가.

뒤이어, 셋째 이유는 하고 싶다고 혼자 할 수 있느냐? 아니란 것이다! 작업하는 동안 다른 일은 잠깐 제쳐둬야 할 것이고, 또 출판사도 찾아서 도와 달라고 해야 하는데 그게 간단치가 않다. 앞서 나왔던 세 부류의 반응이 이 단계에서 되풀이된다. 우선 제국주의인지 아닌지가 별로 의미가 없다고 본다면 우물을 파는 (즉 책을 내는) 것 자체가 어리석은 일이 된다. 목마르다는 생각 자체를 인정하지 않는 사람들은 더 야속해진다. 행여 우물을 파는 일 같은 어리석은 짓은 하지 말라고 충고한다. 꼭 필요한 일이라는 점에 동의한다 해도 작업에 동참하는 건 또다른 문제다. 왜 그럴까 싶어도 주변을 둘러보면 이해가 된다. 인터넷 서점들에서 검색해보면, '제국 미국'에 대해 말하면서 미국의 대외정책을 제국주의 관점으로 해석하는 책이 적지 않다. 인터넷, SNS, 유튜브 등에 들어가면 이와 관련한 정보는 더 많다. 낯선 얘기도 아니고, 이 갈등을 풀어줄 '우물'이 아예 없는 게 아니란 얘기다. 그러니 이런 작업은 안 하는 게 상책이라며 외면한다.

책이 나온다고 해서 독자가 읽을 거라 보장할 수 없다는 게 마지막 이유다. 사막에서 오아시스를 발견하는 것과는 달라서, 흥행이란 차원에는 불리한 요소가 너무 많다. 관점에 동의하지 못하는 사람이 봤을 때, 이 책은 적을 이롭게 하는 것이자 미국 얼굴에 침 뱉는 행위다. 일부 좋게 보는 사람들도 대형출판사에서 번역한 책들과 견줘봤을 때 큰 매력을 찾기는 어렵다. 한국 사람이 쓴 책이라 별 내용이 있겠나 하고 낮춰보는 사람이 더 많다. 그래도 이런 질문 정도는 해도 되지 않을까? 우물 하나를 더 만드는 게 꼭 나쁜 걸까? 만약 제대로 된 우물이 있었다면 이런 종류의 갈증이 애초에 없어야 하는 것 아닐까? 게다가 이 책을 통해 그동안 몰랐던 '목마름'이 확인되고, 나아가 한국이 지금과는 다른 길을 선택할 가능성이 조금이라도 있다면 그것 자체로 시도할 만한 가치가 있는 일 아닐까? 갈 길이 멀고 대단한 성과를 못 내도 포기할 수 없다고 믿게 되는 건 이런 질문들에 대해 "그래!"라고 답할 수 있기 때문이다.

*

그럼 어떻게 해야 할까? 장애물은 인정하면서 할 수 있는 걸 잘하는 게 답이다. 그래서 두 가지 서술 전략을 가져왔다. 그중의 하나는 거창한 '이론'을 제시하거나 '진실'을 발견한다는 목표 대신에 그럴듯한 '가설'을 제시하는 방식이다. 만약 다수가 이 가설을 좋게 봐주면 지금 우리가 어떤 문제를 안고 있으며, 이를 해결하기 위해 무엇을 해야 할지 다시 생각하게 되리라 기대한다. 또 하나의 전략은 한국 사회가 필요한 지식을 만드는 일이다. 누구나 서 있는 자리가 다르면 다른 풍경이 보인다는 걸 고려할 때 해외 석학의 지혜에는 한국 스스로 찾아야 할 처방이 없을 수 있다. 만약 한국 사람의 눈으로 우리의 고민에서 출발해 답을 찾는다면 뭔가 다른 우물이 나오지 않을까 하는 기대다.

너무 복잡하거나 변화가 심해 명확한 인과관계나 객관적인 답을 찾을 수 없을 때, 좋은 가설을 찾아 그 타당성을 확인하는 가추법假推法을 많이 사용한다. 몇 개 단계를 밟아 핵심에 다가서는 방법인데, 1단계는 우리가 잘 알고 있는 논리와 관점으로는 이해하기 어렵거나 설명이 안 되는 '현실'을 모아 보는 일이다. 국제사회에서 여기에 해당하는 사례로는 숱한 전쟁의 배후에 미국이 있다는 것, 미국 달러가 누리는 엄청난 특혜, 미국이 하는 일이라면 언제나 한 편이 되는 영국을 비롯한 앵글로색슨 국가, 자국 이익에 전혀 도움이 안 되는 일이 벌어져도 침묵하는 서유럽과 일본, 자본주의 진영에 절대적으로 유리한 국제여론, 국제질서에 대한 다수 약소국의 침묵과 자발적 협력, 민주주의 국가인 미국과 영국 등에서 많은 국민이 전쟁에 찬성하고 커지는 빈부격차에 침묵하는 것 등이다.

적절한 가설을 세우는 게 2단계다. 다른 사람이 쓴 논문이나 책 등에서 제시한 설명이 왜 틀렸는지 살펴보고 더 잘 설명할 수 있는 게 뭔가를 따져본다. 그동안 외면 받았거나 관련성이 적다고 제쳐두었던 가설을 찾아내는 게 핵심이다. 다음 3단계에서는, 이런 과정을 통해 세운 가설이 그간 제대로 해명되지 않았던 현실을 이해하는 데 얼마나 적합한지를 따져본다. 적절한 것으로 밝혀지면 가설로 유지하고 그렇지 않으면 버리는 작업을 반복한다. 4단계에서는 이 과정을 통과한 몇 가지 가설에 맞춰서 객관적 사실과 정황 증거 등을 찾아서 정리한다. 그리하여 대략 다음과 같은 가설이 이 책에서 다루어질 것이다.

① 제국주의는 살아 있다.

② '초-제국' 미국은 서유럽과 일본 등 다른 제국을 실질적으로 통치한다.

③ 제국을 키운 건 앵글로색슨 인종주의와 막대한 경제적 이해관계다.

④ 제국의 진짜 주인은 국민이 아닌 자본가를 중심으로 한 복합체다.

⑤ 제국의 자격은 '심리전'을 통해 완성된다.

⑥ 국제사회 갈등의 본질은 신新냉전이 아닌 탈脫제국이다.

또 하나의 서술 전략으로서 '국적 있는 지식'은 그럼 어떻게 가능한 걸까? 질문에 답하기 전에 한번 따져보자. 우리는 왜 제국주의가 없어졌다고 생각할까? "1945년 해방과 함께 주권을 가진 독립국이 되었잖아"라고 말하겠지만 진실은 약간 다르다. 과거의 식민지처럼 한국에는 무려 3만 명이나 되는 미군이 주둔한다. 전쟁이 벌어졌을 때 대한민국 군대는 미군의 지휘를 받는다. "강제가 아니라 우리가 원한 건데?"라는 반문에도 "그런 상황을 미국이 의도적으로 만들었다면?" 하고 되받을 수 있다. 그러면 당장 "무슨 소리? 우리가 공산화가 될 뻔했는데 미국이라는 천사가 와서 도왔잖아. 당신 미쳤어?"라는 반박이 나올 법하다. 딱히 아니랄 수는 없는데 "그런 생각 자체가 어떻게 만들어졌는지 생각해본 적 있어요?"라는 질문은 던져볼 필요가 있다. 답을 찾기 위해 일제시대로 잠깐만 돌아가보자.

망국을 맞고 10년 정도가 지났던 1919년만 봐도 우리가 독립운동을 한 건 맞다. 그렇지만 그다음에 조선이 어떻게 변했는지는 다들 외면한다. 조정래의 『아리랑』이나 황석영의 『철도원 삼대』 같은 소설이 잘 묘사하고 있듯, 일본이 우리를 못살게 굴고 차별한 것은 어김없는 팩트다. 그렇다고 온 국민이 한마음으로 독립운동을 한 건 아니다. 만주와 연해주에서 일본에 맞서 목숨 걸고 싸운 사람은 극소수다. 이 땅에는 먹고살기 힘들었던, 힘없고 차별받고 가난했던 사람들이 다수였다. 때로는 굶주림에 지치면서, 때로는 죽음의 공포에 시달리면서 그들이 꿈꾼 세상은 뭐였을까? 왕이 다스리던 옛날로 돌아가고 싶지는 않았을 것이다. 그래서 반봉건 투쟁이라고 한다.

일본이 주인 노릇을 하고 조선 사람은 하인처럼 사는 세상도 받아들일 수 없긴 마찬가지다. 그게 반제국주의 혹은 반외세 투쟁이다. 철도 부설 등으로 농사짓던 땅을 뺏긴 농민이나 공장에서 일하면서 부당하게 차별받았던 노동자가 이 대열에 앞장섰다. 그렇지만 대다수 국민은 이런 생각을 못 하거나 덜 한다. 그저 먹고살기 바쁘다. 일본이 주인이 되면서 오히려 잘 먹고 잘살게 된 부류도 나왔는데, 제국에 충성하는 대가로 떡고물을 얻어먹는 부역자 집단이다. 굳이 일본에 충성까지는 아니어도 그저 현실을 받아들이고 타협하는 사람은 훨씬 많았다. 특히 지식인 집단에서 많이 나왔는데, 그들도 처음부터 일본의 앞잡이가 될 생각이었던 건 아니다. 당시 상황이 그렇게 몰고 갔다는 게 더 정확한 표현이다. 일본이 망할 거라고는 누구도 생각하지 못했고, 세월이 지나면서 일본 편에 서는 게 꼭 나쁜 것 같지는 않았을 뿐이다.

2025년 지금의 한국으로 다시 돌아와보자. 우리는 대부분 오늘의 국제사회가 '제국주의'와는 거리가 멀다고 생각한다. 미국을 '제국'이라고 말하는 건 자유지만, 이상한 놈 또는 철부지라는 손가락질을 각오해야 한다. 철천지원수인 북한 정도나 아직도 그런 헛소리를 내뱉는다고 여긴다. 그러나 지금의 '제국'에 대한 생각이 맞든 틀리든, 우리가 그걸 스스로 깨친 게 아니라 그렇게 배운 결과라는 건 인정해야 한다. 한국인이 소비하는 국제사회에 대한 지식이나 뉴스의 원산지는 대부분 미국과 영국 또는 유럽 아닌가. 국내 학자나 언론을 통해서 배웠다고 해도 그들이 참고한 것 역시 다르지 않다. 유학을 다녀왔든, 따로 자료를 뒤졌든, 주로 영어권 지식인의 관점에서 벗어날 수 없다.

미국 학자나 언론인 가운데서 자기 나라를 욕하는 사람이 얼마나 되겠는가? 러시아와 우크라이나 전쟁을 바라보면서, 또 이스라엘과 팔레스타인 전쟁을 보면서 누구를 편들까? 자기 정부가 '민주주의와 인권'을 내세우며 쿠데타 지원이나 경제제재를 할 때 그건 틀렸다고 말할 미국 사람이 얼마나 될까? 그런데 미국 사회만 그럴까? 태평양전쟁을 치를 당시 일본 사람이라고 달랐을까? 독일과 서로 죽고 죽일 때 영국의 정치인, 지식인, 언론인은 과연 국적을 초월할 수 있었을까? 안 그랬을 가능성이 훨씬 크다. 한국이 미국 말만 들으면 안 되는 것은 이 때문이다. 만약 시간을 거꾸로 돌려 일제 때 우리가 일본이 아닌 미국이나 영국의 말도 들을 수 있었다면 어땠을까? 그런 다음에 다른 길을 찾았다면 그 결과가 지금과 같을까? 바로 이런 생각 끝에, 주변에 마실 물이 없지 않은데도 굳이 이렇게 새 우물을 파기로 한 것이다.

미국이 말하지 않거나 하고 싶지 않은 얘기는 분명 있다. 자기들이 볼 때는 당연하고 너무 옳은 것이라 문제로 보지 않을 가능성도 무시할 수 없다. 그런 점에서 우리가 우리 관점을 갖는 것은 너무 당연하다. 그 첫 단추는 미국의 눈과 귀로만 세상을 봤다는 걸 인정하고, 이제부터는 "진짜 그래?"라고 물어보는

데 있다. 제국주의를 정면으로 바라보지 못해서 우리가 무엇을 놓치고 있는지 정도는 스스로 물어야 할 때다. 만약 "제국주의는 살아 있고" "지금이 초-제국 상황이며" "한국은 기껏해야 앵글로색슨 연합제국의 호위무사" 정도에 불과하다는 가설이 맞다면 우리는 무엇을 해야 할까? 게다가 최근 상황이 "'초-제국'을 중심으로 한 진영과 여기에 대항하는 집단 간의 대립"을 본질로 하는 '탈제국'이라는 거대한 조류로 이른바 '신냉전'과는 전혀 다른 흐름이라면, 한미동맹만 고집하는 건 풍차를 향해 돌진하는 돈키호테의 어리석음이 될 뿐이다. 그런 차원에서 이 책이 전쟁을 피하는 현명한 선택에 한 방울의 마중물이 될 수 있으면 좋겠다.

2025년 1월

저자 씀

제1장
# 국제질서 뒤집어보기

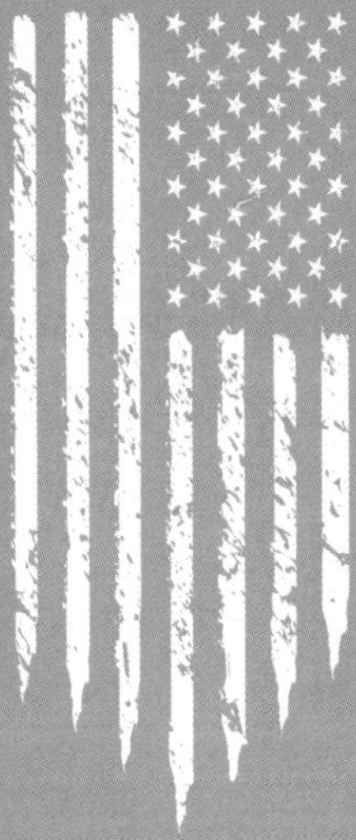

# 질문의 힘

인류에게 자유라는 선물을 준 세 개의 사과 이야기
가 있다. 첫번째 사과는 『성경』의 「창세기」에 등장
한다. 장소는 지상낙원이라는 에덴동산. 최초의 인간 아담은
이곳에서 하나님의 보호를 받으며 산다. 단 그에게 한 가지의
금기사항이 있는데 "선과 악을 보게 하는 사과는 먹지 말라"는
것. 먹고 놀기만 해도 되는 너무 편한 삶이었기에 아담은 이 명
령을 당연히 지켰다. 그러다가 뱀의 유혹에 빠진 아내 하와에
게서 "우리 눈이 밝아지고 더 똑똑해지는 게 싫어서 먹지 말라
고 했대"라는 말을 듣고 난 후에 모든 게 달라졌다.

그간 하지 않았던 질문이 꼬리에 꼬리를 물었다. 하나님은 왜
그러셨을까? 인간이 더 지혜로워지는 게 싫었을까? 날마다 먹

고 노는 게 정말 좋기만 한 걸까? 이 동산 너머에는 뭐가 있을까? 그간 당연했던 모든 게 이런 질문들을 통해 낯설어지기 시작했다. 끝내 넘지 않아야 할 선을 넘었고, 자신이 벌거벗었다는 걸 깨닫는다. 교회에서는 이를 하나님께 복종하지 않은 최초의 죄(즉 원죄)로 본다. 그 죗값은 땀을 흘리지 않으면 먹을 것을 얻지 못하며, 영원히 살지 못하고 흙으로 돌아가는 것. 하지만 세 개의 사과 이야기에서는 절대자 신에 대한 맹목적 복종에서 벗어나 인간이 처음으로 자유의지를 회복한 사건으로 본다.

만유인력의 법칙을 발견한 아이작 뉴턴의 사과가 두번째 사과다. 가을 어느 날 그는 풀밭에 앉아 책을 읽고 있었다. 그러다 문득 "사과는 왜 땅으로만 떨어질까?"라고 물었다. 공중으로 뜨지 않고 땅으로만 향한다면 뭔가 당기는 힘이 있지 않을까 하는 생각으로 이어진다. 땅으로 당기는 중력의 반대는 없을까? 나침반은 무슨 힘으로 움직일까? 번개가 치는 건 전기력이 있다는 증거가 아닐까? 자연의 숨은 법칙에 대한 궁금증이 이때를 전후로 폭발적으로 늘었다. 과학과 기술의 눈부신 발전이 가능했던 건 그 덕분이다. 인간이 자연의 지배에서 벗어날 수 있도록 해준 사과라고 부를 만했다.

이제 마지막 사과가 뭔지 알아볼 차례다. 신과 자연, 그다음에 인간이 벗어나야 할 굴레로는 뭐가 있을까? 답은 무능하고 사악한 정치권력이다. "쫓아내면 되잖아?"라고 하겠지만 그게 말처럼 쉽지 않다. 모든 국민이 주권을 행사하는 민주주의 국가에서도 대통령 한 명을 탄핵하는 게 얼마나 어려운지 생각해보라. 더구나 1789년 프랑스혁명이 일어나기 전까지 유럽에서는 백성이 왕의 목을 잘라본 경험이 없다. 왕의 권력은 하나님이 준 거라서 인간이 임의로 바꿀 수 없다고 믿었다. 그런 생각을 바꿔주기 시작한 게 윌리엄 텔의 전설인데, 여기에 세번째 사과가 나온다.

오스트리아가 스위스를 식민지로 다스렸던 14세기 때가 배경이다. 총독으로 헤르만 게슬러라는 인물이 새로 부임했다. 권력에 대한 절대복종을 가르치기 위해 그는 광장에 자기 모자를 걸어두고 지나가는 누구나 절을 하도록 했다. 명사수였던 윌리엄 텔은 이 명령에 따르지 않았고 끝내 처벌을 받기에 이른다. 영악했던 총독은 제 손에 피를 묻히는 대신에 다른 방법을 생각해냈는데, 그게 텔의 아들 머리 위에 사과를 놔두고 그걸 쏘아 떨어뜨리면 죄를 묻지 않겠다는 거였다. 자칫하면 아들을 제 손으로 죽일 수 있다는 우려에도 불구하고 그는 활을 쐈고, 겨우 아들의 생명을 지켜냈다. 그 광경을 모두 지켜본 후에 총독이 물었다. "너는 아까 화살을 두 개 꺼냈는데 그 이유가 뭐냐"고. "만약 실수하면 나머지 화살로 당신을 죽이려고 했다"라고 그가 답했다. 그 후 텔은 숲으로 도망쳐 독립운동에 나섰고 끝내 독재자를 몰아냈다. 총독의 법은 인간이 만든 것인데 그게 틀린 거라면 꼭 지켜야 하나? 무엇보다 이런 말도 안 되는 명령은 거부할 수 있어야 자유로운 인간이 아닐까? 권력은 신이 부여하는 게 아니라 인간이 쟁취하는 것이라면, 부당한 권력을 거부하고 정당한 것으로 바꾸는 게 당연한 것 아닐까? 남들과 달리 그는 이런 금지된 질문을 던졌고, 끝내 자신은 물론 주변 사람 모두가 더 행복하게 살 수 있는 길을 열었다.

### 깡패 혹은 경찰?

질문은 힘이 세다. 특히 낯익은 풍경을 낯설어지게 할수록 그 위력이 더해진다. 2025년 현재 목격하고 있는 국제사회에 이를 적용해보면 어떨까? 그중에서도 자세히 봐야 할 게 '자유주의적 국제질서Liberal International Order, LIO'인데, 한마디로 지금의 국제사회는 모두의 평화와 행복을 위해 만들어진 최적의 상태로서 주권을 가진 국가 간 자유롭고 평등한 합의를 통해 유지된다는 세계관이다. 자연스럽게 이런 질서를 만들고 지키는 데 앞장서는 미국과 자유민주주의 국가는 영웅이고, 이를 비판하는 무리는 질서의 파괴자가 된다. 앞에 나온 얘기와 닮은 점이 많은데, 그중 하나는 이 자유주의적 국제질서에 대한 두 관점이 정면으로 충돌한다는 점이다. 우선 미국과 유럽 등은 이 상황을 일종의 에덴동산으로 본다. 그간 큰 전쟁 없이 평화를 유지하는 가운데 주권을 가진 국가 간 비교적 평등한 조약과 합의를 통해 꾸준히 경제적 번영을 누리게 해준 든든한 울타리였다는 관점이다. 반면 러시아와 중국, 북한과 이란 등은 이에 대해 전혀 다르게 본다. LIO가 미국과 영국 등 일부 국가만 특혜를 누리면서, 필요할 때마다 자신의 입맛에 맞도록 규칙Rule을 뒤틀고, 나아가 자의적인 판단에 따라 특정 국가를 침략하거나 각종 제재를 가하는 걸 용인한다고 본다. 국제사회 다수가 반대했어도 존재하지도 않았던 무기를 핑계로 이라크를 침공했던 일이나 UN의 거듭된 결의에도 불구하고 이스라엘이 팔레스타인을 대량 학살하도록 살상무기를 지원하는 게 그런 사례다.

또한, 앞서 총독에 저항했던 텔의 이야기에서 보듯이, 이 질서는 바뀔 수 있다는 점에 주목할 필요가 있다. '보이지 않는 손'이 아니라 누군가에 의해 만들어진 게임이라는 시각으로 보자. 축구나 야구, 농구 등이 그렇듯 규칙은 바꿀 수 있는 것이다. 그러면 국제사회의 규칙도 미국을 중심으로 한 강대국과 그들 내부의 자본가 계급이 기획한 것이기 때문에 문제가 있으면 당연히 바꿔야 하는 그 무엇이 된다. 대표적인 게 미국 달러를 중심으로 하는 국제금융 시스템이다. 국가 간 거래를 위해, 또 저축을 위해 모두가 당연하게 사용해왔지만 뭔가 이상하지 않은가. 미국 정부가 돈을 마구 찍어내는 탓에 야기되는 물가 상승 등의 피해는 고스란히 국제사회가 감당해야 한다. 달러를 군사 무기처럼 사용하는 것도 문제다. 전쟁에 대한 책임을 물어 러시아가 달러를 사용하지 못하게 만들거나, 민주주의를 지키지 않는다고 영국이 보관하고 있는 베네수엘라의 달러화 자산을 압수하는 게 여기에 해당한다.

LIO로 불리는 이 질서를 일종의 독재 정치로 보는 사람이 늘고 있다는 것 역시 흥미롭다. 분명 누군가에게 이 질서는 국제연합UN이나 세계은행WB과 국제통화기금IMF 등등의 국제기구를 통해 작동하는 '착한' 권력이다. 그런데 일부에서는 다르게 본다. 겉으로만 그렇게 보일 뿐, 속은 미국이 조종하는 '얼굴마담'에 다름 아니라는 것이다. 국제사회의 약자에게 자유와 행복 대신 부당한 차별과 고통을 주는 기구라고까지 불평한다. 따라서 총독 모자에 경례하기를 거부했던 윌리엄 텔처럼 이 질서를 거부해야 하고, 그러기 위해서는 피를 흘리는 투쟁도 마다하지 않아야 한다는 논리와 연결된다.

도대체 누구 말이 맞는 걸까? 관점이 충돌할 만한 이유가 정말로 있을까, 아니면 현실에 적응하지 못하는 일부의 단순한 불평과 선동일까? 누구도 정답을 알 수 없는 상황이라 해도 불평의 목소리가 점차 커지고 있다는 점만은 분명하다. 과거에는 중국·북한·이란 등 일부 국가만 이 질서가 문제라고 말했는데, 지금은 여기에 브릭스BRICs 국가는 물론이고 글로벌 사우스로 알려진 남미와 아프리카의 많은 국가도 힘을 보태고 있다. 그렇지만 흥미롭게도 한국 사회에는 이런 문제의식이 별로 없다. 한국인 다수는 미국이 가끔 제멋대로 굴기는 해도 민주주의·자유·인권·평화라는 보편적 가치를 추구하는 오늘의 국제사회가 지극히 정상적인 상태라고 본다. 따라서 미국이 이 질서를 지키기 위해 설립한 '민주주의 정상회의' 등에 참석하는 것은 당연하고, 이 질서를 훼손하려는 러시아와 중국에 대항하기 위해 필요하다면 북대서양조약기구NATO에도 가입해야 한다고 믿는다. 왜 그럴까? 미국과 유럽의 관점만 옳다고 믿는 명확한 이유가 있을까? 그게 아니면 지금의 우리 상태가 사과를 따 먹기 전의 아담, 과수원에 앉아 책만 보던 뉴턴, 총독에 저항하지 않았던 스위스 국민과 닮은 점은 없을까?

이를 확인하자면 앞에 나왔던 얘기와 비슷한 상황을 찾아서 낯선 질문을 해보면 된다. 국제사회에서 벌어지는 사건 중에서 워낙 익숙한 나머지 당연하고 자연스러워 보이는 것을 찾아서 그간 '안' 했던 질문을 하면 보지 못했던 게 보이고, 생각이 바뀌고, 끝내 행동도 달라질 수 있지 않을까?

## 천국 혹은 감옥?

'이라크 자유 작전'이 시작된 건 2003년 3월 20일이다. 무려 30만 명이 넘는 미군과 연합군이 쿠웨이트 국경을 넘어 이라크를 침공했다. 이 전쟁이 끝났다는 걸 기리는 기념식은 그로부터 8년 9개월 후인 2011년에 열렸다. 그간 죽임을 당한 사람 숫자는 15만 명이 넘는데, 그 가운데 민간인이 11만 명에 이른다. 희생자 대부분은 이라크 국민이었고, 사담 후세인 대통령도 그중 한 명이었다.[1] 국제법으로 봤을 때 명백한 불법행위였으며 UN의 승인도 받지 못한 전쟁이었다. 전쟁의 구실로 내세웠던 대량살상무기(즉 핵무기)는 끝내 발견되지 않았고, 그조차도 미국과 영국 정부가 의혹의 증거를 조작했다는 게 나중에 밝혀졌다.

전쟁이 끝났다는 발표는 2021년 8월 30일에 한 번 더 나왔다. 미군 중부사령부의 프랭크 매켄지 사령관은 이날 "아프간에서의 철군 완료와 미국 민간인, 제3국 국민들, 그리고 취약한 아프간인들 대피를 위한 군사 임무"가 끝났다고 알렸다. 미국이 아프가니스탄과 전쟁을 시작한 게 9.11 테러가 일어난 직후였던 2001년 10월이니까, 무려 20년이라는 세월이 흘렀다. 미국이 이 전쟁에 쏟아부은 돈은 약 2327조 원 정도로, 우리 정부의 한 해 예산 656조 원(2024년 기준)의 3.5배 수준이다.

애초 전쟁을 시작할 때부터 말이 많았다. 9.11 테러에 책임이 있는 오사마 빈 라덴과 알카에다 조직을 미국에 넘기라고 요구했지만 이를 탈레반 정부가 거절했다고 침공했는데, 지금 이 순간까지도 미국 정부는 빈 라덴이 당시 테러와 직접 관련이 있다는 증거를 제시하지 않았다.[2] 명백한 국제법의 위반이었고 UN의 눈치를 보지도 않았다.

　파괴력에 있어 전쟁 못지않은 경제제재에 대해서도 살펴보자. 모든 걸 자급자족할 수 있는 국가는 거의 없다. 과거 식민지였다가 어렵사리 독립한 많은 약소국의 처지는 더하다. 무역을 통해 필요한 물품을 사고 팔아야 하는데 그게 막히면 온 국민이 앉아서 굶어 죽게 된다. 허리띠를 졸라매서 최소한의 생계는 유지한다 하더라도 제대로 된 일자리도 만들고, 정보통신망이나 의료시설 같은 설비를 갖추기 위해 돈도 빌리고, 투자자도 모아야 한다. 그런데 누군가 특정 국가를 겨냥해서 수출과 수입을 막고, 금융거래도 막고, 투자나 방문도 봉쇄하면 결국 실패한 국가로 남을 수밖에 없다. 국제사회에서 이런 행위를 묶어서 '경제제재economic sanction'라고 부르는데 웬만한 국가는 이 처벌을 받으면 옴짝달싹 못 한다.

　이론적으로는 누구나 자국의 이익을 위해 이런 대외정책을 택할 수 있지만, 그랬을 경우 실제 영향력에서 미국과 견줄 수 있는 나라는 없다. 막강한 군사력으로 언제든지 해상과 하늘을 봉쇄할 수 있고, 무역과 투자에 꼭 필요한 달러 사용을 금지할 수 있기 때문이다. 자기만 안 하면 되는데 '2차 봉쇄'라고 해서 제3자가 거래하는 것까지 막는다.

　미국 국무부 산하에 경제제재 정책과 집행을 담당하는 부서 Office of Economic Sanctions Policy and Implementation가 있다. 대외

정책을 달성하는 데 필요한 광범위한 영역에서 부처 간 협의를 원활하게 하는 한편, 국제사회가 미국의 정책을 올바로 이해하도록 돕는 걸 지원한단다. 홈페이지에 가면 각종 제재를 담당하는 정부 부처가 어디인지 또 어떤 국가·단체·개인이 여기에 포함되는지 등에 관한 정보가 자세하게 나와 있다.[3] 혹시라도 이들과 거래함으로써 동반 처벌을 받는 일이 없도록 조심하라는 뜻에서 누구나 볼 수 있도록 공개되어 있다.

2024년 10월 7일 기준으로 처벌 대상 국가에는 벨라루스, 버마, 브룬디, 중앙아프리카공화국, 쿠바, 북한, 콩고민주공화국, 이란, 말리, 니카라과, 소말리아, 남수단, 수단, 시리아, 러시아, 베네수엘라, 짐바브웨 등이 포함되어 있다. 2024년 기준으로 미국은 전 세계 1/3에 해당하는 국가에게 이런 제재를 가하고 있으며, 그 규모는 다른 국제기구나 국가의 3배에 달한다.[4] 그 가운데 쿠바와 이란에 관한 내용만 좀더 자세하게 살펴보자. 과거 자신을 지배했던 제국주의 국가의 핵심이익을 건드렸다는 원죄로 지금도 처벌받고 있는 실상을 가장 적나라하게 보여주는 사례이기 때문이다.

한때 스페인의 식민지였던 쿠바가 다시 미국의 지배를 받게 된 것은 1903년부터다. 독립을 위해 미국의 도움을 받았는데 그게 호랑이를 집안으로 불러들인 꼴이 되고 말았던 것. 관타나모에는 미국 해군기지가 설치되었고, 석유를 비롯해 주요 기업은 모두 미국 자본이 차지했다. 그러다가 카스트로가 주도한 쿠바혁명이 일어나면서 모든 게 바뀌기 시작했다. 쿠바 정부는 미국 자본가의 재산을 몰수하는 한편으로 석유 등 주요 산업을 국유화했고, 미국은 이에 맞서 무역과 금융거래를 비롯한 모든 경제활동을 봉쇄했다. 식량과 의약품을 제외한 모든 물품의 거래가 막혔다. 보다 못한 UN 총회에서 1992년부터 2024년까지 무려 32번이나 봉쇄를 중단하라는 결의안을 통과시킬 정도였으니 말해 무엇하랴. 제재 대상에 단순히 정부기관만이 아니라 기업체, 호텔, 여행사, 해운사, 하다못해 하바나 시내의 상점까지도 포함되었다.

주요 수출품인 석유를 못 팔게 만든 것을 넘어 다른 수입원인 관광 관련 서비스업까지 모두 막혀 있으니 경제가 정상으로 돌아갈 수가 없었다. 쿠바의 민주화와 인권 개선을 목표로 한 것이라고 내세우지만, 그 때문에 오히려 많은 쿠바 사람들이 경제난으로 고통을 받았다. 게다가 애초 이런 조치가 취해진 배경에는 텍사코Texaco, 쉘Shell, 에소Esso 등 미국 석유업체의 이익 보호가 자리하고 있었다.

이란의 경우는 또 왜 그렇게 되었을까? UN의 경제제재를 받게 된 직접적 계기는 강경 보수파인 마무드 아마디네자드 대통령이 2005년 핵 프로그램을 추진하면서부터다. 미국이 이번에도 앞장섰다. 2006년 이란제재법을 통과시켰고, 2007년에는 이란군의 정예부대인 혁명수비대를 테러지원단체로 지정했다. UN 안보리에서도 2006년부터 여러 번에 걸쳐 핵개발과 관련한 제재안을 통과시켰다. 이란이 여기에 반발해 탄도미사일 개발에 속도를 내면서 유럽연합EU도 이란 중앙은행의 자산을 동결하고 이란산 석유의 수입을 금지했다. 국가의 가장 중요한 수입원인 석유 수출길이 막히고, 금융거래가 끊어지고, 에너지 관련 신규 투자가 단절되면 결과는 뻔하다. 경제가 정상으로 작동할 수 없고, 실업자는 늘고, 국민 불만은 쌓인다. 그게 원래 경제전쟁의 목표인데 현실에서는 정반대 상황이 자주 일어난다. 정치인은 이런 상황에서 뭐든 불리한 일이 생기면 모두 외세 탓으로 돌리는데, 이란에서는 그게 틀린 얘기도 아니었다. 국제사회가 하지 말자고 약속한 핵 개발에 나서게 된 배경을 살펴보면 이해가 된다.

문제는 여기서도 석유였다. 이란의 석유와 천연가스 매장량은 세계 4위다. 영국의 앵글로페르시안오일컴퍼니Anglo-Persian Oil Company(지금은 BP)가 유전에 대한 개발권을 따낸 건 1901년이다. 영국은 여기서 막대한 돈을 벌었고, 이 유전에서 나오는 천연가스와 석유 같은 원료 덕분에 두 차례의 세계대전에서도 이길 수 있었다. 그런데 민족주의 성향이 강했던 모하메드 모사데크Mohammad Mossadegh가 1951년 수상에 취임하면서 문제가 생겼다. 영국이 회계 조작을 통해 너무 많은 몫을 가져간다고 의심했던 이란 정부는 장부 공개를 요구했고 BP는 이를 거부한다. 다수 국민이 영국에 대한 반감이 있던 때였고, 국가 살림을 하기 위해서라도 석유가 꼭 필요했던 모사데크 정부는 결국 석유 국유화라는 카드를 꺼낸다. 영국은 당연히 반발했고 미국의 도움을 받아 국제적 불매운동을 시작한다. 괜히 긁어부스럼을 만들었다는 이란 일부 국민의 불만이 높아지면서 반정부 시위가 벌어지고, 끝내 1953년 미국과 영국이 지원한 쿠데타가 일어난다.

팔레비 왕가의 모하메드 레자 샤가 국왕으로 다시 복귀하면서 이란의 민주주의는 끝이 났다. 그때부터 이란은 미국이 뒤를 봐주는 잔혹한 경찰국가가 됐는데, 행동대장은 이스라엘과 CIA의 도움으로 세워진 사박SAVAK이라는 비밀경찰이었다. 그럼 석유는 어떻게 되었을까? 영국은 한때 뺏길 뻔했던 40%의 지분을 지켰고, 쿠데타 이전까지 빈손이었던 미국계 뉴저지스탠다드오일, 소코니Socony, 캘리포니아스탠다드, 텍사코, 걸프 등도 새롭게 40%의 지분을 얻었다. 1979년 호메이니의 이슬람 혁명이 성공할 수 있었던 데는 이런 배경이 있었던 것이다. 국민의 버림을 받은 팔레비 왕은 미국으로 망명했고 그간 석유에서 벌어들인 돈도 같이 빼돌렸다. 분노한 대학생들이 테헤란에 있는 미국 대사관을 점령해 이 돈이라도 돌려달라고 요구했지만, 지미 카터 대통령은 오히려 미국에 있는 막대한 규모의 이란 자산을 찾아가지 못하도록 동결시켜버렸다. 2025년 지금까지 이어지고 있는 길고 긴 경제봉쇄가 이때부터 시작된 것이다.

자, 이제 질문을 한번 해보자. 오늘날 국제사회는 천국일까 지옥일까? 미국과 유럽처럼 마음에 들지 않는 국가에 언제든지 쳐들어가서 죽이고 강도질을 해도 되는 쪽이 봤을 때는 천국 같은 세상이다. 그렇지만 힘없이 당하는 쪽에서 봤을 때는 지옥에 가깝다. 억울함을 하소연할 수 있는 재판관도 없고, 대신 총대를 메줄 국가도 없다. 그렇다면 미국 등이 이런 짓을 해도 왜 아무도 못 말릴까? 제국주의 시대처럼 "강한 자가 약한 자의 고기를 먹는 것"과 본질에서 뭐가 다를까?

흥미로운 지점은 더 있다. 국제사회는 왜 이런 상황을 막지 못할까? UN도 있고 국제사법재판소도 있는데 미국은 왜 원하는 때에, 원하는 방식으로 그런 행동을 할 수 있는 걸까? 절대다수의 침묵과 소수 국가의 막무가내 행동을 고려할 때, 과거 제국과 식민지의 관계가 겉모습만 바꾼 채 계속되고 있다는 것과 뭐가 다른가?

# 지배받는 지배자?

익숙한 분류 방식으로 선진국·중진국·후진국이 있다. 미국을 비롯해 서유럽, 캐나다, 호주, 일본 등이 선진국으로 분류된다. 그렇지만 같은 선진국이라고 해도, 또 한때 제국을 만들어 많은 식민지를 거느렸던 국가 간에도 엄연한 위계가 있다. 한국과 가까이 있으면서 우리가 늘 경쟁상대로 생각하는 일본을 한번 보자. 패전 이후 일본이 주권을 회복한 계기는 1951년의 샌프란시스코조약이다. 2024년 기준으로 명목상 GDP로는 세계 3위에, 구매력 기준으로는 세계 4위를 차지하는 경제대국이다. 이런 일본이 유독 미국 앞에만 서면 한없이 작아진다. 대략 5만 명이 넘는 미군이 일본 내 15곳이나 되는 군사기지에 주둔하고 있는 것과 관계가 깊다. 미국과 맺은 안전보장조약 덕분에 국방비를 아껴서 그 돈으로 지금의 경제력을 일으킨 거라고 말하겠지만 그건 내막을 모르는 소리다. 그렇게 볼 수밖에 없는 많은 정황 가운데 몇 가지만 살펴보자.

### NO라고 말하지 못하는 일본

『NO라고 말할 수 있는 일본』이라는 책이 발간된 해는 1989년이다. 도쿄도지사를 지낸 우익 정치가 이시하라 신타로石原慎太郎와 소니사 회장 모리타 아키오盛田昭夫가 공동으로 집필한 책으로, 무려 20쇄나 찍을 정도로 인기몰이에 성공했다. 일본 사회가 이들의 주장에 그토록 격하게 공감한 배경은 뭘까? 당시 도요타, 닛산, 혼다 등 일본 자동차회사가 경쟁사였던 미국의 GM, 포드, 크라이슬러를 압도하기 시작했다. 닛폰NEC, 도시바, 히타치, 후지쓰, 마쓰시다(현 파나소닉) 등 일본 기업의 세계 반도체 시장 점유율은 80%가 넘었다. 그 책은, 이런 일본의 눈부신 경제성장에 위협을 느낀 미국이 견제를 시작하자 자신감을 회복한 일본이 여기에 반응한 걸로 보면 된다.

미국 정부의 견제는 1985년 9월 22일 '플라자합의Plaza Accord'를 통해 일본을 희생양으로 만드는 것. 달러 대비 엔화의 교환비율은 250 언저리에서 80 정도까지 떨어졌다. 일본의 화폐가치가 단기간에, 그것도 이 정도 수준으로 높아지면 부작용은 피할 수 없다. 주요 수출 기업으로서는 가격경쟁력을 유지하기 위해 동남아 등으로 공장을 이전할 수밖에 없고, 그렇게 되면 해당 지역의 주민은 일자리를 잃고 경제는 무너진다. 해외 자산을 더 낮은 가격에 매입하고 더 많이 수입하게 된 건 오히려 좋은 일이었지만, 여기에도 문제가 있다. 부동산을 비롯한 자산가치 전반에 거품이 생기면서 일본 정부는 정책 금리를 높일 수밖에 없었고, 그게 부메랑이 되어 부동산값은 폭락하고 금융시장은 얼어붙었다. 일본 경제의 '잃어버린 30년'이 이런 과정을 거쳐 시작됐다.

국가가 주권을 제대로 행사하고 있는지 평가해볼 흥미로운 일화는 더 있다. 2022년 9월 16일, 북한 외무성 대사 송일호는 '조선중앙통신' 담화를 통해 "일본은 조(북)일관계의 성격과 본질을 부정하고 평양선언을 '랍치, 핵, 미싸일 문제해결'을 위한 것으로 왜곡하면서 시종일관 저들의 불순한 정치적 목적 실현에 악용하였다"라고 밝혔다. 일본 정부가 "다 해결된 랍치문제를 부활시켜 죄악에 찬 력사는 덮어버리고 국내외에 반공화국 분위기를 고취하는데 수단과 방법을 아끼지 않았으며 있지도 않은 우리의 '위협설'을 극대화하고 그것을 명분으로 침략적인 군사력을 계단식으로 증강하면서 지역의 평화와 안정을 엄중히 파괴하고 있다"라는 말도 덧붙였다.[5] 뜬금없이 무슨 '평양선언'인가 싶겠지만, 불과 20년 전만 해도 모두가 주목하던 이슈였다.

2002년 9월 17일 평양을 방문한 자리에서 일본의 고이즈미 수상과 북한의 김정일 국방위원장은 '평양선언'에 도장을 찍었다. "국교정상화를 빠른 시일안에 실현시키기 위해 모든 노력을 기울인다" "일본측이 … 무상자금협력, 저리장기차관제공 및 국제기구를 통한 인도주의적지원 등의 경제협력을 실시하며, (이를 위한) 구체적인 규모와 내용을 성실히 협의"한다는 내용이었다. 북한이 일본인 납치를 인정하고 식민지 보상금에 대한 규모를 명시하지 않는 등의 양보를 했기 때문에 가능했던 것으로 알려진다. 회담 직후였던 9월 18일 『아사히신문』이 실시한 긴급 여론조사에서는 이 회담에 대한 평가가 아주 좋았다. 긍정적인 답변은 81%나 됐고, 북한과 국교를 맺는 게 좋다는 응답자도 60%에 달했다.[6] 그런데 합의문 잉크가 채 마르기도 전에 북한이 위에서 말했듯이 모든 게 엉망진창이 됐다.

일본 정부가 약속을 어긴 이유가 없지는 않았다. 북한이 자국민을 납치했고 그중 일부가 아직 살아 있다는 사실에 대한 일본 국민정서가 너무 안 좋았다. '북핵'이라는 안보 이슈도 다시 터졌다. 그해 10월에 평양을 방문하고 돌아온 제임스 켈리 국무부 차관보가 북한이 고농축우라늄HEU 프로그램을 개발하고 있다고 발표한 것이다. 2003년 2월에는 북한에 대한 군사적 행동을 경고하는 한편으로 4월에는 '테러지원국' 지위를 유지한다는 발표도 나왔다. 이후 중국의 주선으로 어렵사리 베이징 6자회담이 열렸지만 별다른 성과를 얻지 못했다. 북한은 마침내 2006년 10월 9일 제1차 핵실험을 실시하기에 이른다. "문제는 결국 북한이네. 정말 뻔뻔하게 남의 나라 국민을 납치하고도 어떻게 이런 회담을 할 수 있지? 겉으로는 제네바협정이니 뭐니 대화하는 척하면서 속으로는 핵과 미사일을 개발해온 게 들통이 났으니 오히려 다행 아닌가?" 누구나 이렇게 말할 수는 있지만, 여기에 미국이라는 변수를 집어넣고 보면 좀 다른 그림이 보인다.

일본이 북한과 관계 정상화를 하려고 진지하게 고민한 건 2002년이 처음이 아니다. 1990년대 초반에도 거의 똑같은 일이 있었다. 그때도 납치된 일본인 문제가 거론되었고, 그때도 북핵 문제에 대한 우려가 있었고, 그때도 식민지배에 대한 보상금이 자칫 북한의 군사력 강화에 악용되지 않을까 하는 걱정이 있었다. 그렇긴 해도 일본이 북한과 관계를 정상화하려고 했던 데는 이유가 있다. 냉전이 끝나고 한국이 중국·러시아와 협력을 강화하면서 일본도 나름의 길을 찾아야 했다. 그런데 미국이 훼방을 놓자 갈짓자 걸음을 걸을 수밖에 없었던 것이다. 북한과 처음 합의했던 조건을 자꾸 바꿨고 끝내 없었던 일이 되고 말았다." 2002년 상황도 이와 매우 비슷했던 것이다. 평양선언이 발표되기 전까지만 해도 미국은 당사자 문제라면서 크게 개의치 않는 것처럼 보였다. 그런데 갑자기 북한의 HEU 의혹을 꺼내 북한은 신뢰할 수 없는 상대라는 여론을 만들었다. 확인되지도 않았고 나중에는 사실이 아닌 것으로 밝혀졌지만, 미국 정부는 이를 핑계로 곧바로 북한 압박에 나섰다.•
그냥 가만히 있다가 결정적인 순간마다 어깃장을 놓는 미국을 보면서 일본은 어떤 생각이 들었을까 싶다.

북한과 일본 정부가 어떻게든 풀어보려고 했던 납치 이슈에 불을 지핀 것도 미국이다. 미국 국무부 차관보였던 리차드 아미티지Richard L. Armitage가 2004년 2월 7일 일본을 방문해 굳이 희생자 가족을 면담한다. 그리고 언론과 인터뷰를 하면서 "미국은 이 문제에 있어 확고하게 일본 편에 서 있으며 6자 회담에서도 이 문제를 포함할 것"이라고 밝힌다.[8] 미국은 이 사건을 이유로 북한의 테러지원국 지위를 2003년에도 유지했고, 「인권보고서」에도 담았고, 뒤이어 2004년에는 북한인권법까지 통과시켰다. 미국이 관심을 보인다고 해서 일본의 여론이 영향을 받을까 싶지만 그건 일본 사회를 모르고 하는 소리다. 한국과 마찬가지로 일본의 정치권과 언론은 항상 미국을 바라본다. 미국의 뜻을 거스르는 정치인이나 정책은 일본 검찰과 언론의 협업을 통해 좌

---

• 미국의 부시 행정부가 들어선 이후 대북정책은 강경책으로 다시 바뀐다. 미국이 제기한 금창리 핵시설 의혹(1999년), HEU 의혹(2002년) 및 BDA 위조지폐 의혹(2005년) 등은 이런 대외정책을 합리화하기 위한 심리전의 연장이었다. 북한 의혹을 둘러싼 심리전 양상은 다음 논문을 참고하면 된다. 김성해 외(2017), 「관습적 오류 혹은 의도적 프로파간다: 북한 관련 '의혹'의 실체적 진실과 담론 왜곡의 구조」, 『의정연구』23권 1호, 187~226쪽.

절된다는 얘기는 2013년 국내에도 번역 출판된 『미국은 동아시아를 어떻게 지배했나』에 잘 나와 있다. 일본 외무성에서 36년간 근무하면서 대외정책에 깊숙이 관여했던 마고사키 우케루孫崎享가 쓴 책이다. 주일 미군기지 축소나 중국과의 관계 강화를 주장하던 다나카 가쿠에이田中角榮, 다케시타 노보루竹下登, 오자와 이치로小沢一郎와 같은 정치인이 몰락한 배후에 미국이 있다는 주장을 담았다. 미국 정보기관 등이 민감한 정보를 수집해 언론에 넘겨주면 이게 스캔들로 확대되면서 도쿄지검 특수부가 수사해 마무리하는 방식이다. 꽤 오랫동안 알려졌던 납치 사건이 북한의 거듭된 양보에도 불구하고 그런 정도의 폭발력을 갖게 된 게 자연스럽게만 보이지 않는 건 이런 까닭에서다.

### 구부러진 주권

주권을 행사하는 데 미국의 승인을 받는 듯한 모습은 서유럽 선진국이라고 예외가 아니다. 안보, 경제, 외교 등으로 나눠서 한번 보자.

2022년 9월 26일, 러시아와 독일을 연결하는 천연가스 파이프라인 노드스트림Nord Stream이 잇따라 파괴됐다. 러시아 북서부에서 발트해를 통해 독일 북부로 이어지는 1230km 길이의 가스관으로, 완공되면 유럽의 천연가스 중 1/4을 공급할 것으로 주목받던 대형 프로젝트였다. 공사가 완공된 건 2021년 9월이었지만, 미국의 반대로 개통이 미뤄지고 있었다. 만약 이 거래가 성사되면 러시아가 막대한 이익을 챙길뿐더러 천연가스를 무기로 유럽 국가들에 영향력을 행사하리란 게 반대 논리였다. 그러나 수송관이 파괴되면서 미국은 이런 걱정에서 벗어났다. 겉으로는 놀란 척해도 속으로는 만세를 부를 만한 일인 점은 더 있다. 미국은 유럽 제1의 액화천연가스LNG 수출국으로 도약할 기회를 잡았고, 자칫 전쟁중인 우크라이나 지원에 소극적일 수 있는 유럽 국가들의 발목도 잡은 것이다. 러시아에 에너지를 의존하는 상태라면 우크라이나를 지원하는 데 있어 미국 편을 안 들거나 덜 들어줄 우려가 있었던 것이다. 도랑도 치고 가재도 잡는다는 속담이 잘 어울리는 상황인데, 문제는 바다에 잠겨 있는데다 이중 삼중의 감시를 받는 대략 80m 정도의 수송관을 아무도 모르게 폭파하기란 엄청나게 어려운 일이란 점이다. 도대체 누가 이 정도로 어려운 일을 비밀리에 해치울 수 있었을까?

폭발이 일어난 지 채 하루가 지나지 않은 9월 27일 미국의 『워싱턴포스트』는 러시아가 범인으로 의심된다는 보도를 내보냈다. 정보원은 익명의 유럽 고위 관료였다. '막대한 돈을 들여서 구축한 가스관을 왜 제 손으로 파괴했지? 무엇을 위해서?'라는 의문이 당연했음에도 유럽의 정부와 언론도 이 주장을 검증하기보다는 퍼 나르기에만 바빴다. 피해당사자에 해당하는 독일과 스웨덴 정부도 범인을 밝히는 데 별로 적극적이지 않았다. 러-우 전쟁이 치열해지면서 점차 관심권에서도 멀어졌다. 그러다가 2023년 2월 8일 탐사보도로 유명했던 미국의 저널리스트 세이모어 허시Seymour Hersh가 뉴스 한 꼭지를 올리면서 다시 주목을 받기 시작했다. 「미국은 어떻게 노드스트림을 제거했는가」란 기사를 통해 그가 지목한 범인은 미국 바이든 행정부와 CIA였다.[9]

기사는 누군가 내부에서 유출한 정보가 아니면 알기 어려운 자세한 비밀로 넘쳐났다. 미국 의회에 보고할 필요가 없는 해군 소속 잠수부가 동원되었다는 것, 2021년 6월 사고 부근 해안에서 열렸던 NATO 군사훈련 때 C4 폭탄을 심었다는 것, 외부의 의심을 사지 않도록 일정한 시간이 지난 뒤 리모트 컨트롤로 점화해 폭발시켰다는 것 등이었다. 그 외에도, 노드스트림2가 개통이 되면 독일과 유럽에 대한 미국의 영향력이 줄어들 것에 대해 바이든 행정부가 많은 고민을 했다는 점도 밝혔다.

동맹이라고 믿었던 미국이 뒤통수를 쳤고 결과적으로 더 비싼 가스를 수입해야 하는 유럽 국가들이 발칵 뒤집힐 것 같은데 안 그랬다. 그중에서도 특히 독일의 태도는 상당히 의외였다. 독일 산업의 경쟁력 유지에 러시아의 에너지는 큰 도움일 뿐만 아니라 지금껏 미국으로부터 독자적인 정책을 취하려 애써온 방향에도 기여가 될 텐데, 지금껏 그저 꿀 먹은 벙어리다.

이번에는 경제와 관련한 이슈를 한번 보자. 미국과 유럽연합은 경제 전선에서는 경쟁자다. 이는 미국 달러에 맞서 1999년 유로라는 단일 통화를 출범시키고 단일 시장을 이룬 데서도 잘 알 수 있다. 자국에게 이익이 되는 사안이라면 미국을 따를 게 아니라 독자적인 정책을 추진하는 게 자연스럽다. 그런데 2010년 중반부터 이상한 일이 벌어졌다. 중국에 대한 미국의 대외정책이 전략적 협력자에서 경쟁자로 바뀌면서 유럽도 방향 전환을 하기 시작한 것이다. 보다 구체적으로 살펴보자면, 중국이 세계무역기구WTO에 가입한 해가 2001년이다. 여기엔 미국 클린턴 정부의 도움이 있었고, 그해 1월에는 중국에 대해 매년 갱신되던 최혜국대우 지위를 '영구적'인 것으로 승인했다. 미국은 중국이라는 신규 투자처가 필요했고, 중국은 미국을 포함해 세계 시장에 대한 접근권을 얻었다.

미·중 관계는 이때부터 2010년 초반까지 상당히 좋았다. 값싼 중국산으로 인해 제조업 기반이 붕괴하고 있다는 '중국 충격China Shock'과 같은 부작용이 일어났어도 미국이 얻는 게 많아 큰 문제는 없었다.* 테러리즘 영역에서도 양국은 손발이 잘

---

* 미국 제조업의 붕괴가 영향을 미친 대표적인 영역은 오히려 정치다. 도널드 트럼프가 내세우는 미국 우선주의는 이런 경제 상황을 반영하고 있으며, 그는 중국 수입품으로 인해 미국 노동자가 겪고 있는 절망적 상황을 대변하는 것으로 정치적 영향력을 키워왔다.

맞았다. 미국이 2002년 이라크를 상대로 대량살상무기를 개발하고 테러리즘을 지원한다는 비난 결의안을 냈을 때 안보리 이사국이었던 중국은 '찬성표'를 던졌다. 미국은 이에 앞서 중국의 신장위구르 지역을 중심으로 분리주의 운동을 벌였던 동투르키스탄이슬람운동ETIM 단체를 테러단체 명단에 올렸다. 당시 국무부 장관이었던 힐러리 클린턴은 중국의 인권문제가 양국 관계의 발전에 걸림돌이 되지 않을 것이라는 발언도 했다.

이런 분위기가 바뀐 건 대략 2010년대 초반이다. 미국은 2008년 금융위기에 휩싸였고 중국은 2010년 일본을 제치고 세계 두번째 경제대국으로 성장했다. 클린턴 장관은 2011년 11월 '아시아 회귀Pivots to Asia' 전략을 발표했고, 오바마 대통령은 미국 해병대 2500명을 호주로 파견했다. 2012년에는 중국의 정보회사 화웨이와 ZTE(통신장비 기업) 등이 국가안보에 심각한 위협이 되고 있다는 의회 보고서도 발표됐다. 중국에 대한 미국 견제의 정점은 2018년 트럼트 행정부의 무역전쟁이지만, 준비 작업은 그 전부터 있었다. 북한과 이란에 대한 제재를 위반했다고 미국 상무부가 ZTE 조사에 착수한 게 2015년이고, 중국을 겨냥한 '무역기밀 보호법Defend Trade Secret Act'과 '정보전쟁대응법Countering Information Warfare Act' 등이 통과된 건 2016년이다. 뒤이어 2018년 12월 6일에는 화웨이의 부회장 겸 최고재무책임자였던 명완저우Mèng Wǎnzhōu가 미국 정부의 요청으로 캐나다에서 연행되는 일도 벌어졌다.

단순히 우연으로만 볼 수 없는 변화가 유럽에서도 일어났는데, 그 과정을 따라가 보자. 2003년 10월, 유럽집행위가 「성숙한 동반자 관계」라는 보고서를 채택한 이래 중국과 EU 관계는 봄날이었다. 양측 사이에 '전략적 대화Strategic Dialogue'가 시작된 건 2005년 12월이다. 그 후로 '거시경제대화Macroeconomic Dialogue'는 2006년에, '고위급 경제와 무역 대화High Level Economic and Trade Dialogue'는 2009년에 각각 열렸다. 공교롭게도 2013년 즈음해서 이런 분위기가 바뀌기 시작했다. 미국이 인공지능·반도체·데이터 관리 분야에서 중국에 대한 공동 대응책을 마련할 목적으로 '범대서양무역투자동반자협정TTIP'을 제안하고 EU가 여기에 동의한 때다.[10]

물론 이때만 해도 유럽 각국은 어떻게든 중국과 협력을 강화하는 길을 모색하는 분위기였다. 이를테면 국제통화기금과 세계은행의 대항마로 중국이 주도한 아시아인프라투자은행AIIB에는 독일, 프랑스, 네덜란드, 덴마크 등 16개국이 참여했다. 그러나 트럼프 행정부가 들어서면서 화웨이와 ZTE 사용을 금지하라는 압박은 점점 커졌다. 영국, 덴마크, 스웨덴, 스페인, 체코, 헝가리 등은 일찌감치 이 대열에 합류했다. 독일과 프랑스는 좀 버티는가 싶었는데 2026년과 2029년까지 화웨이를 퇴출하겠다고 각각 발표했다. 국익을 고려한 결정인지 아닌지 알 수 없어도 미국과 박자를 맞추고 있다는 점은 분명했다.

## 베네수엘라의 경우

명색이 주권국들인데 덜 민감한 또는 덜 중요한 문제에서의 대응은 좀 다르지 않을까? 미국의 뒷마당이지만 유럽으로서는 좀 거리를 둬도 되는 베네수엘라 문제를 보면 꼭 그렇지도 않은 것 같다. 「베네수엘라 야권 분열 속 '한 지붕 두 대통령 체제' 종료」, 『연합뉴스』가 2022년 12월 31일에 올린 뉴스다. 분쟁의 출발점은 2019년 1월 23일이다. 당시 니콜라스 마두로Nicolás Maduro 대통령은 국민투표를 통해 연임에 성공했지만, 미국이 후원하는 야권에서는 부정선거를 이유로 이를 받아들이지 않았다. 정부를 지지하는 쪽과 반대하는 쪽이 대규모 집회를 통해 서로 충돌하는 중에 야권 후보였던 후안 과이도Juan Guaidó 는 자신이 임시대통령이라고 발표했다. "후안 과이도 의회 의장을 베네수엘라 임시대통령으로 공식 인정한다"라는 당시 미국 대통령 트럼프의 성명이 곧바로 이어졌다. 민주주의 복원을 위해 미국의 경제력과 외교력을 최대한 활용할 것이라는 점과 모든 옵션을 고려할 수 있다고 발표했는데, 그게 얼마나 무서운 말인지 알 사람은 모두 알았다. 다시 말하면, 2002년에 우고 차베스 대통령을 강제로 축출했던 것과 같은 쿠데타를 할 수 있다는 경고였기 때문이다.

국제사회의 반응은 뚜렷하게 갈렸다. 중국과 러시아를 포함해 좌파 성향의 정부가 권력을 잡고 있었던 볼리비아와 멕시코는 즉각 반발했다. "외부 세력에 의한 내정간섭"이며, "주권국에 대한 무분별한 간섭"이고, 또 "제국주의 칼날이 남미 민주주의에 치명적 상처를 입히려는 위기"라고 봤다.[17] 유럽 국가들은 어땠을까? 트럼프 대통령에 비판적이었던 터라 미국과 다른 선택을 했을까? 전혀 그렇지 않았다. 불과 사흘 후 1월 26일 스페인·프랑스·독일 정부는 앞으로 8일 이내에 재선거 계획을 발표하지 않으면 과이도 의장을 대통령으로 인정하겠다고 통보했다. 마두로가 아닌 과이도를 대통령으로 인정하겠다는 공식 발표는 2월 4일에 나왔다. 맨 앞에 나선 국가는 스페인이었고 프랑스, 영국, 스웨덴이 그 뒤를 따랐다. EU 19개국의 공동성명도 2월 7일에 발표되었는데 포르투갈, 덴마트, 헝가리, 오스트리아, 핀란드, 벨기에, 룩셈부르크, 체코, 라트비아, 리투아니아, 에스토니아 등도 동참했다.

만약 LIO라는 오늘의 국제질서가 정말 자유롭고 민주주의 원칙에 따라 작동하는 것이라면 유럽 강대국들의 이런 모습은 어떻게 해석해야 할까? 최악의 경우 국가 경제 전반은 물론 자국 기업의 경쟁력에도 치명적인 영향을 줄 수 있는 조치에 대해 독일과 프랑스 등은 왜 침묵할까? 미국의 비위를 맞추는 듯 보이는 이런 정책들이 정말 국가이익을 지키기 위해 합리적인 걸까? 그게 아니면 강력한 누군가의 압박에 의한 걸까? 강제든 설득이든 자신의 의지와는 반대로 행동하는 것이라면 이 상태는 과거 제국들이 미국이라는 더 강한 제국에 의해 지배되는 상태로 봐야 하지 않을까? 국제사회의 약자들은 미국과 유럽에 저항하고 싶어도 그들이 패거리를 형성하고 있어 쉽게 못 덤비는 건 아닐까? 그리고 무엇보다 이 패거리가 막대한 영향력을 행사할 수 있는 배경은 과거 제국주의 시절부터 구축해온 각종 제도와 법률, 특권 덕분은 아닌지 따져볼 필요가 있다.

# 패밀리 혹은 동업자?

UN의 승인은 고사하고 국제사회의 엄청난 반대 여론을 무릅쓰고 영국은 2003년 이라크전에 참전했다. 전쟁의 명분이었던 대량살상무기WMD는 끝내 발견되지 않았고, 그것조차도 조작된 것으로 드러났으며, 아부그라이브 감옥에서는 상상조차 못 할 고문과 인권 탄압이 벌어졌다. 2009년 6월 15일, 불같은 여론에 떠밀린 고든 브라운 총리는 이 문제에 대한 의회 차원의 조사를 지시한다. 위원장으로 존 칠콧 경이 임명되었기 때문에 이 보고서의 명칭은 「이라크 보고서The Iraq Inquirty」혹은 「칠콧 조사Chilcot Inquiry」로 불린다. 각종 기밀문서, 관련자 인터뷰, 정보기관의 분석 자료 등을 광범위하게 검토했고 그 결과는 2016년 7월 6일 마침내 세상에 공개됐다. 여기에는 사담 후세인의 위협이 임박한 게 아니었다는 점, 영국 정보기관의 WMD 보고는 과장되었다는 점, 전후 대응책이 적절하지 않았다는 점 등이 포함되어 있다. 전쟁 참여를 결정했던 토니 블레어 총리가 반전 여론으로 곤경에 처한 조지 부시 대통령에게 "무슨 일이 있어도 나는 당신과 함께할 것I will be with you whatever"이라는 문자를 보냈다는 것도 이 보고서를 통해 드러났다.[12]

보고서가 발표된 뒤에도 블레어 총리의 입장은 달라지지 않았다. 자신이 가진 정보에 기반한 최선의 결정이었으며 지금도 후회하지 않는다고 했다. 전쟁 덕분에 세상은 더 좋아졌고 더 안전한 곳이 되었다는 말도 덧붙였다. 국가를 위한 결정이었으며 그 어떤 개인적인 욕심이 없었다는 점도 강조했다. 정치인 블레어의 말을 믿고 안 믿고는 중요한 게 아니다. 본질은 영국과 미국의 특수관계에 있기 때문이다. "무슨 일이 있어도"라는 말은 블레어와 부시 두 사람 간의 생각이라기보다는 양국 간에 형성되어 있는 집단적 공감대라고 봐야 한다.

물론 앞에서 끌어가는 건 미국이고 뒤에서 미는 쪽은 영국이다. 여기에 백인이면서, 앵글로색슨계로 분류되고, 또 영어를 쓰면서 영연방으로 묶이는 호주·캐나다·뉴질랜드가 호위무사 역할을 한다. 국제사회에서 벌어지는 일 가운데 핵심이익이라고 생각하는 영역에서 이들은 거의 한 몸처럼 움직이는데 자세히 보지 않으면 놓친다. 몇 가지 사례를 통해 확인해보자.

## 국제사회의 패거리

미국의 해리 트루먼 대통령이 의회 연설을 통해 냉전Cold War
의 시작을 공개적으로 밝힌 날짜는 1947년 3월 12일이다. 적
색 제국주의자 소련의 지원을 받는 공산주의 세력에 맞서 자유
민주주의를 지키겠다고 나선 누구라도 도와주는 게 미국의 책
임과 의무라고 했다. 그해 6월에는 유럽부흥계획(일명 마셜플
랜)이 시작되는데, 여기에는 전쟁으로 잿더미가 된 유럽 각국
에 대한 경제적 지원은 물론이고 군사적 지원이 포함되어 있었
다. 전쟁에서 승리한 후에 군사력과 경제력에서 경쟁자가 없던
미국이라서 가능한 일이었는데, 정작 이를 앞장서서 주장한 게
영국이라는 사실은 잘 안 알려져 있다.

그 원조 격이라 할 만한 인물이 바로 영국의 처칠 수상이다.
1946년 봄에 미국을 찾은 그가 '철의 장막Iron Curtain'이라는 유
명한 연설을 한 곳이 다름 아닌 미주리주의 웨스트민스터대학
이다. 하버드대, 예일대, 컬럼비아대 등 쟁쟁한 명문 사립대가
많은데 왜 하필 이런 촌구석 대학일까? 프랭클린 루스벨트 대
통령의 갑작스러운 죽음으로 대통령직을 이어받은 H. 트루먼
이 졸업한 이곳에서 명예박사 학위수여식 행사가 열렸기 때문
이다. 처칠은 이곳에서 독일이라는 질병을 제때 예방하지 못

한 실수를 반복하지 않기 위해서는 극소수의 권력자가 다수를 경찰력으로 통제하는 소련과 같은 전체주의 국가의 확산을 미리 막아야 한다고 말했다. 게다가 대외정책 분야에서는 문외한에 가까웠던 트루먼을 보좌한 인물 대부분은 미국외교협회CFR 출신으로 영국의 정치인 및 지식인 부류와 매우 가까운 사이였다.* 영국이 그리스·이란·파키스탄 등 과거의 식민지에서 영향력을 잃어갈 때 그 빈자리를 미국이 채우고, 동남아시아의 공산화에 맞서 양국이 공동전선을 펴게 된 것은 이런 점에서 전혀 우연이 아니다.

그렇다면 영국에 직접적 위협이었던 소련이 무너진 1990년대 이후에는 그런 관계가 달라지지 않았을까? 공동의 적이 없으면 앵글로색슨권으로 굳이 뭉쳐 다닐 필요는 없을 테니 말이다. 그런데 이들이 하는 행동을 보면 그렇지 않다는 게 드러난다. 먼저 2022년에 시작한 러-우 전쟁에 대한 이들의 대응을 보자.

전쟁은 2025년 현재 시점까지 계속되고 있는데, 어느 쪽도

---

* 모스크바에서 근무하고 있던 국무부 직원 조지 캐넌이 '장문의 전보문'(Long Telegram)을 보내 소련을 경계해야 한다고 주장한 건 1946년 2월 22일이고, 이것이 대중에 알려지게 된 계기는 1947년 『포린 어페어』라는 저널에 실린 글이다. 당시 미국과 영국의 대외정책 엘리트는 각각 외교협회(CFR)와 채텀하우스(Chatum House)를 통해 활동했고 캐넌 역시 1946년 CFR 회원이 된다.

압도적인 우위를 보이지 못하는 상황이라면 종전을 하거나 휴전 협상이라도 시작하는 게 맞다. 그런 노력이 이번 전쟁에서도 없지는 않았다. 전쟁 발발 직후였던 2022년 2월부터 4월까지 튀르키예 중재로 휴전협상이 진행되었던 적이 있다. NATO의 전초기지가 되어 러시아의 안보를 위협하는 일이 없도록 우크라이나를 중립국으로 만든다는 걸 조건으로 러시아는 침공 이전의 수준으로 철수한다는 내용이었다.

푸틴과 젤렌스키 모두 최종 서명만 남은 상태였는데 미국과 영국이 나서서 그걸 막았다. 러시아가 계속 피를 흘리도록 해서 지금보다 훨씬 약한 상태로 만들어야 한다는 계산 때문이었다. 양쪽이 모두 합의한 내용에다 러시아가 도저히 받아들일 수 없는 추가 요구사항을 계속 덧붙이도록 부추긴 인물이 영국의 보리스 존슨Boris Johnson 총리다. 그해 4월 9일 키예프를 방문한 그는 젤렌스키에게 "만약 지금 협상을 한다면 그건 푸틴에게 승리를 안겨주는 것"이며 "만약 그렇게 되면 그는 그것을 지키려 할 것이고, 그것으로 뒷주머니를 챙길 것이며, 또 다른 침략을 준비할 것"이라고 말했다.[13]

이는 미국과 사전 조율 없이는 불가능한 일이다. 전쟁을 계속할 수 있도록 누가 가장 많은 지원을 했는지 들여다보면 금방 드러난다. 2024년 9월 기준으로 미국과 영국은 각각 556억 달러(한화로 약 77조 원)와 128억 달러(약 18조 원)를 지원했다. 각종 공격용 무기를 비롯해 F16 전투기 조종사 훈련과 군사고문단의 파견도 맡고 있다.[14] 유럽에 속해 있지 않으면서도 가장 적극적으로 돕는 국가로는 단연코 호주와 캐나다가 꼽힌다. 호주의 경우, 그간 지원한 액수만 해도 13억 달러가 넘어섰으며, 각종 공격용 무기를 비롯해 우크라이나군의 훈련도 지원한다. 2024년 기준으로 4.5억 달러 이상을 지원한 것으로 알려진 캐나다는 호주보다 더 적극적이다. 캐나다 국방부는 2015년부터 대략 4만 명 이상의 우크라이나 군인을 교육했고, 300명 이상의 군사고문단이 현지에 파견된 상태다. 2016년부터는 미국·영국 등과 함께 우크라이나 국방부를 위해 '국방개혁자문위원회DRAB'도 운영해왔다.

## 중국이라는 악마

중국의 위협을 경고하고, 과장하고, 계속 확산하는 것(즉 악마화)도 살펴보자. 등장 시기는 대략 2010년 전후로 볼 수 있는데, 금융위기를 맞은 미국은 내리막길에 접어들었고 중국은 일대일로—帶—路, 아시아인프라투자은행AIIB, 신개발은행NDB 등을 통해 상승세를 맞은 때였다. 중국 정부가 공공외교를 위해 설립한 '공자학원Confucius Institute'에 대한 공격이 신호탄이었다. 중국어를 포함해 문화와 역사를 가르치면서 중국에 우호적인 지식인 집단을 만드는 게 공자학원의 목표였다. 미국 문화

원, 영국의 '브리티시 카운슬', 프랑스의 '알리앙스 프랑세즈', 독일의 '괴테 인스티튜트' 등과 본질에서는 크게 다르지 않은 기관인데, 대학 안에 자리를 잡은 게 사달을 냈다. 학문과 표현의 자유를 중시하는 게 대학 사회임에랴, 천안문 사건이나 파룬궁 탄압 같은 문제가 정치적으로 민감하다고 해서 교수와 학생들에게 예외적 사안으로 대접받을 수는 없었던 것이다.

이러자 정작 고민에 빠지게 된 건 중국 정부였다. 국가 홍보를 목적으로 설립한 곳이 자칫하면 중국 비판의 온상이 될 판이라 결국 무리수를 두고 말았다. 문제를 일으킨 일부 교수에 대한 지원금이 끊어지고 행사가 취소되면서 오히려 불에 기름을 부은 꼴이 되었다. 대학교수협의회American Association of University Professors라는 단체가 집단으로 나섰고, 공자학원이 중국 정부의 선전 도구가 되었다는 비난까지 더해졌다. 혹을 떼려다 혹을 붙인 격이었다. 명문 사립대로 분류되는 시카고대학이 맨 먼저 공자학원 폐쇄를 결정했고, 2019년까지 무려 19개 대학이 그 뒤를 따랐다. 일부는 진짜로 중국의 위협을 걱정해서였고, 일부는 대학 지원금액에서 덩치가 더 컸던 펜타곤의 압력 때문이었다.[15] 학계라는 좁은 울타리에 머물렀던 중국에 대한 견제심리는 점차 반중反中, Anti-China이라는 집단정서로 자리를 잡았다.

중국이라는 악마는 과연 어떤 모습일까? 먼저, 자유·인권·

민주주의와 같은 규범적 가치를 정면으로 부인하는 존재라는 것. 신장위구르와 티베트 자치구에 사는 소수민족을 집단수용소에 가둬서 강제노동을 시키고, 민주화를 요구하는 홍콩의 대학생들을 재판도 없이 구속하고 고문한다. 중국은 또 남을 돕는 척하면서 뒤통수를 친다. 이를테면, 일대일로 같은 사업으로 약소국에게 항만이나 철도를 건설해주고는 막대한 빚을 지게 만든 뒤 그것을 올가미로 희소 자원을 약탈한다. 인터넷과 무선전화 등 정보통신 인프라를 깔아준 다음에 특수한 장비를 심어 정보를 빼내고 이를 흉기로 활용하면서 협박하고 회유한다. 근데 더 두려운 건 중국을 그냥 놔두면 죽음과 파괴를 불러올 거라는 점, 러시아가 우크라이나를 공격했듯 중국도 조만간 대만을 침공할 게 확실하다. 불량국가인 북한의 핵무기 개발을 묵인하는 것도 그렇고, 침략 당사자인 러시아를 돕는 행위 역시 중국의 세상을 만들기 위한 전략이다.

만약 중국이 이런 악마라면, 앞으로 더 무지막지한 악마가 될 가능성이 크다면, 과연 어떻게 대응해야 할까? 앞서 처칠 수상이 소련을 견제하면서 지적했듯이 치명적인 암이 몸속에 너무 많이 퍼져 손을 쓸 수 없을 정도가 되도록 지켜만 보는 건 해결책이 아니다. 중국이 암적 존재임을 널리 알려서 미리 조심하도록 경고하는 동시에 예방전쟁이라는 외과수술을 준비할 수밖에 없다. 적을 앞에 두고 분열되지 않도록 국내 여론도 관리

해야 하고, 악마의 유혹에 넘어갈 우려가 있는 약소국들에 대한 단속도 당연하다. 악마와도 타협은 할 수 있는 법이라고 믿는 순진한 우방국에 대해서는 상황이 얼마나 엄중한지 알려줘서 '적과 친구' 중에서 빨리 선택하도록 설득해야 한다.

명확한 인과관계를 증명하기는 어려워도 그 설득의 작동방식은 대강 이렇다. 누가 강제로 시키는 건 아니지만 정부, 의회, 펜타곤, CIA, 싱크탱크, 비영리기관NGOs과 언론 등이 알아서 협력한다. 예전에 소련을 악의 제국으로 만들 때나 일본을 때릴 때의 양상과 아주 비슷하다.• 우선 누군가 중국의 악행에 관한 얘기를 되살린다. 과거에 있었던 것도 좋고, 새로운 것도 좋고, 꼭 진실이 아니어도 괜찮다. 정보의 출처는 다양한데 미국은 이 분야에서 누구보다 유리한 처지에 있다. NSA나 CIA 등을 포함해 무려 16개나 되는 정보기관에 웬만한 국가의 국방비보다 많은 돈으로 막대한 인력과 예산을 투입하고 있다. 때로는 전자정보를, 때로는 스파이를 통해, 때로는 해킹으로, 또 필요하면 휴민트를 통해 얻는 정보는 방대하고 이를 필요한 방식

---

• 악의 제국 소련에 대한 문화 냉전은 비교적 잘 알려져 있지만 '일본 때리기'라는 현상은 낯설다. 그렇지만 1980년대와 90년대 초반을 거치면서 이와 관련한 소설과 영화는 꽤 많다. 대표적인 것으로 톰 클랜시의 『적과 동지』, 마이클 크라이튼의 『떠오르는 태양』 등의 소설을 비롯해 〈다이하드〉〈블레이드러너〉〈로보캅3〉 등의 영화가 있다.

으로 활용하면 된다. 엄청난 분량의 1차 정보는 랜드재단RAND, 전략국제문제연구소CSIS, 애틀랜틱카운슬AC 같은 싱크탱크를 통하거나 미국 의회의 재정지원을 받는 국립민주화기금NED과 프리덤하우스를 거쳐 과학적이면서 신뢰할 수 있는 정보로 바뀐다. 일반인이 봤을 때 복잡다단한 주제를 대중 지식 또는 상식 수준으로 다듬어주는 건 언론 몫이다.

근거나 출처가 불확실해도 언론이 보도하면 믿을 수 있는 뉴스가 된다. 단순한 의혹에 불과해도 언론은 해당 보고서를 쓴 전문가, 관련 내용을 잘 알 만한 정부 관료, 직접적인 이해관계자를 인터뷰함으로써 '진실 효과'를 만들어내기 때문이다. 중국에 대한 부정적인 여론이 높아지면 이번에는 정부와 의회가 나선다. 국무부·재무부·무역대표부·연방수사국FBI 등 정부 부처에서는 자체적으로 준비한 보고서와 성명을 발표한다. 의회는 이들 자료에 나오는 인물이나 단체를 불러 청문회를 열고 그 장면이 방송을 타고 전국으로 퍼진다. 전 세계에 흩어져 있으면서 중국 비판에 앞장서왔던 '티베트를 위한 국제캠페인 International Campaign for Tibet' '중국인을 위한 인권수호자CHRD' '중국 법정China Tribunal' '위구르 세계의회World Uyghur Congress' 와 같은 단체도 이 단계에서 합류한다.

악마 중국과 싸우는 한편으로 희생자를 도울 방안을 찾으라는 분위기가 무르익으면 관련 법안이 의회를 통과한다. 정부는 이를 근거로 예산을 편성하고 필요한 행정조치를 한다. 내부 정비를 하는 동시에 UN과 유엔인권이사회와 같은 국제기구, 각종 비영리기구, 국제여론에 대한 공략도 준비한다.

그런데 미국 혼자서 이걸 다 할 수는 없는 노릇이고 이럴 때 지원사격을 해주는 무리가 있다. 과거 식민지였다가 지금은 영국 공영권 국가Commonwealth of Nations로 분류되는데, 그중에서도 영국·캐나다·호주(뉴질랜드)가 제일 열심이다. 패권을 놓고 중국과 직접 경쟁하는 것도 아니고, 자칫 자국 이익에 해를 끼칠 수 있는데도 그렇게 한다. 그들 중 일부(특히 자본가를 포함한 군산복합체)가 미국과 자국을 운명공동체라고 믿고 있어 가능한 일로 보인다. 국가별로 한번 살펴보자.

## 한몸 같은 국가들과 군산복합체

영국에서 먼저 주목해야 할 곳은 1831년에 설립된 왕립합동군사연구소RUSI로, 영국의 명문 귀족과 미국의 전직 장군들이 참여한다. 대외적으로는 특정 정부의 기부금을 거부한다고 밝히지만, 100만 달러 이상의 지원금을 내는 곳 중에는 미국 국무부와 영국 외무성이 포함되어 있다. 그 외에도 '록히드마틴 영국'과 'BAE 시스템스' 같은 방위산업체, 카타르와 뉴질랜드 정부, 그리고 카네기 뉴욕재단 등이 재정지원을 한다. 여기서 끝없이 쏟아내는 중국 견제에 필요한 전문지식 중에는 중국의 전

기자동차로 인한 사이버 안보 문제, 경제력을 악용하는 중국의 강압 외교, 중국의 안보 위협에 대한 NATO의 대응전략, 인공지능을 통한 중국의 감시체제 등이 포함되어 있다.

영국과 미국의 강경 보수주의자가 중심이 되어 2005년 설립한 헨리잭슨소사이어티Henry Jackson Society도 관심 대상이다. 반공주의자로 유명했던 미국 워싱턴주 출신의 상원의원 헨리잭슨의 이름을 땄다. 본사는 영국에 있어도 창립 구성원 중 다수가 미국인이다. 대표적인 인물로는 국방부 관료 출신의 리차드 펄, 언론인 윌리엄 크리스톨, CIA 국장을 지냈던 제임스 울시 등이 꼽힌다. 중국 악마화 작업은 주로 이곳의 인도-태평양연구센터를 중심으로 진행되는데 각종 세미나와 연구보고서 등을 통해서다. 중심 내용은 영국이 왜, 어떻게 대만을 지원할 수 있는지, 중국 정부가 소수민족을 얼마나 혹독하게 다루는지, 중국 등 반서방 세력의 군사적 위협을 어떻게 통제할 수 있을지, 또 중국의 야망을 막는 데 미국과 영국 간 더 강력한 협력체제가 왜 필요한지 등이다.

호주의 상황도 별로 다르지 않다. 몇몇 싱크탱크와 보수적인 언론이 손을 잡고 중국이라는 늑대가 나타났다고 소리를 지르는 게 시작이다. 중국이 곧 대만을 침공할 것이고, 코로나바이러스를 의도적으로 퍼뜨렸다는 소문도 급속도로 퍼진다. 반중분위기를 핑계로 정부는 그간 눈치만 봐왔던 핵잠수함을 도입하고, 오커스AUKUS와 같은 군사동맹을 강화하며, 대만에 대한 지원책을 발표한다. 그리고 이 과정에서 전문적인 의견과 과학적인 분석을 제공하는 곳 가운데 하나가 호주전략정책연구소ASPI다. 호주 국방부 자금으로 2001년에 설립했는데 미국 국무부를 비롯해 그루만·레이티온·BAE 등 미국과 영국의 주요 군수업체가 자금줄이다. 대표적 일간지인 『더에이지The Age』와 『시드니모닝헤럴드Sydney Morning Herald』 등과 함께 2023년 3월 6일부터 「빨갱이 경보Red Alert」라는 제목의 기획기사를 주도했다.[16) 내용은 중국이 앞으로 3년 안에 호주를 침공할 가능성이 있고, 이에 대한 준비가 없다는 주장이었다.

2003년에 설립한 로이연구소Lowy Institute도 주목할 필요가 있다. 영국과 호주 등을 무대로 활동하는 금융업자(Capital Group, Rothschild & Co.), 광산업자(BHP & Rio Tinto)와 유통업자(Westfield Co.) 등이 주요 후원자다. 매년 호주 총리가 와서 특강을 하고 NATO 사무총장을 비롯해 조 바이든과 보리스 존슨 등 미국과 영국의 정치인도 초대를 받는다. 이곳 역시 중국에 대한 공포심과 경각심을 부추기는 데 앞장서는 곳으로 자체적으로 운영하는 『인터프리터The Interpreter』라는 매체와 호주 및 영미권 언론사들을 적극 활용한다. 아시아파워지수Asia Power Index와 각종 여론조사도 발표하는데, 이 자료가 공개될 때마다 언론은 이 연구소의 자문을 받고 그 과정에서 군산복합

〈자료1〉 중국이 호주를 침공할 수 있다는 기획기사 「빨갱이 경보」를 실은 두 신문[17]

체의 관점이 자연스럽게 대중에게 전달된다. 그 외에 미국연구센터USSC라는 곳도 있는데, 2006년 존 하워드 총리의 지시로 만들어졌다. 미국에 대한 호주 국민의 이해를 돕고 양국 관계를 발전시키는 게 목표인데, 미국과 호주를 무대로 하는 사업가 집단이 뒤를 봐준다. 현재 책임자는 미국인 마이클 그린으로 전략국제문제연구소CSIS와 신미국안보센터CNAS● 등에서 경력을 쌓은 인물이다. 단골 후원자로는 미국의 보호를 받는 일

● CNAS 회장 중 한 명이 빅토리아 누란드(Victoria Nulan)인데, 그녀는 2014년 우크라이나 마이단 시민 봉기의 배후로 알려져 있다. 민주당과 공화당을 두루 거치면서 유럽과 아시아·태평양 정세에 깊숙하게 개입해왔으며 강경보수파로 분류된다.

본·타이완·아랍에미레이트 정부를 비롯해 ASPI를 지원했던 주요 방위산업체가 포함되어 있다.

캐나다에서는 이런 작업이 누구를 중심으로 어떻게 진행될까? 백인우월주의가 뿌리 깊었던 캐나다에서 중국인을 포함한 아시아 사람은 언제나 차별의 대상이었다. 1923년에 통과된 '중국인이민법'은 특정 국가를 대상으로 이민을 원천적으로 봉쇄한 거의 유일한 법으로 알려져 있다. 지금도 인구 규모로 따졌을 때 오타와·밴쿠버·토론토 등에서 벌어지는 중국인 대상 혐오범죄의 빈도는 미국 여느 곳보다 높다.[18] 국민정서를 이용하려는 정치권과 일부 기업이 독점하는 언론, 여기에 더해 미국과 영국의 군산복합체와 깊은 관계를 맺고 있는 싱크탱크 등이 이런 상황을 부추긴다. 정치권과 언론에 일종의 먹잇감을 제공하는 곳 가운데는 맥도널드로너연구소Macdonald Laurier Institute를 비롯하여 지난 1966년 애틀랜틱카운슬캐나다로 출발해 지금은 명칭을 바꾼 나토캐나다연합Nato Association of Canada 등이 있다.


### 대영제국이라는 뿌리

앵글로색슨계로 분류되는 이들이 국제사회의 관심 대상이 된 건 2013년 무렵이다. 미국 NSA에서 근무하는 에드워드 스노든이 '프리즘PRISM'이라는 전자감시체계를 폭로한 때다. 미국이 해저케이블과 인공위성을 통해 적대국은 물론 동맹국도 감시하고, 도청하고, 불법으로 자료를 빼낸다는 얘기였다. 미국 혼자라면 불가능한 일일 수 있는데 누군가 도와주면 된다. 미국이 2차대전 참전을 결정하기 직전이었던 1941년 영국과 미국이 맺은 비밀 정보협약에서 출발해 1955년 캐나다·호주·뉴질랜드가 합류한 '파이브아이즈Five Eyes'에 이르는 정보동맹에 답이 있다. 전 세계를 그물망처럼 연결하면서 국가 간 유통되는 정보의 90% 이상을 감당하는 해저케이블, 이를 감시하는 다섯 개의 눈이라는 뜻이다. 고속도로에 설치된 톨게이트를 통해 누가 언제 오가는지 항상 확인하면서 필요하면 특정 차량을 정해 누가 탑승해서 무슨 말을 하는지 등을 파악하는 것에 비유할 수 있다. 우리가 편하게 쓰는 핸드폰, 이메일, SNS는 물론 스마트 TV나 노트북 등을 통해 수집되는 전자정보가 모두 해당된다.

그럼 이런 질문을 한번 해보자. 다른 어떤 국가도 누리지 못하는 일종의 분신술을 이렇게 마음대로 부릴 수 있는 미국은 도대체 어떤 존재인가? 미국이 명령하고 다른 국가는 여기에 복종하는 그런 구조도 아니고, 각자의 주권에 서로 개입하지 않는데도 이 정도의 협력관계는 어떻게 가능할까? 비유컨대 영화 〈대부〉에 나오는 마피아 조직처럼 큰 집은 미국, 작은 집은 영국, 그밖에 캐나다·호주·뉴질랜드는 사촌 정도인 패밀리에 가깝지 않을까? 만약 그렇다면 그 역사도 1945년 이후가 아니라, 이 모든 것의 뿌리가 되는 대영제국으로까지 거슬러 올라가야 한다. 특정한 인종이 중심이 된 연합제국이라고 한다면 질문은 더 생긴다.

미국과 영국은 각각 민주공화국과 입헌군주제 등을 채택하고 있는데, 이들 국가의 진짜 주인은 누구일까? 만약 국가의 주요 정책을 다수 국민이 민주적인 방식으로 직접 결정하고 공동으로 책임을 진다면 국익에 별로 도움이 안 되는 전쟁에 왜 그토록 열광할까? 오히려 이런 상황이 반복된다는 건 국민이 주인이라는 게 허울 좋은 개살구일 뿐 군산복합체와 같은 극소수의 지배세력이 권력을 독점하고 있다는 얘기 아닐까? 그리고 그때도 지금도 전쟁을 주도한 세력과 전쟁에서 목숨을 바치고 경제난으로 고통을 겪는 국민의 처지가 크게 달라지지 않고 있다면, 이게 제국주의가 겉모습만 바꾼 채 계속 되고 있다는 증거 아닐까? 게다가 독일, 러시아, 일본 등 다른 제국과 달리 유독 앵글로색슨에서는 단 한 번도 지배층이 무너지는 혁명이 없었고, 과거의 지배세력이 여전히 막강한 영향력을 행사하고 있다는 점에서 이런 의심이 드는 건 당연한 일 아닐까?

제2장
# 제국주의는 살아 있다

# 꽃과 잡초

한국인이 좋아하는 시 중에 김춘수의 「꽃」이 있다. "내가 그의 이름을 불러주기 전에는/ 그는 다만/ 하나의 몸짓에 지나지 않았다/ 내가 그의 이름을 불러주었을 때/ 그는 나에게로 와서/ 꽃이 되었다"란 멋스러운 시구가 담겨 있다. 본질을 꿰뚫는 정확한 정의 내리기, 규정하기, 또는 이름 붙이기가 얼마나 중요한지 잘 보여주는데 우리 일상에다 이를 한번 적용해보자. 몸이 아파 병원에 가면 의사는 먼저 상태를 살펴본다. 그러고서 감기, 폐렴, 기관지암과 같은 진단(즉 정의 내리기)을 한다. 환자는 의사가 알려준 처방에 따라 감기라면 약국에 가서 약을 먹고 며칠 쉬고, 암이라면 수술을 받고 훨씬 더 심각하고 장기적인 처방을 받게 된다. 그런데 만약 의사의 진단이 틀리면 어떻게 될까? 폐렴에 걸린 환자에게 단순한 감기라고 잘못된 이름을 붙이면 그 사람의 생명이 위태로울 수 있다.

낙인효과라는 것도 '알맞은' 이름의 중요성을 잘 보여준다. 우리가 잘 아는 단어 중에 '빨갱이'라는 게 있다. 전쟁을 겪고, 국가보안법에 옥죄이면서, 국민 누구나 반공교육을 받아야 했던 한국 사회에서 이 낙인은 공포 그 자체였다. 그런데 누구나 이런 낙인을 붙일 수 있었던 것은 아니고 정부·검찰·경찰·군대 등의 권력집단만 그 권력을 누렸다. 반대로 노동자와 농민 등 대부분의 약자는 이런 낙인이 찍히기 전에 요령껏 피하거나, 재수 없으면 자신의 의지나 진실 여부와 상관없이 그런 이름으로 불렸다.

공자가 좋은 정치의 출발이라고 말한 '정명설正名說'도 같은 맥락이다. 틀린 이름을 바로잡음으로써 왜곡되고 잘못된 현실을 바로잡아야 한다는 뜻인데, 이를테면 한때는 덕과 선정을 베풀어 추앙받았던 군주가 세월이 지나 교만해지고 난폭해져 폭정을 일삼으면 그 군주에 대한 바른 이름은 '폭군'이어야 한다는 지적이다.[19] 군주라는 이름을 그대로 쓰면 어떻든 그에게 충성하고 복종하는 게 당연해진다. 그렇지만 폭군으로 불리면 굳이 왕으로 인정하지 않아도 되기 때문에, 그에게 저항하고 필요하면 왕위에서 몰아내는 게 더 정당하고 옳은 일이 된다.

## 하나의 질서, 두 개의 이름

「꽃」이란 시에는 '누군가' 나의 '이름'을 '알맞게' 불러달라는 요청이 나온다. 명칭에 걸맞게 대응하겠다는 뜻에서 '그의 꽃'이 되고 싶다고 말한다. 이를 오늘의 국제사회에 빗대어보면, '꽃'과 '잡초' 사이에서 자신에게 맞는 이름을 찾는 존재가 여기서는 자유주의적 국제질서LIO다. 물론 각자 서 있는 지형, 경험, 이해관계에 따라 관점은 다를 수밖에 없다. 국제사회를 주도하면서 현존 질서의 최대 수혜자로 볼 수 있는 미국과 서유럽이 봤을 때 이 질서는 '꽃'이다. 그들에겐 UN을 중심으로 국제기구들을 통해 모두가 합의한 규칙에 따라 평화롭고 조화롭게 유지되는 소중한 존재이기 때문이다.

브릭스BRICs 등은 이와 달리 지금의 국제질서를 '잡초'라고 본다. 미국의 집중적인 견제를 받는 중국은 이들 가운데서 목소리가 가장 높은 편이다. 2022년 6월 19일에 발표된 『미국의 중국에 대한 인식 오류와 사실』이라는 백서에서 중국은 이렇게 주장했다. 먼저, 이 질서에 대해 "미국의 이익에 봉사하고 미국의 패권적 지위를 보호하는 것"이라는 '명칭'을 부여한다. "미국은 인권이라는 간판을 내걸고 신장 지역에 대해 강제노동이라는 거짓말을 하고 있다. 중국의 발전을 억압하고 국제무역 질서를 어지럽히며 세계 산업망과 공급망의 안전을 파괴하고 있다"는 걸 근거로 제시한다. 보편적 가치로 알려진 민주주의에 대해서도 전혀 동의하지 않는다. "미국은 자국의 모델을 '민주적 기준'으로 정의하고 다른 모델이 존재하는 것을 허용하지 않으며, 소위 '민주주의'라는 기치 아래 파벌을 형성하고 다른 국가의 내정에 간섭한다"라고 본다.[20] 냉전이 시작될 때부터 아예 '독초'라는 낙인을 찍고 지금도 확신하고 있는 국가로는 북한이 꼽힌다. 이에 대해 북한이 뭐라 할는지 뻔해도, 일단 들어는 보자. 북한이 봤을 때 미국은 제국주의자인데, 그 이유는 "자기의 목적을 달성하는 데는 어떤 수단과 방법도 가리지 않고" "만약 어떤 나라가 식민지적 지배와 약탈체계에서 떨어져 나오려 할 때에는 무력간섭, 식민지전쟁도 서슴없이 감행하며 또한 조건이 허락되는 한 보다 자기에게 유리한 직접적인 지배 형태를 취하려 하는" 국가이기 때문이다.[21]

누구의 말이 더 맞을까? LIO는 과연 꽃일까 아니면 잡초일까? 진실 여부에 상관없이 모두가 명칭 하나에 목을 맨다는 건 분명하다. 왜 그런지 이해하는 것도 어렵지 않다. 꽃은 물을 주고 가꿀 대상으로 모두의 사랑을 받아도, 잡초라면 얘기가 달라진다. 구경꾼조차 꽃과 잡초를 대하는 태도는 다를 수밖에 없고, 그들의 태도에 따라 진영 간 우열이 갈릴 수도 있다. 미국 하버드대 교수 스티븐 월트가 저서 『미국 길들이기』(2007)에서 했던 얘기도 이거다. "미국이 '호의적인 패권국가'나 '필수불가결한 강대국' 등으로 인식될지 '못된 초강대국'이나 '일방주의

적 제국'으로 비칠지"에 따라 앞으로 국제관계는 물론 미국의
영향력이 출렁일 거라고 말한다.

## 정황 증거

투명한 유리컵에 물이 절반만 있을 때 물이 반쯤 '찼다'가 맞
을까, 절반이 '비었다'가 맞을까? 진실은 뭘까? 둘 다 맞거나 둘
다 틀렸다고 해야 할까? 그게 아니면 진실은 보는 사람에 따라
다를 수밖에 없다고 해야 할까? 진실이 뭔가에 따라 너무 많은
게 달라진다면 어떻게든 방법을 찾아야 한다. 이때 질문을 몇
개 추가하면 길이 보인다.

먼저 '찼다'와 '비었다'는 의미가 정확하게 뭔지에 대해 확인
할 필요가 있다. '채워지고 있다'와 '비워지고 있다'라는 의미라
면 상태가 아닌 흐름을 볼 수 있어 진실에 더 가까워질 수 있다.
상황을 잘 따져보는 것도 도움을 준다. 물을 따르던 중이었는지
아니면 비우는 상황이었는지에 따라 답이 달라진다. 물컵과 관
련이 있는 사람들의 의견을 들어도 된다. 집단지성이라는 말이
있는 것처럼 각자의 관점을 얘기하더라도 그게 모이면 자연스
럽게 진실이 드러난다. 같은 방법으로 지금의 국제사회에 '미국
제국주의'라는 명칭을 붙일 수 있는지 확인해볼 수 있다. 제국
주의란 도대체 어떤 상태일까라는 질문을 먼저 던져보자.

이 질문에 다가가는 데 일종의 가설로서 새로운 통로를 이용

해보자. 복잡한 주제를 좀 쉽고 단순한 틀거리로 포착해내는 데 영화는 때로 큰 도움이 된다. '설마'를 '진짜'로 만드는 탁월함 때문이다. "정말 그럴 듯하네"와 같은 감상평은 영화가 지닌 현실적 통찰력과 상상적 개연성의 만남을 잘 보여준다. 이로써 복잡한 현실도 영화로 접근하면 단순한 직관적 이해 속에 녹아들어 그 실체를 잘 드러낸다. 그 덕에 전문지식이 없으면 제대로 이해하기 힘든 국제사회, 의학과 우주 등 난해한 영역도 영화를 통하면 머리에 속속 들어온다. 관객은 그냥 줄거리를 따라가면서 받아들이기만 하면 된다.

또 전개되는 상황을 제3자가 되어 객관적으로 인식하게 됨으로써 자신과 비슷한 누군가에 대해 거리를 두고 보게도 된다. "아휴 저 바보, 왜 저걸 못 봐" 혹은 "제발 앞만 보지 말고 주변을 둘러봐"라는 말이 절로 나온다. 눈에 보이는 게 전부가 아니며, 누구나 자신이 통제할 수 없는 상황 속에 놓여 있다는 걸 깨닫는 데도 유용하다. 당연한 것을 그렇지 않게 보는, 익숙한 것을 낯설게 만드는, 어쩔 수 없다고 포기한 것에 대해 '한 번만 더해봐'라는 마음을 먹게 만드는 것도 영화의 매력이다.

영화 〈헝거게임Hunger Game〉 시리즈는 영화로 제작되기 전에 『뉴욕타임스』 베스트셀러 목록에 100주간 올랐던 소설이다. 미국 코네티컷이 고향인 수전 콜린스Suzanne Collins가 쓴 작품인데, 리얼리티 쇼와 이라크 전쟁에서 영감을 얻었다고 알려진다. 베트남 전쟁에 참여한 전직 군인이면서 국방대학에서 국제 정치를 가르친 아버지 덕분에 전쟁에 대해 잘 알았다. 어린이 TV 프로그램의 시나리오 작가로 참여하면서 전쟁과 정치와 미디어의 상호작용에 대한 경험치도 쌓았다고 한다. 현실의 국제 사회를 이해하는 도구로도 맞춤하다. 영화는 현실의 반영이란 점에서.

# 〈헝거게임〉의 통찰

지구촌 어딘가에서는 오늘도 전쟁 중이다. 누군가 너무 싫어서 혹은 생각이 달라서 싸우기도 하지만 대부분은 양보하기 어려운 이해관계 때문이다. 미래에는 달라질까? 과학기술의 발달로 모든 사람이 지금보다 더 잘 먹고, 건강하고, 평화롭게 살까 아니면 그 반대일까? 영화나 소설 등을 보면 전망은 대부분 안 좋은 쪽이다. 장밋빛 세상(그래서 유토피아 또는 무릉도원)보다는 정반대의 모습(즉 디스토피아)이 압도적이다. 영화 〈헝거게임〉의 무대가 되는 판엠의 모습도 그렇다.

인류는 잇따른 가뭄, 폭풍, 화재, 해수면 상승으로 인해 자원 부족에 직면한 상태다. 곳간에서 인심이 나는 법인데 그나마 있던 것도 줄어들면서 자연스럽게 갈등이 생긴다. 제 몫을 지키려는 쪽과 같이 살자는 쪽이 대립하다가 급기야 내전으로 번진다. 독재자 스노우 대통령과 특권층이 사는 캐피톨이라는 도시에 맞서 다른 지역들이 연합해 싸웠지만 군사력, 경제력, 정보력의 열세를 극복하지 못하고 끝내 항복한다. 당연히 몇 가지 중요한 변화가 뒤따랐다. 제2의 내전을 예방하고 질서와 평화를 유지하기 위해 병영국가가 탄생한다. 정치적 안정을 위해 민주주의가 아닌 1인 독재국가로 바뀐다. 군대와 경찰 업무를 통합한 평화유지군이 창설되어 국민을 감시하고 처벌하는 권한을 부여받는다. 분할통치라는 원칙에 따라 구역은 12개로 찢기고, 구역 간 접촉과 모임은 엄격하게 통제된다. 선거권과 자치권은 없다. 캐피톨은 안전을 책임지고 다른 구역은 물품과 서비스를 갖다 바치는 일종의 조공 관계가 성립된다. 1년에 한 번씩 개최되는 '헝거게임'에 참가하는 것도 의무사항이다.

남자와 여자 각 한 명씩 이 게임에 출전한다. 모두 24명이 선발되어 그중에 단 한 명만 살아남는다. 왜 이런 게임을 할까? 명칭 '헝거'에 그 답이 있다. 영어로 배고픔, 목마름, 굶주림을 뜻하는 게 Hunger다. 죽을 만큼 배가 고프면 눈에 보이는 게 없다. 본능만 남는다. 가족도, 친구도, 연인도 아무런 의미가 없다. 평등·자유·우정·사랑 등은 사치품이다. 연례행사를 통해 이런 '본능'을 각인시켰다. 한편으로는 전쟁으로 인한 파괴와 혼돈과 죽음을 떠올리게 만들고, 다른 한편으로는 "강한 놈이 약한 자의 고기를 먹는 건 당연하다"라는 약육강식의 논리를 주입했다. "정말, 그렇게까지?"라고 반문할지 몰라도, 이는 현실을 정확하게 반영한 얘기다.●

그간 74회나 이 헝거게임이 별 탈 없이 진행되었다는 걸 볼 때 지배층의 의도가 잘 관통된 것으로 보였다. 최소한 주인공 캣니스 에버딘이 등장하기 전까지는. 그녀는 영웅이 될 조건을 전혀 갖추지 못한, 광산에서 막노동하는 12구역 출신이면서 불법 사냥으로 가족을 돌보는 여자애였다. 그러나 운명의 노예가 아닌 주인이 되려고 투쟁했다는 점에서 남달랐다. 특히 활을 잘 다뤘다는 게 독재자에 저항한 스위스의 전설적 영웅 빌헬름 텔을 연상시킨다. 총독의 부당한 명령에 저항하기 위해 그가 사용한 것도 활이었다. 그녀는 또 거듭해서 본능을 거부했다. 그중의 하나는 최후의 승자가 되어 목숨도 구하고 부귀도 누리는 대신에 '사랑'을 선택했다는 점이다. 경쟁자였던 다른 구역의 출전자를 인간으로서 존중하고 우정을 보여준

---

● 영국의 철학자 토마스 홉스가 이런 주장을 한 인물이다. 1651년에 출판한 책 『리바이어던』(Leviathan)에서 그는 인간의 본성을 "만인에 대한 만인의 투쟁"이라고 주장했다. "모든 인간은 생존을 위해 경쟁할 수밖에 없다"라는 허버트 스펜서의 '사회진화론'과 찰스 다윈의 '적자생존론' 등으로 발전했다. 본능에 충실할 수밖에 없다는 관점이 절정에 달한 게 19세기 이후의 제국주의다. 아프리카와 아시아의 많은 사람이 영문도 모른 채 노예가 되고, 강제노동에 동원되고, 상품처럼 팔렸다.

〈자료2〉 영화 〈헝거게임〉 포스터. 주인공 캣니스 에버딘의 활은 저항하는 영웅 빌헬름 텔을 연상시킨다.

건 또 다른 파격이다. 덕분에 그간 격리된 채, 캐피톨과는 비교할 수 없이 비참하게 살았던 구역들 간의 '연대의식'이 만들어졌다. 죽은 사람을 추모하기 위한 의식이었던 세 손가락 경례는 그녀를 매개로 '저항'의 몸짓이 됐다. 더욱 주목할 부분은 '희생'이다. 죽임을 당할 게 뻔했던 여동생을 위해 그녀는 헝거게임에 대신 출전했다. 반군 지도자 코인 대통령의 요청을 받아들여 '모킹제이'가 된 것도 희생정신이 있어야 가능한 일이다. 연인이 죽을 수도 있다는 두려움에도 불구하고 혁명이라는 대의를 선택했는데, 이것도 본능을 극복해야 가능하다.

'판엠의 불꽃'은 〈헝거게임〉 시리즈의 제1편으로 2012년에 개봉했다. 뒤이어 '캣칭 파이어'(2013년), '모킹 제이'(2014년),

'더 파이널'(2015년) 등이 차례로 나왔다. 캣니스가 지핀 작은 불꽃이 들불처럼 번져 마침내 혁명으로 이어지는 과정을 그렸다. 무슨 희생을 치르더라도 기득권을 지키겠다는 캐피톨과 한때 무력으로 맞섰다가 지금은 비밀 무장조직으로만 존재하는 13구역. 그리고 그 중간에서 학습된 무기력과 두려움으로 망설이는 다른 구역의 갈등이 흥미롭게 펼쳐진다.

많은 사람이 이 과정에서 죽임을 당한다. 캣니스의 고향이었던 12구역에서만 1만 명의 거주자 중 900명이 겨우 살아남는다. 그래도 노예가 아닌 주인이 되어 더 인간답게 살고 싶다는 희망은 꺾이지 않았다. 독재자 스노우는 물론 자칫 또 다른 독재자가 될 수 있었던 반란군의 지도자도 캣니스에게 죽임을 당한다. 평화와 안정을 찾은 고향에서 평범한 엄마가 된 주인공을 보여주면서 영화는 끝이 난다.

### 판엠과 미국

한국 관객 중 대다수는 영화의 배경 국가로 나오는 판엠을 보면서 북한을 떠올린다. 그게 아니면 전체주의 국가로 치닫는 중국이나 러시아를 연상하기 십상이다. 그렇게 볼 수 있다는 데는 동의해도 이 영화의 배경이 반드시 권위주의 국가일 필요는 없다. 미국이 권력의 중심에 있는 오늘날 국제사회에 적용해도 겹치는 부분이 많기 때문이다. "무슨 말도 안 되는 소리?"

"미국 덕분에 평화가 유지된다는 팍스 아메리카Pax America라는 단어도 모르나?" "9.11 테러 이후에 미국 사회가 느끼는 불안감이 반영된 게 〈헝거게임〉인데 그걸 제멋대로 해석하나?" 평균적 상식을 가진 사람이면 곧바로 제기할 법한 의문이다. 그렇지만 전혀 다른 시각이 가능하다고 볼 만한 근거도 꽤 많다. 몇 가지만 살펴보자.

그중 첫째는 독재라는 상황이 닮았다는 점이다. 특정인 또는 특정 집단이 권력을 독점하고 있는지, 또 권력의 행사가 자의적이고 일방적으로 이루어지고 있는지를 확인하면 된다. 영화에서 코리올라누스 스노우는 50년째 장기집권 하는 대통령이다. 물론 미국은 이와 달리 대통령의 임기는 4년이고 연임만 가능하다. 겉으로 봐서는 전혀 독재일 수가 없어도 특정 집단인 자본가를 넣어보면 다른 그림이 보인다. 미국에서 정치는 '돈'이 거의 전부다. 대통령 중 상당수는 자본가 계급과 밀접한 관계가 있다. 처음이자 마지막으로 네 번이나 대통령을 했던 프랭클린 루스벨트는 네덜란드에서 건너온 자본가 집안이다. 제26대 대통령으로 러일전쟁을 중재했던 시오도르 루스벨트도 이 가문 출신이다. 아버지와 아들이 나란히 대통령이 되었던 부시Bush 가문도 17세기에 잉글랜드에서 이주해 철강·석유·군수업 등으로 엄청난 재산을 축적한 집안이다.

미국 정치인들 가운데 흙수저는 별로 없다. 한 조사에 따르면

연방의원들의 평균 순자산은 116만 달러로 일반인 평균 21만 달러의 5배나 된다.[22] 독재자는 없을지 몰라도 독재하는 계급은 있다고 보는 게 타당하다.● 중국과 비교해보면 왜 '계급 독재'로 봐야 하는지 알 수 있다. 중국에서 독재의 주체는 공산당이다. 전체 인구(14억 명)에서 공산당원이 차지하는 비중은 7% 정도로 1억 명이 조금 못 된다. 당원 중에서 35세 이하는 81.2%다. 여성과 소수민족은 각각 45.5%와 10.5% 정도다. 전체 당원에서 노동자와 농민이 차지하는 비중은 33.3%나 된다. 기껏해야 1%도 안 되는 부자 정치인이 태반인 미국과 비교했을 때 어느 쪽이 국민의 뜻을 더 반영하는지는 생각해볼 부분이 많다.[23]

둘째는, 미국이 국제사회를 대상으로 권력을 행사하는 방식이 캐피톨과 겹친다는 점이다. 필요할 때는 유엔이나 우방국의 동의를 구하지만 대부분 독자적으로 판단하고 행동한다. 1971년 미국 달러를 금gold으로 더는 바꿔주지 않겠다고 발표했을 때나, 2001년 탄도탄 요격미사일 조약Anti-Ballistic Missile Treaty을 파기할 때 그랬다. 대량살상무기를 핑계로 2003년 이라크를 침공

---

● 2013년 기준으로 미국의 상위 1%가 차지하는 재산의 규모는 전체의 36.7%에 달한다. 전문가·소상공인·의사 등 고소득자인 19%의 상류층이 52.2%를 갖는다. 상위 20%의 인구가 재산 89%를 차지하고, 나머지 80% 인구가 나머지 11%를 나눠 갖는 것이다. William Domhaoff (2017) Power in America: Wealth, Income, and Power, Who Rules America, https://whorulesamerica.ucsc.edu/power/wealth.html

할 때는 유엔의 승인조차 받지 않았다. 반란에 가담했다고 구역 전체를 쓸어버리는 따위의 대량 살상도 주저하지 않는다. 지난 2000년부터 2022년까지 미국이 국제사회에 퍼부은 폭탄은 하루 46개다. 20년 동안 무려 33만7000개의 폭탄과 미사일을 쐈다. 무장헬기를 활용한 공격은 빠진 수치다. 대중에게 알려진 공격은 전체의 10%에 불과하다. 펜타곤이 밝히지 않는 한 알 수가 없다. 공격 대상은 누구였을까? 공식적으로 전쟁을 했던 이라크, 아프가니스탄, 시리아, 예맨 등은 당연히 포함된다. 고개가 갸웃거려지는 곳도 다수가 공략 대상에 올라 있다. 레바논, 리비아, 파키스탄, 팔레스타인, 소말리아 등이다.[24]

내가 하면 로맨스고 남이 하면 불륜이라는 '내로남불'도 일상적인데, 국제형사재판소ICC 사례가 그중의 하나다. 집단살해, 전쟁범죄, 반인도적 범죄에 대해 처벌할 수 있도록 하자는 국제조약으로, 전 세계 120개국이 여기에 서명했고 한국도 2002년 국회 비준을 마쳤다. 미국은 이 조약을 아직도 받아들이지 않고 있다. 중국이나 북한의 인권문제를 가장 혹독하게 비판하면서도 정작 자신은 정반대로 행동한다. 테러리스트를 조사한다는 구실로 쿠바령 관타나모 기지에서 불법 감금과 고문을 했다. 이라크의 아부그라이브 수용소에서는 전쟁 포로를 맹견으로 위협하거나 성적 수치심을 주는 등으로 인권을 짓밟는 행위도 서슴지 않았다.

영화 속 배경이 지금과 닮았다는 셋째 근거는 단극질서를 다자질서로 바꾸려는 공감대가 확산하고 있다는 점이다. 질서를 어떻게든 유지하려고 하는 쪽과 여기에 맞서는 진영이 있다. 비유하자면 캐피톨과 평화유지군 출신이 많았던 제2구역은 미국이 중심에 있는 자유민주주의 진영이고, 중국과 러시아가 이끄는 브릭스 국가들 및 남미와 아프리카에 있는 다수의 개도국은 반란군 진영이다. 현실의 국제사회에 갈등의 골이 깊고 넓다는 건 2023년 8월에 열린 '요하네스버그 2차 선언'에 잘 정리되어 있다. 그들은 미국이 과도한 영향력을 행사하는 UN을 개혁하고, 국제기구에서 개도국의 목소리가 더 많이 반영될 수 있는 의사결정 구조를 만들며, 또 미국 달러를 대신할 수 있는 대안통화 체제를 원한다. 특히 러시아의 푸틴 대통령은 〈헝거게임〉의 반란군 지도자 알마 코인 대통령을 연상시키는 인물이다. 그는 미국과 우방국에 대해 "(자신의) 우월성을 상실하고 있다는 것을 받아들일 준비가 되어 있지 않고, 부정의한 일극 모델을 유지하기 위해 애쓰고 있다"고 비판하면서 "현재 국제 관계는 다극체제로 만들어져 가고 있으며 이는 되돌릴 수 없는 과정이다"라고 주장한다.[25)]

넷째 근거는 혁명의 분위기가 무르익을 수밖에 없는 단계에 왔다는 점이다. 2015년에 나온 최종편 '더 파이널'에 이와 관련한 장면이 나온다. 반란군 사령부는 항복을 거부하는 2번 구역이 캐피톨을 돕지 못하도록 그들의 주거지인 광산 입구를 붕괴시킨다. 민간인 일부만 겨우 탈출하는데 캣니스는 그들을 돕다가 인질이 된다. 목에 총을 겨눈 상태로 2구역 출신의 그 군인은 "널 살려줘야 할 이유를 대봐"라고 묻는다. 잠시 침묵한 다음 주인공은 이렇게 말한다. "없어요. 바로 그게 문제죠. 우린 당신들 광산을 폭격했고, 당신들은 우리 구역을 불태워버렸으니 서로를 죽일 이유가 아주 많죠. (…) 끝없는 악순환이죠. 결국 이기는 건? 항상 스노우죠"라고. 노예끼리 서로 죽고 죽이는 동안 주인의 배만 채워줬다는 것과 스노우를 죽여야 이 상황이 끝난다는 절규였다.

국제질서를 바꾸려는 쪽도 이렇게 생각한다. 전쟁이 벌어져서, 외환위기가 생겨서, 또 분열과 증오가 그치지 않아서 미국이 어부지리를 얻는다고 본다. 진실은 뭘까? 정말 미국이 '게임메이커'가 되어 이런 상황을 일부러 만들고 있을까? 그게 아니면, 원하진 않았는데 결과적으로는 그렇게 되는 것일까? 각자 서 있는 지형에 따라 관점은 달라질 수밖에 없다. 그런데 콧노래를 부르는 건 매번 미국이라는 점은 안 바뀐다.

뇌사 상태라며 비웃음거리였던 북대서양조약기구NATO는 최근 화려하게 부활했다. 중립국이었던 핀란드와 스웨덴도 회원국이 됐다. 독일, 폴란드, 체코 등은 밀린 회비를 급하게 정산했고, 미국산 무기를 전례 없는 규모로 사들이고 있다.[26] 남중국

해와 대만해협의 전쟁위기와 북한의 군사도발도 미국으로선 꽃놀이패다. 관련 당사국은 무기 수입을 늘리는 동시에 미국이 제안하는 동맹에 목을 맨다. 전쟁의 북소리가 높아지면서 안전 자산인 미국 달러 역시 귀인 대접을 받는다. 국제사회는 미국 국채를 더 많이 매입하고 달러화 하락에 자발적으로 개입한다. 그야말로 영화 속 조공朝貢 관계와 같은 불평등에 다름 아니다. 화폐야 종이와 잉크만 있으면 얼마든지 찍어낼 수 있지만, 이 건 달러가 국제사회의 기축통화이기에 가능한 일이다.

그러니 미국은 유일하게 무역적자를 걱정하지 않아도 된다. 다른 국가는 상상도 못 하는 특혜다. 만약 미국처럼 다른 국가에서 무역적자가 계속 늘어났다면 벌써 파산했을 것이다. 빚쟁이가 발행하는 어음을 아무도 안 받으려고 하는 것과 같은 이치로 말이다. 그러나 미국 달러는 다르다. 좋든 싫든 국제사회는 달러가 필요하다. 그래야 해외에서 필요한 물품과 자원을 수입하고, 결제하고, 외환보유고라는 비상금도 저축할 수 있다. 국제사회는 또 달러 가치의 하락도 막아야 한다. 안 그러면 자국 통화의 교환가치가 높아져 수출에 지장을 받는다. 그렇게 되면 필요한 물품을 사는 '돈', 즉 달러를 못 번다.

희귀 자원이나 식량의 양은 정해져 있는데 달러가 계속 풀리면 물가 상승은 당연하다. 환율도 인위적으로 낮춰야 하는 상황이라 같은 돈으로 더 '적은' 양의 물건을 더 '비싼' 값을 내고

사게 된다. 덕분에 미국은 전 세계 물자를 언제나 헐값에 이용하고, 다른 국가는 날마다 허리띠를 더 졸라매야 한다.[27] 경제학에서는 이를 '시뇨리지Seigniorage'라고 한다. 화폐를 만드는 데 들어가는 필수 경비를 뺀 나머지 이익을 뜻한다. 미국 100달러 지폐에 적용해보면 이해하기 쉽다. 필요한 건 종이, 인쇄설비, 인건비 정도다. 많아야 1달러가 채 안 되고 99달러가 남는다. 누군가 이 권력을, 그것도 자본주의 국가에서 독점한다면 거의 신에 가까운 존재가 될 수밖에 없다.

국가별로 신용도에 따라 돈을 빌릴 수 있는 능력과 이자가 달라진다는 것도 문제다. 미국에 너무 유리한 구조다. 세계 3대 신용평가사로 평가받는 무디스, 스탠다드앤푸어스, 피치Fitch(IBCA) 등이 모두 미국에 본사를 둔 회사다. 팔은 안으로 굽는다는 속담처럼 미국에 대해 남들처럼 엄격하고 공정한 잣대를 들이대기 어렵다. 국제통화기금과 세계은행도 미국 정부의 통제를 받는다.

덕분에 미국은 아무리 많은 해외 빚을 져도 신용등급이 크게 떨어지지 않는다. 연방정부의 채무가 9060억 달러에 불과했던 40년 전이나 2023년 12월 기준으로 26조2000억 달러(약 3경6000조 원)나 되는 지금이나 여전히 최상위권이다. 미국은 그 덕분에 2023년 기준으로 국내총생산GDP의 3.36%나 되는 9055억 달러(약 1209조 원)를 국방비로 쓴다. 무려 16개나 되는 국가정보국NSA, 중앙정보국CIA, 국방부정보국DIA 등에서 쓰는 657억 달러는 별도다.[28] 돈을 물 쓰듯 할 수 있는 마당에 이런 특혜를 마다할 리가 없다. 미국을 제국이라고 부르는 건 이를 고려할 때 낯선 것도, 틀린 것도, 잘못된 평가도 아니다.

## 정보와 미디어의 힘

마지막으로 닮은 점은 '미디어'에 있는데, 판엠의 통치술 중 하나인 '분할' 전략에 없어서는 안 될 무기다. 구역 간 소통은 오로지 '미디어'를 통해서만 할 수 있다. 무엇을 어떤 관점으로 보여줄 것인지, 반복할지 말지, 언제 보여줄지 등을 통제하는 건 항상 캐피톨이다. 영화 속 인물 시저 프릭커맨이 진행하는 프로그램을 통해 확인할 수 있다. 헝거게임 참여자를 인터뷰하는 것을 포함해 판엠에서 벌어지는 주요 사건들이 그의 입을 통해 전달된다. 단순하게 있는 사실만 전달하는 게 아니다. 항상 '왜' 이런 일이 벌어졌는지, 특정한 사건이 진실인지 아닌지, 아니라면 그렇게 믿어야 할 근거는 무엇인지 등에 대해 친절하게 설명한다. 명백한 허위일 때도 이를 아는 사람은 침묵을 강요당한다. 대안 진실 또는 만들어진 진실이 미디어를 타고 '반복'해서 전달되면 결국 현실이 되고 만다.

모든 장면을 한꺼번에 보여줄 수 없으므로 당연히 '편집'도 한다. 게임의 목적에 합당한 장면은 강조하고 그렇지 않은 건 축소한다. 적자생존이라는 것, 죽이지 않으면 죽는다는 것, 살아남기 위해서는 강자에게 의존해야 한다는 등의 메시지가 끝없이 쏟아진다. 다른 구역의 반응을 전달하는 방식도 마찬가지다. 행여나 동정이나 불순한 생각을 유도할 수 있는 장면은 검열 대상이다. 전황이 위태로워졌을 때도 미디어는 개입한다. 캣니스 일행이 몰래 잠입하다 몰살을 당했을 때는 그 장면을 반복해서 내보낸다. "저항은 아무런 의미가 없다. 너희가 영웅이라고 믿었던 캣니스는 저렇게 죽임을 당했다. 혁명에 동조하지 말고 복종해"라는 메시지를 전달하기 위해서다. 주인공의 연인이면서 같은 구역 출신이었던 피타 멜라크를 출연시킨 것도 이유가 있다. 내부자가 말하면 설득력이 높아진다. 방송을 통해 피타는 "캣니스가 반란군에 이용당하고 있다는 것"과 "혁명이 이번에는 성공할 것이라는 주장은 헛소문에 불과한 것"이라고 말한다. 달리 정보를 얻을 수단이 없어 미디어는 더 강력한 영향력을 누렸다. 반란군 지휘부가 혁명의 불씨를 지켜내고 끝내 승리한 것도 미디어를 성공적으로 해킹했기 때문이다. 미디어에 대한 통제권을 뺏긴 후 캐피톨은 힘없이 무너졌다. 국제사회는 그렇지 않다고 생각할지 몰라도 그런 짐작과 현실은 꽤 다르다.

전 세계에서 정보를 가장 많이 수집하고 분석하는 게 미국이라는 국가다. 2013년 에드워드 스노든이 폭로한 것처럼 미국은 필요한 정보라면 수단과 방법을 가리지 않는다. 인터넷을 거치는 모든 정보를 중간에서 불법으로 수집해 분석하고, 이를 안보와 감시 목적에 쓴다. 정치인의 통화, 대외정책 비밀 문건, 일반인의 은행과 건강 정보 등도 예외가 아니다. 그게 어떻게 가능할까? 전 세계 정보 유통의 90% 이상을 차지하는 해저케이블을 장악하고 있으면서 정보통신IT 분야에서 가장 앞선 기술을 갖고 있어 가능하다. 제국을 건설한 영국이 이 케이블 구축을 먼저 시작했고 미국이 완성했다.

2022년 현재 400개 이상의 광섬유 채널 중 66% 정도를 구글·페이스북·아마존·마이크로소프트 등 미국의 거대 IT기업이 소유하고 있다. 정보의 유통과 저장 등을 관리하는 곳은 전 세계에 흩어져 있는 정보센터다. 영국, 일본, 브라질, 독일, 인도, 태국 등에 있는 센터는 그곳 미군 부대 내에 있다. 호주, 뉴질랜드, 사이프러스, 케냐, 오만 등에 있는 정보센터는 정보동맹으로 묶여 있는 영국과 호주 정부의 통제를 받는다. 인터넷 세상이 되었어도 국가 간 전혀 평등하지 않은 국제 정보질서가 이렇게 생산된 정보의 유통과 소비 과정에 개입한다.* 그 작동방식을 좀 더 자세히 살펴보자.

---

* 질서를 너무 복잡하게 생각하지 않아도 된다. 교통질서를 생각해보자. 차도와 인도, 신호등 체계, 횡단보도 등은 모두 누군가가 만들었다. 교통사고를 내거나 질서를 위반하면 이를 처벌하는 법원과 경찰 등이 있다. 야간 운전 때 상향등을 켜지 않거나 앞차에 너무 바짝 붙어서 운전하지 않는 것 같은 많은 보이지 않

해저케이블, 인공위성, 핸드폰, 스마트TV 등을 통해 정보를 수집하는 건 끝이 아니라 첫번째 단계에 불과하다. 정부, 싱크탱크, 대학, 국제기구 등에서 경력을 쌓은 전문가에 의한 재가공이라는 두번째 단계를 밟는다. 단순한 데이터에 불과했던 정보가 이들의 손을 거쳐 정교한 지식이 된다. 헤리티지재단, 브루킹스연구소, 랜드재단의 보고서 또는 하버드대와 MIT대학의 교수가 쓴 책과 논문이라는 외양을 갖춘다. 국제적 명성을 가진 미국의 주요 언론사가 이들의 지적 작업에 '권위'와 '후광효과'를 부여하는 세번째 단계로 넘어간다. 마무리는 배포 또는 유통 단계다. 전 세계에 흩어진 미군 기지와 대사관 등을 통한 직접 전달 방식 및 영화나 잡지 같은 미디어를 통한 방식이 있다. 각종 보고서, 책, 뉴스 등이 이렇게 전 세계로 전달된다.

게다가 돈을 받고 파는 게 아니라 공짜로 나눠준다. 제대로 된 정보도 없고 이를 가공할 전문가도 별로 없는 약소국이 봤을 때 이보다 더 좋은 거래는 없다. 돈이 더 드는 것도 아니고, 접근하기 어렵지도 않고, 인터뷰라도 부탁하면 이들 전문가는 흔쾌히 승낙해준다. 국제사회에서 벌어지는 이런저런 전쟁, 쿠

는 규칙과 지켜야 할 예절도 있는데 모두 만들어졌고, 교육받았고, 나중에는 물과 공기처럼 자연스럽게 우리 삶에 스며들어 있다. 국제사회도 안보, 경제, 정보질서 등으로 나눠서 분석할 수 있는데 그중에서 정보질서는 정보의 주요 생산자가 누구인지, 어떻게 유통되고 소비되는지, 이를 통해 국제여론과 특정 국가에 대한 이미지가 어떻게 형성되는지 알 수 있다.

데타, 경제제재 등에 관한 지식이 이런 과정을 통해 전달되고 축적된다. 부작용은 없을까? 당연히 있다.

## 빼닮은 제국주의 행태

지식에는 국적이 없지만, 팔은 안으로 굽듯이 지식인은 안 그렇다. 태어난 곳, 다닌 학교, 주변의 친구와 동료, 평생에 걸친 학습, 국민이 지켜야 할 법, 도덕과 문화 등의 제약에서 벗어날 수 없다. 전쟁이나 대외정책에 대해서는 국가공동체의 구성원이라는 정체성이 앞선다. 국가에 대한 충성을 다짐하며 가능한 한 국가이익을 보호하는 쪽에 선다. 공정하고 객관적이라는 평가를 받는 언론의 사정도 다르지 않다. 언론인이기에 앞서 그들도 국민이다. 미국인이고, 중국인이고, 한국인이다. 정부가 방향을 정하면 이를 거부하기 어렵다. 전쟁터에서 자기 친구와 동료와 아는 사람이 죽어가는데 객관성이나 균형감각을 지키는 건 불가능에 가깝다. 평소에는 전쟁에 반대하다가도 막상 전쟁이 터지면 지도자를 중심으로 뭉친다.

그러니 적은 악마라야 한다. 적군 스스로 자신의 행동을 부끄러워해야 사기가 떨어진다. 국방부나 정보기관에서 민간인을 학살하고, 고문하고, 여성을 집단강간한다는 허위 정보를 제공해도 굳이 진실 여부를 확인할 필요를 못 느낀다. 그렇지만 미국과 우방국에 대해서는 다른 잣대를 들이댄다. 민간인 희생은 불가피한 '실수'가 된다. 전쟁이라는 비극이 발생한 책임은 모두 상대편에 있다. 독재자, 대량살상무기 개발, 집단학살, 인종청소 등 핑곗거리는 계속 나온다. 집단정체성이란 바로 이런 과정을 통해 만들어진다.

전쟁과 관계가 깊었던 게 '헝거게임'으로, 최후의 한 사람이 남을 때까지 서로 죽고 죽인다는 규칙은 공정하지도 않다. 12구역에서 지금껏 단 한 명의 우승자만 나왔다는 걸 통해 알 수 있다. 죽을 줄 알면서도 누군가를 희생 제물로 바치는 이 행사가 필요한 이유는 "전쟁을 기억하기 위해"라고 설득한다. "이건 당신들 탓이야" 혹은 "너희가 전쟁을 시작했기 때문에 이런 고통은 당연해"라는 생각도 은근하게 강요한다. 캐피톨의 지배는 당연하고, 아무리 발악해도 바꿀 수 없다는 무기력을 부추기는 것 역시 필수다. 대통령 스노우는 이와 관련해 "이 체제에 거스르면 여러분은 굶게 될 것이며 이를 상대로 싸우면 피를 흘리는 건 여러분일 것입니다"라고 말한다. 판엠 국민은 무려 70년 이상 이 행사를 지켜봤는데, 이 과정에서 일부는 우월감을 키웠고 절대다수는 절망과 열등감에 빠질 수밖에 없다. 자유민은 그렇게 노예가 됐고, 그걸 잘 보여주는 게 12구역 주민의 모습이다. 공개적으로 저항하는 사람은 없었고 모두가 체념한 표정으로 이별의 표시인 손가락 세 개를 펴는 게 전부였다.

영화와 정확하게 일치하지는 않아도 미국과 판엠은 겹치는 게 많다. 판엠을 제국이라고 볼 수 있다면 미국도 당연히 제국이다. 인류 역사상 이 정도의 막강한 영향력을 행사하는 국가는 없었다. 전 세계 곳곳에 흩어져 있는 군사기지, 기축통화로 사용되는 달러, 인터넷·인공위성 같은 정보망을 독점하고 있다는 게 근거다. UN이나 IMF 같은 국제기구에서도 미국은 거의 자유롭게 거부권을 행사한다. 국제사회의 분쟁과 전쟁, 각종 경제제재의 중심에는 항상 미국이 있다. 권력이 행사되는 지역이 미국을 넘어 국제사회 전체로 확장되어 있다는 것을 잘 보여준다. 미국식 민주주의, 자유주의적 경제모델, 미국식 가치관의 확산을 추구한다는 점도 제국주의 행태 그대로다.

미국 내부에서도 이를 인정하는 목소리는 많다. 한 예로, 국가안보보좌관을 지냈던 즈비그뉴 브레진스키는 "오늘날 미국이 쥐고 있는 세계 패권은 영향력이나 편재성 면에서 매우 독보적"이라고 고백한다. 정부와 브루킹스연구소 등을 두루 거친 프린스턴대학의 존 아이켄베리G. John Ikenberry 교수도 "미국과 다른 나라 사이에 전례가 없는 격심한 권력 격차"가 존재하며, "1990년대가 잉태한 것은 인류 역사상 그 어떤 제국보다 더 강력한 미국의 일극 체제"라고 말한다.[29] 그렇지만 여전히 옛 제국들과 달리 직접 통치하는 식민지가 없는데, 그래도 이 상황을 제국주의로 볼 수 있느냐는 의문이 남는다.

# 식민지 없는 제국

한국에서 미국을 '제국'이라고 부르지 않는 이유 중 으뜸은 '영토'를 탐하지 않는다고 보기 때문이다. 식민지가 없는데 어떻게 제국주의라고 할 수 있냐는 말은 수긍이 간다. 국내에서 가장 영향력 있는 언론인 중의 한 명으로 꼽히는 『조선일보』의 김대중 주필조차도 "미국은 어차피 한반도에 영토적 욕심을 가질 수 없어요. 시대적으로 식민지가 횡행하던 시대를 넘어섰고 국제적으로 용납이 안 되죠"라고 말한다.[30] 그렇지만 이런 생각은 하나만 알고 둘은 모르는 것이다. 제국주의를 했던 영국, 프랑스, 독일, 심지어 일본도 '식민지' 없는 제국주의를 일찍부터 기획했다. 식민지 독립운동이 처음 시작됐던 1800년대 초반의 라틴아메리카로 잠깐만 돌아가보자.

프랑스령 생도맹그Saint-Domingue가 아이티Haiti로 독립한 게 1804년이다. 1811년에는 베네수엘라와 파라과이, 1816년에는 아르헨티나, 1818년에는 칠레, 1819년에는 콜롬비아, 또 1821년에는 온두라스, 과테말라, 엘살바도르, 코스타리카, 페루 등이 차례로 독립했다. 영국이 100년 이상 안정적으로 통치하던 인도에서도 1857년 세포이 항쟁이 일어났다. 일부 인도인 출신 용병이 시작한 폭동이었지만 영국의 지배를 당연하게 받아들이지 않는다는 명백한 의사 표시였다. 이렇듯 독립운동과 민족주의는 당시 이미 거부할 수 없는 시대정신이었다. 제국으로서는 어떻게든 이 난국을 돌파할 필요가 있었는데 문제는 그 방법이었다. 노골적인 착취와 강압적인 지배가 답이 아니라는 건 분명했어도 어떻게 해야 이들 식민지의 마음을 얻을 수 있을지 난감했다. 각자 상황이 달라 모두에게 적용할 수 있는 만병통치약은 있을 리 없고, 무얼 어떻게 해야 할까.

인도에서처럼 갑작스레 반란이 일어났을 때는 어쩔 수 없이 총칼을 앞세운 직접통치를 늘리기도 했다. 그렇지만 영국처럼 엄청난 식민지를 거느리는 제국이 멀리 내다봤을 때 계속 이 정책을 고집하는 건 무리였다. 직접 파견하는 관료는 줄이고 현지인 중에서 대리인을 뽑는 간접통치 방식이 이런 고민 끝에 정립이 되었다. 군사와 외교 분야를 제외한 나머지 분야에서는 자율적으로 할 수 있는 영역을 늘려주는 한편으로 언어와 풍습과 종교를 바꾸려 하기보다는 전통을 존중함으로써 저항감을 줄이는 전략이었다. '식민지Colony'를 대체하는 '자치령Dominion'이라는 지위가 탄생하게 된 배경이다. 지배를 받는 곳이 아닌 자치적으로 운영되는 영토라는 의미로, 대영제국이 1907년 제국의회를 통해 처음으로 꺼낸 아이디어다. 제1차 세계대전이 끝난 후에는 앵글로색슨권에 속하는 캐나다, 호주, 남아공 등이 이 지위를 부여받았다. 1926년 런던에서 발표된 '발포어 선언Balfour Declaration'●을 통해서인데 "대영제국 공영권British Commonwealth of Nations에 속한 구성원으로서 우리는 왕에 대한 공동의 충성심을 기반으로, 국내와 대외관계를 가리지 않고, 권리에 있어 평등하다"라고 밝혔다.

일본이 식민주의를 포기한 것도 전쟁이 끝나기 전으로, 1938년 작성한 「국방국책안」에서 다룬 대동아공영권大東亜共榮圈 구상에 나와 있다. 그때 내세웠던 목표가 "대동아의 각 국가와 각 민족으로 하여금 각각 분에 맞게 해서 제국을 핵심으로 하는 도의道義에 의거한 공존공영의 질서를 확립"하는 것이었다. 앵글로색슨권을 정점에 둔 위계질서가 있는 공동체를 만들려고 했던 영국 방식을 모방했다고 볼 수 있다. 크게는 지도국,

---

● 제국회의를 주도했던 아서 발포어(Arthur Balfour)의 이름에서 유래한 선언이다. 팔레스타인에 유대인 국가 설립을 지원하겠다고 밝힌 1917년의 발포어 선언과는 다르다.

독립국, 독립보호국, 직할령, 권내 외국령 등으로 분류된 이 공동체에서 조선과 대만은 일본과 함께 '지도국'에 속하는데 "공영권의 안보와 각국 간의 지도·매개의 중심으로 정치, 경제, 문화 방면의 건설과 운영을 지도하는 존재"다.[31] 그 덕분에 박영효, 윤덕영, 이진호, 김명준, 박상준, 송종헌, 이기용, 한상룡, 박중양, 윤치호 등은 일본 제국의회의 상원에 해당하는 귀족원에 임명될 수 있었다. 전쟁으로 실현되지는 못했어도 1945년 1월 차기 총선거에서 조선은 선거구 13개에서 총 23명의 의원을 뽑고, 대만에서는 1개 선거구에서 5명을 선출하기로 하는 합의가 이뤄지기도 했다. 제국이 앞장서 낡은 식민주의를 포기한 때가 제2차 세계대전이 벌어지기 한참 전이었음을 잘 보여준다. 명색은 그러하나, 1945년 전쟁이 끝난 후에도 제국과 식민지 사이에 형성되었던 종속관계는 끝나지 않았다.

## 끝나지 않는 종속관계

독립한 후에 식민지가 직면하게 될 상황을 앞서 보여준 사례 중 하나가 아이티다. 프랑스령으로 있을 때부터 아이티는 유럽으로 설탕과 커피를 수출하면서 먹고살았다. 많은 노예가 이 작업에 투입됐는데 워낙 일이 힘들어서 그들의 생존율이 낮았다. 그러자 프랑스는 부족한 노동력을 아프리카에서 들여온 노예로 충당했다. 그런 노예들이 감히 제국을 상대로 전쟁을 벌였고 독립을 선언했다. 모든 인간은 평등하다고 주장한 프랑스 국민이었지만 흑인 노예도 여기에 해당한다고 받아들일 정도로 깨어 있지는 않았다. 정부 차원에서 신생 독립국을 처벌할 필요가 있었고, 그래야 다른 식민지가 모방할 엄두를 못 낼 거라고 판단했다. 자신들이 애써 만든 농장에서 한 푼도 못 받고 쫓겨난 데 대한 보상도 받아내야 했다. 방법은?

막강한 해군력으로 해상을 봉쇄하면 된다. 해외 수출길이 막히면서 경제가 엉망이 된 아이티는 결국 프랑스의 요구조건을 들어줄 수밖에 없었다. 배상금으로 당시 국민총생산의 3배에 달하는 금액을 물어주기로 합의했는데 기간도 5년밖에 주지 않았다. 당연히 제 때에 갚을 수 없었고 아이티 국민은 원금에 이자까지 계속 갚아야 하는 상황에 내몰렸다. 다른 국가의 도움을 받고 싶어도 그럴 상황이 못 된다. 엄청난 천연자원이라도 있으면 관심을 가질 나라가 있겠지만 그런 상황은 아니었다. 게다가 가재는 게 편이라고 제국들 중 누구도 프랑스와 불편한 관계를 맺고 싶지 않아 했다. 제국주의가 공식적으로는 끝난 이후의 상황과 많이 닮아 보이지 않는가? 권력의 중심에 미국이라는 가장 힘센 제국이 있고, 다른 제국들은 눈치를 보면서 행동한다는 게 다를 뿐!

제국이 봤을 때 식민지의 가치는 주로 경제적 측면이다. 그중 하나는 값싼 자원과 노동력을 제공해주는 것이고, 다른 하나는 자국에서 생산한 물건을 팔아주는 시장 역할이다. 제국의 필요에 따라 식민지는 주로 1차 농산품 생산을 위한 대규모 농장으로 바뀐다. 면화·커피·설탕 등에는 단순노동만 필요해 교육이나 복지 등은 뒤로 밀린다. 철광석·금·다이아몬드·석유 같은 천연자원을 보유하고 있는 아프리카의 사정도 다르지 않다. 값싼 노동력으로 자원을 채굴해 배를 채우는 쪽은 제국에 기반을 둔 광산주와 대농장 소유자들이다. 막대한 이윤의 일부라도 아프리카에 재투자되었다면 오늘날과 같은 비극은 없었을 것이다. 이럴 때 호랑이에게 물려가도 정신만 바짝 차리면 되는데 현실은 정반대로 흘러갔다. 과거의 식민지보다 더 나쁘거나 더 해결하기 어렵다는 의미에서 '신식민주의' 혹은 '후기식민주의'라는 개념이 이런 배경에서 등장한다.

이와 관련해 떠오르는 상징적 인물은 콰메 은크루마Kwame Nkrumah, 1957년 영국에서 독립한 가나공화국의 초대 대통령이다. 경력이 아주 다채롭다. 식민지에서 태어나 미국과 영국에서 공부하고 귀국해 정치인으로, 교수로, 독립운동가로 활동했다. 영국과 그 뒷배를 봐줬던 미국의 영향권에서 벗어나기 위한 정책을 폈지만 제대로 된 성과를 거둘 수 없었다. 외채 상환 등의 난관을 돌파하기 위해 중국을 방문하던 중 쿠데타로 대통령직에서 쫓겨나고 말았다.

그가 1966년에 쓴 책이 『신식민주의: 제국주의 최후 단계Neocolonialism, The last stage of Imperialism』이다. "많은 천연자원을 갖고 있으면서도 아프리카는 왜 가장 가난하게 살까?"에 대한 답을 찾는 책이다. 그가 주목한 원인은 제국주의가 남긴 눈에 보이지 않는 수많은 족쇄다. 영국은 아프리카를 독립시키면서 '분리 통치Divide & Rule'의 원칙을 적용했다. 인종, 언어, 문화, 역사가 다른 집단들이 같은 국가로 묶이면서 정치적 갈등이란 씨앗이 자연스럽게 뿌려진 상태다. 자립은 꿈도 꾸지 못할 작은 국가들로, 그 내부마저 갈갈이 나뉜 상태에서 국내 치안과 대외적 안보 문제를 부득이 외부에 의존할 수밖에 없었다. 영국이나 프랑스 등이 한편으로는 자국 자본가의 이해관계를 지키고, 다른 한편으로는 옛 식민지에 자발적인 복종관계를 만들 수 있었던 건 이런 까닭에서다.

콰메 은크루마는 국제통화기금과 세계은행을 통한 간접적인 지배도 지적한다. 신흥 독립국이 원하는 것과 미국 및 유럽의 이익을 대변하는 이들 기관이 요구하는 프로젝트가 달랐으며, 결과적으로 얻는 것 없이 빚만 늘게 된다는 문제의식이었다. 답은 뭘까? 국제사회를 지배하는 금융복합체에 저항할 수 있어야 한다는 게 그의 생각이다. 만약 아프리카가 경제적으로 자유롭고 정치적으로 단합할 수 있다면 제국에 뿌리를 두고 있는 이들에 맞설 수 있다고 봤다. 그의 이런 신념은 아프리카연합Africa Union의 출범에 밑거름이 되었다.

〈자료3〉 아프리카 쿠데타 벨트는 식민지 독립국들에 채워져 있는 제국주의의 족쇄를 증거한다. (동아일보, 2023.12.15)


　〈자료3〉에서 보듯, 가나를 둘러싼 주변 국가에서 최근 일련의 쿠데타가 일어나는 것 역시 이와 관련이 깊다. 제국주의 영향권에서 벗어나기 위한 몸부림이 지금도 끝나지 않았다는 걸 보여주는 현장이다.[32]

# 잠들지 않는 제국주의

진실을 발견하기 어려운 건 특히 권력이 개입해 약자의 눈과 귀를 가로막을 때 더 그렇다. 신라시대 경문왕 때의 설화에, 어떤 왕이 자기 귀가 당나귀를 닮았다는 것을 어떻게든 감추고 싶었기에 어릴 때부터 귀가 덮이는 왕관을 늘 쓰고 다녔단다. 모두 그 사실을 모르는 게 당연했어도 왕관을 만드는 장인은 모를 수가 없었다. 평생 이 사실을 알고도 숨겼던 그는 죽기 직전에 사방이 모두 막힌 대나무밭에 들렀다. 그러고는 "임금님 귀는 당나귀 귀다"라고 목청껏 소리를 질렀다. 문제는 그가 죽고 난 뒤에 터졌다. 바람이 불 때마다 대나무밭에서는 그가 혼자 내뱉었던 말이 울려 나왔고, 마침내 모든 사람이 왕의 비밀을 알게 된다. 진실은 아무리 감춰도 결국

드러나기 마련이라는 걸 잘 보여준다. 잊을 만하면 "미국은 제
국주의 국가다"라는 말이 끊이지 않는 상황도 이와 닮았다. 이
때 말하는 집단은 크게 두 부류로 나뉜다. 하나는 미국의 횡포
에 당한 경험을 어떻게든 알리고 싶어 하는, 제국 미국의 민낯
을 직접 겪었다는 점에서 어느 정도 신빙성 있는 쪽이다. 또 하
나는 미국의 시민이면서 잘 알려지지 않는 사실을 전하고 싶은
사람들이다. 이들은 과연 누구일까?

　미국의 무력침공, 쿠데타, 경제제재, 외교적 고립 등의 각종
불이익을 받았던 곳이 어디인가를 먼저 살펴보자.


### 무법국가, 불량국가, 악의 축

　미국이 봤을 때 국제사회의 악마는 죽는 법이 없다. 겉모습
만 계속 바뀔 뿐이다. 악마를 구별하는 방법도 그리 어렵지 않
다. 아니, 간단하다. 국민의 자유와 인권을 보장하지 않으면
서 자유시장 경제와 민주주의 체제를 인정하지 않는 국가, 그
러면 된다. 냉전이 시작될 무렵 으뜸가는 악마는 '공산주의'였
다. 자유민주주의 세계로 이 질병이 전염되지 않도록 미리 수
술하거나 예방주사를 놓아야 했다. 그래서 등장한 게 봉쇄전략
Containment Strategy이다. 즐겨 사용한 방법이 쿠데타 유발이었
는데, 대표적인 사례로 과테말라(1952년), 이란(1953년), 인도네
시아(1958년)의 경우가 꼽힌다. 1960년대 말 벌어진 베트남전

쟁도 공산주의가 확산하는 것을 막기 위한 예방조치였다. 냉전이 끝나갈 무렵에는 이들을 대신해 '무법국가Outlaw States'라는 개념이 등장했다. 레이건 대통령이 1985년 처음 꺼냈는데 "국내적으로는 자유를 억압하면서 국제사회의 규범을 제대로 지키지 않는" 국가를 가리켰다. 바로 이란, 리비아, 북한, 쿠바, 니카라과 등이었다.

이는 곧이어 1994년의 '불량국가Rogue States'라는 개념으로 발전한다. 클린턴 행정부에서 NSC 자문위원을 하던 안소니 레이크Anthony Lake가 제안한 개념이다. 민주주의·자유·인권을 존중하지 않는 독재국가라는 이유로 북한, 쿠바, 이란, 리비아, 이라크 등이 포함되었는데 "대량살상무기를 확보하려고 노력한다는 점, 테러리즘을 지원한다는 점, 또 자국민을 탄압한다는 점"이 근거였다. 이후 2001년 9.11 테러 이후에는 테러리즘을 지원한다는 죄목이 더해졌다. 부시 행정부 때 등장한 '악의축Axis of Evil'이란 용어를 통해서다. 북한, 이란, 이라크는 단골로 포함된다. 이어서 리비아, 시리아, 쿠바, 베네수엘라도 명단에 올랐다. 얼핏 사소해 보여도, 명칭 하나가 죽고 사는 문제로 될 수 있다는 건 이들이 겪은 비극을 보면 알 수 있다.

대량살상무기가 있다는 핑계로 벌어진 2003년 전쟁으로 이라크는 풍비박산이 났다. 대통령 사담 후세인이 미국 특공대에 의해 사살됐고, 미군 2500명이 아직도 주둔하고 있지만 내전과 폭력 사태는 진정될 기미가 안 보인다. 미국과 NATO의 공격을 받았던 리비아의 운명도 거의 판박이다. 아랍민족주의를 내세웠던 지도자 카다피는 피살되었고, 정부는 무너졌으며, 끝날 줄 모르는 내전이 온전히 마감되지 않고 있다. 특정한 낙인은 없어도 미국에 찍혀 고생한 국가는 이밖에도 많다. 명분은 반정부 시위자 탄압과 공정 선거 훼손을 막는다는 것이지만, 본질은 제국주의다. 벨라루스, 중앙아프리카공화국, 콩고민주공화국, 에디오피아, 짐바브웨 등이 이런 죄목으로 각종 제재의 처벌을 받고 있다. 그중에서도 베네수엘라는 가장 극적인 사례다.

전 세계에서 석유매장량이 가장 많아 석유에서 나오는 수익만으로 국가 재정의 절반 이상을 해결하는 나라다. 수출 품목 중 석유가 차지하는 비중이 80% 이상이라 다른 경쟁력 있는 상품이 없다는 게 약점이다. 국제 유가 상황에 따라 국민 생활이 좌우될 수밖에 없는 구조라 강력한 지도자가 나서 이 상황을 잘 관리하면 되는데, 그게 생각처럼 쉽지가 않다. 다른 산유국과 마찬가지로 석유를 통한 이윤의 상당 부분이 미국, 영국, 프랑스, 네덜란드 등에 본사를 둔 글로벌 기업의 호주머니로 들어가기 때문이다. 석유산업에 대한 지나친 의존도를 줄이고, 국민 복지를 늘리고, 국방 등에 쓸 돈을 마련하려면 어쨌든 글로벌 석유기업들의 몫을 줄이는 수밖에 없다. 그래야 그 돈으로 다른 경쟁력 있는 산업도 발굴하고, 국민들 교육도 시키고, 통신과 의료망을 개선할 수 있다. 1999년, 우고 차베스 대통령이 등장하면서 과거에 감히 상상도 하지 못했던 일이 시작된다. 국영기업인 베네수엘라석유공사PDVSA의 영향력을 높이고 기존 해외업체의 지분율을 줄였다. 유전을 새로 개발할 때에는 러시아, 중국, 튀르키예 등이 참여할 수 있도록 문호를 열었다. 정부의 협상력을 높이고 자원 유출을 막기 위해서였다.

물론 앉아서 밥그릇을 뺏기게 생긴 미국과 영국 등이 팔짱만 끼고 있지는 않았다. 불량국가라는 낙인 찍기를 시작으로 인권 탄압과 민주주의 훼손 등을 내세워 경제제재를 끌어낸다. 거의 유일한 수익원인 석유의 수출을 막고 온갖 핑계를 대서 꼭 필요한 의약품과 식료품 정도만 수입하도록 승인해준다. 영국 런던은행에 보관하고 있던 국가 비상금도 압수해 일상에서 반드시 지출해야 할 예산 집행도 막는다. 정부의 손발이 묶인 상태에서 수입품에 대한 정부 보조는 끊기고 자연스레 생필품의 물가는 올라가면서 국민의 불만이 높아간다. 정치적 불안정을 핑계로 일부 군인을 부추겨 쿠데타를 유도하는 게 다음 단계다. 2002년 4월 11일의 쿠데타는 그렇게 일어났다. 성공 직전까지 갔는데 국민의 대규모 저항으로 불과 사흘 만에 쿠데타는 실패로 끝나고 차베스가 복귀한다. 그렇지만 끝이 아니라 또 다른 혼란의 시작일 뿐이었다.

경제와 외교 등을 통한 미국의 제재는 금방 풀리지 않는다. 정권을 교체할 때까지 목을 죄는 한편으로 정권에 비판적이거니 탄압을 받는 야당과 시민단체를 은밀하게 지원한다. 명분은 민주화운동 지원이지만, 국민의 여론을 장악하는 게 가장 중요한 일이라 인터넷, 언론, SNS 등에 대한 재정적·기술적 지원이 이루어진다.[33]

제국주의 미국을 성토하는 목소리가 높아지고 있는 건 바로 이런 복잡한 국제정세와 관련이 깊다. 미국에 대한 감정이 좋지 않은 피해국들이 없는 얘기까지 지어낼 가능성이 전혀 없진 않겠지만, 그래도 하도 당한 게 많아서 하소연하는 것 아니겠는가. 2023년 6월 15일에 열린 이란과 쿠바 간 정상회담에서, 미겔 디아스카넬 쿠바 대통령은 이란 외무장관에게 "베네수엘라, 니카라과, 쿠바, 이란은 양키 제국주의와 그 동맹국들의 제재, 봉쇄, 간섭에 용감하게 맞서야 했던 나라"라고 말한 바 있다.[34] 쿠데타를 경험했던 베네수엘라의 우고 차베스 대통령은 더 직설적으로 말한다. 2006년 9월 20일 유엔총회 정상회의에서 "제국주의의 대변인으로, (미국의) 부시 대통령은 세계 인민들을 지배, 착취 및 강탈하는 현재 체제를 유지하기 위해 엉터리 약을 나누어 주었다. (…) 미국 제국은 패권적 지배체제를 유지하기 위해 모든 수단을 동원하고 있지만, 우리는 좌시할 수 없다"라고 외쳤다.[35]

2019년 독살이 의심되는 암으로 그는 죽고, 베네수엘라는 미국의 경제봉쇄 등으로 여전히 힘든 상황이다. 그렇지만 그가 뿌린 씨앗은 꽃을 피우는 중이다. 중남미 각국에서 좌파 정권이 잇따라 등장하는 '핑크 타이드Pink Tide' 현상이 그 증거다. 공통점은 제국주의에 맞선 남미의 단합이다. 멕시코의 로페스 오브라도르López Obrador는 2019년 대통령에 당선되었고, 아르헨티나(2019년)와 볼리비아(2020년)에서도 좌파 집권이 잇따랐다. 2021년에는 페루, 온두라스, 칠레가 이 대열에 합류했다.

## 제국의 내부고발자들

불만을 가진 일부 국가만 이런다고 볼 수 있지만, 꼭 그렇지는 않다. 미국에 삶의 터전을 두고 있지만 내부고발자로서 그런 생각을 하는 사람들도 꽤 많다. 자칫 매국노 또는 반역자라는 소리를 듣더라도 할 말은 하겠다는 일종의 양심선언인 셈이다. 몇몇 중요한 연구자들의 결과물만 소개해보겠다.

우선, 한국에서도 잘 알려진 인물로 노암 촘스키를 꼽을 수 있다. "미국의 양심, 현대 언어학의 아버지, 진보적 지성의 거봉, 현존하는 가장 중요한 지식인" 등의 별명을 가졌다. MIT대학의 잘 나가는 언어학 전공 교수가 진보적 지식인이 된 계기는 베트남전쟁이었다. 앞서 다룬 제국주의의 진면목을 그때 봤던 것이다. 민주주의와 자유를 위한 개입은 명분에 불과할 뿐 자본가 계급의 이익을 지키고 미국의 주도권leadership을 유지하려는 게 본질이라고 지적한다. 미국의 국민과 국제사회가 이 실체를 모른 것 역시 자본가 계급이 장악하고 있는 언론 때문이라고 분석했다. 반전운동을 하면서 만난 에드워드 허먼 Edward Herman과 함께 작업한『여론조작: 매스미디어의 정치경제학』(1988)에 자세한 내용이 나오는데, 프로파간다가 어떻게 작동하는지에 초점을 맞췄다. 제국의 민낯을 보여주기 위한 작업은『501년, 정복은 계속된다』(1993),『불량국가 -미국의 세계지배와 힘의 논리』(2001),『촘스키, 우리가 모르는 미국 그리고 세계』(2008) 등의 책으로 나와 있다.

또 다른 인물로는 마이클 파렌티Michael Parenti가 있다. 이탈리아 이민자 출신 집안에서 태어난 지극히 평범한 흙수저 출신이지만, 일리노이주립대에서 종신교수로 편하게 지낼 수 있었다. 1970년 5월 4일 켄터주립대 반전시위에서 벌어진 발포 사건을 항의하는 집회에 참석했다가 교수직에서 해임된다. 그의 문제의식은 크게 세 가지다.

미디어가 현실을 왜곡하고 있으며 그 배후에는 제국의 기득권 세력이 있다는 게 그중 하나다.『현실 가공하기: 매스 미디어의 정치Inventing Reality』(1986)와『필름의 힘: 헐리우드 영화와 미국 우월주의Reel Power』(2010) 등의 책에 잘 설명되어 있다. 미국식 자본주의와 민주주의가 과연 최선인가에 대한 반문이

둘째다. 반공주의가 관통하는 미국 사회에 대한 도전적인 질문이다. 악마 소련이라는 이미지를 만들었던 스탈린의 대규모 숙청은 왜 벌어졌는지, 당시 상황이 소련의 내전과 미국 등 서방 언론의 가짜뉴스와 관련이 없는 것인지 따졌다. 관련 내용은 『블랙셔츠와 레드: 합리적인 파시즘과 공산주의 전복Blackshirts and Reds』(1997)에 나온다. 제국주의로 인해 국제사회는 물론 미국도 피해를 본다는 걸 밝히는 게 마지막이다. 『제국에 반대한다Against Empire』(1995)와 『제국주의 민낯: 정치 세계에서 책임 감당하기The Face of Imperialism』(2011) 등의 책을 통해서다.

지식인이란 원래 비판적일 수밖에 없어서 이런다고 생각한다면 그건 오해다. 전직 관료, CIA, 군인 출신 중에도 이 대열에 합류한 인물이 많다. 우선 윌리엄 브룸William Blum을 꼽을 수 있는데, 위대한 반공십자군 전쟁에 가담하고 싶었다고 밝힐 정도로 미국을 중심으로 세상을 봤던 인물이다. 몇 번에 걸쳐 환상이 깨지면서 내부고발자가 됐는데, 특히 국무부에서 근무하면서 베트남 침공을 지켜본 게 결정적인 계기였다. 미국에 아무런 잘못도 저지른 적 없는 베트남을 왜 공격하는지, 왜 민간인을 학살하는지, 반공의 진짜 목적이 뭔지 등을 질문했다. 외교관이 되겠다는 꿈을 접고 저널리스트가 된 후에는 모두가 금기로 여겼던 CIA 흑역사를 파헤쳤다. 그래서 파악 가능했던 게 1971년 미국이 배후세력으로 개입했던 칠레 쿠데타의 실체였다. 도대체 CIA가 보호하고자 하는 민주주의란 뭘까? 칠레의 구리광산을 지키기 위한 쿠데타는 과연 누구를 위한 것인가? 미국이 알게 모르게 개입하는 사례가 단순히 칠레뿐일까? 질문이 꼬리에 꼬리를 물었고, 그 결과물이 『CIA: 망각의 역사 The CIA』(1986)와 『희망 죽이기: 제2차 세계대전 이후의 미군과 CIA 개입Killing Hope』(1995)이라는 책이다. 진짜 불량국가는 미국이고 민주주의란 제국의 통치를 위한 눈속임에 불과하다는 주장을 일찍부터 했다. 『불량국가: 전 세계 유일 강대국 바로 보기Rogue State』(2000)와 『미국의 치명적 수출품, 민주주의: 미국의 대외정책과 다른 모든 것의 진실America's Deadliest Export: Democracy』(2013) 등에서 이 얘기를 다룬다.

중국과 일본 전문가로 알려진 챌머스 존스Chalmers Johnson 교수도 주목할 필요가 있다. 그는 한국전쟁 참전 용사였는데 CIA에서 오랫동안 자문위원으로 일했다. 투철한 반공주의자였고 베트남전쟁과 이라크전쟁 등을 적극적으로 지지했다. 그러다가 미군 병사들이 12살짜리 일본 소녀를 윤간한 사건을 들여다보기 위해 오키나와를 방문하게 된 뒤, 해외 미군기지의 실체를 처음 알았다. 일본은 패전국이니까 좀 예외라고 생각했는데 그게 아니라는 것, 즉 다른 곳도 같다는 걸 곧 깨달았다. 도대체 이 방대한 규모의 군사기지는 왜 있는 것일까? 미국은 이들을 보호하기 위해 존재할까, 아니면 제국주의 연장일까? 영토를 지배하는 식민지는 갖고 있지 않아도 해외 군사기지를 통해 영향력을 계속 행사하는 새로운 형태의 제국주의가 아닐까? 2001년 9.11테러가 터지기 전부터 이대로는 안 된다는 경고를 시작했는데, 『역풍: 미국 제국이 치른 비용과 그 귀결Blowback』 (2001)이 출발이었다. 『제국의 슬픔: 군국주의, 비밀주의, 공화국의 종말The Sorrows of Empire』(2004)과 『네메시스: 공화국 미국 최후의 날들Nemesis』(2007) 등이 잇따랐다.

이외에도 제국주의 미국을 다룬 책은 많다. 특히 2001년 이후 집중적으로 쏟아졌는데 한국에 번역 출판된 책도 꽤 된다. 『벌거벗은 제국주의: 전 지구적 지배를 추구하는 미국의 정책』(존 벨라미 포스터, 2008)와 『미국, 제국의 연대기』(대니얼 임머바르, 2020) 등이다. 미국의 영토 확장 과정은 제국주의적 팽창이었고, 지금도 일부에서는 식민정책이 계속되고 있으며, 약소국을 경제적으로 정치적으로 억압한다고 본다. 국제사회가 미국의 실체를 잘 모르는 것도 미국인 스스로 '제국'인 것을 부정해왔고 제국주의가 아닌 것처럼 정당화했기 때문이라고 분석한다.

'미국의 제국 프로젝트American Empire Project'도 눈여겨볼 필요가 있다. 2004년 시작된 일련의 출판 작업으로, 편집자는 토마스 잉겔하트Thomas Engelhardt와 스티븐 프레이저Steven Fraser다. 제국주의와 예외주의를 본질로 하는 미국의 대외정책을 비판하고 대안질서를 찾자는 게 목표였다. 국내에서는 『실패한

국가, 미국을 말하다』라는 제목으로 출판된 노암 촘스키의 책도 여기에 포함되어 있다. 미국을 천사로 생각하면서 제국주의와 관련이 없다고 믿는 한국에서는 낯설 수밖에 없는 주제가 상당수 보인다. 『고문 들여다보기: 냉전과 테러와의 전쟁을 관통하는 CIA의 조사 기법Question of Torture』이 그중의 하나다. 위스콘신대학 교수로 있는 앨프리드 맥코이Alfred McCoy의 작품이다. 그는 필리핀 역사와 유럽의 남아시아 식민정책을 공부한 CIA의 비밀작전 전문가다. 다른 사례는 『기지 국가: 미국의 해외 군사기지는 자신과 세계를 어떻게 망치고 있는가Base Nation』라는 책이다. 저자는 아메리칸대 교수로 재직하고 있는 데이비드 바인David Vine이다.

제국주의가 살아 있고 또 미국이 제국이라는 점에 대해 꽤 많은 사람이 인정하고 있음을 보여주는 증거들이 이렇게 많다. 그런데 왜 국제사회, 특히 한국에서는 이런 얘기가 낯설게만 느껴질까? 학술적으로 검증할 수 없는 일부의 주장이기 때문일까, 그게 아니라 그럴 만한 이유가 있는 것일까? 지식과 권력의 관계에 관심을 가져야 하는 건 이런 까닭에서다. 다시 말해, 누구나 확인할 수 있는 객관적인 실체가 있는 게 아니라 정확하게 규정할 수 없는 현실이라는 게 있고, 그것을 누가 어떻게 규정하고 설득하는가에 따라 다수가 인정하는 현실이 만들어진다는 얘기다. 전후 국제질서를 미국이 만들었고, 미국이 관런 지식을 가장 많이 생산했고, 국제사회는 이렇게 생산된 지식을 언론과 미디어를 통해 소비할 수밖에 없는 상황이었다는 것도 고려해야 한다. 다음 장을 통해 정말 그렇게 봐야 할 근거가 있는 것인지, 왜 제국이 없는 것처럼 알려졌는지, 그리고 비록 눈에는 보이지 않더라도 오늘날 제국주의는 어떤 모습인지 등을 살펴보자.

# 제3장
# 초-제국 미국의 탄생

# 앵글로색슨 연합제국

한자로 제국帝國은 '황제의 나라'를 뜻한다. 대략 1870년대에 유행어가 되었는데 고종이 1897년 '대한제국'을 선포한 것도 이런 분위기와 무관하지 않다. 유럽의 독일, 오스트리아, 러시아, 터키, 영국을 비롯해 중국, 일본, 페르시아, 에티오피아, 모로코, 브라질의 지배자들이 모두 황제라는 칭호를 사용했다. 제국주의라고 하면 '황제'가 모든 것을 결정하던 과거사로 착각하는 건 이런 배경 때문이다. 그렇지만 이 시기만 해도 황제가 모든 권한을 행사할 수 있는 시대는 이미 지나고 있었다. 영국과 일본만 해도 이미 입헌군주제로 헌법 중심의 민주적인 의사결정이 이루어지는 정치 시스템이었다.

제국주의가 민주주의와 상관이 없다는 걸 가장 잘 보여주는 곳은 의외로 미국이다. 1787년 인류 역사상 처음으로 대통령제를 채택했던 미국이 1898년 스페인과의 전쟁에서 이긴 다음 제국마냥 식민지로 차지한 게 필리핀, 쿠바, 푸에르토리코 등이다. 독일 히틀러가 이끄는 나치 정부가 등장한 것 역시 1936년에 치러진 '합법'적인 총선거를 통해서였다. 민주주의 국가라고 해서 제국주의를 하지 않는다거나 전쟁을 안 한다는 것은 순진한 착각이라는 걸 보여준다. 한자어로 뛰어나다, 앞서다, 넘어서다 등의 뜻을 갖는 '초超'와 결합해 '초-제국Ultra-empire'이라는 개념이 등장한 것도 벌써 20세기 초반이다.

1914년, 체코계 오스트리아 출신이었던 카를 카우츠키가 이를 처음 개념화했다. 그는 고도의 자본주의 단계에서는 자본가 계급이 개별 국가를 넘어서 연합전선을 펼치고 이때 일종의 '초-제국주의'가 완성되면서 더는 전쟁이 없을 것으로 내다봤다. 그러나 블라디미르 레닌은 1915년에 쓴 『제국주의: 최후 단계의 자본주의Imperialism: The Highest Stage of Capitalism』에서 그런 평화는 가능하지 않다고 봤다. 레닌에 따르면 국가 내부에는 자본가 계급만이 아니라 노동자 계급도 있어 국가 간 연대가 쉽지 않고, 또 국가마다 발전단계가 달라 해외 시장과 자원을 두고 무한 경쟁을 하는 가운데 전쟁은 피할 수 없게 된다는 것이다. 공교롭게도 이런 주장이 나온 직후에 제1차와 제2차 세계대전이 터졌다. 결론만 놓고 보면 레닌이 맞았고 카우츠키는 틀렸다. 그렇다면 '초-제국'이란 개념은 쓸모없어진 것일까?

영국 런던대의 인더지트 파마르Inderjeet Parmar 교수는 그렇지 않다고 주장한다. 1945년 이후의 상황은 오히려 카우츠키의 주장이 맞았다는 것을 보여준다며, 자유주의적 국제질서가 NATO · IMF · WB 등을 통해 유지되고 미국과 유럽 사이에 전쟁보다는 협력이 진행된다는 게 그 근거라고 말한다.[36) 호주 시드니대학의 스테판 캐슬Stephen Castles 교수의 생각도 비슷하다.[37) 그는 국제사회에 존재하는 다섯 개의 권력 서열을 제시했는데 맨 위에는 미국의 지배층과 일반 시민이 자리를 잡는다. 바로 밑에 유럽연합 회원국과 일본, 캐나다와 오스트레일리아가 있다. 신흥공업국을 비롯해 러시아 및 체제 이행기에 있는 국가들은 서열 3위다. 빈곤에서 벗어나지 못하는 다수의 제3세계는 권력 서열 4위에 해당한다. 밑바닥에는 누가 있을까? 불량국가, 낙제국가 그리고 쿠르드나 팔레스타인과 같은 나라 없는 민족이 자리를 잡는다.

군이 제국이라는 명칭은 사용하지 않아도 미국이 다른 국가를 지배하고 있다는 점에 두 사람 모두 동의하고 있는 셈인데, 그럼에도 앵글로색슨권이 왜 항상 뭉쳐 다니는지에 대한 설명은 없다. 뒤에서 더 자세하게 다루겠지만 1945년 전쟁이 끝나자마자 곧바로 냉전이 시작된 것도, 이를 평계로 미국이 세계 경찰이 된 것도 따지고 보면 혼자 한 게 아니라 대부분 영국, 그리고 많은 경우 캐나다, 호주, 뉴질랜드가 함께 있어 가능했다. 앞서 카우츠키가 말한 연합제국에 가까운 모습으로 1950년의 한국전쟁에서 드러난 이후 2025년 현재까지도 큰 변화가 없다. 게다가 미국이 주연을 맡고는 있어도 혼자 하는 게 아니라서 마치 '제국'이 없는 듯한 효과까지 얻는다. 우리가 알고 있는 상식을 이런 관점에서 한번 뒤집어 살펴보자.

## 앵글로색슨 패밀리의 위계

UN의 한국전쟁 참전국은 모두 22개국, 인원은 195만 명 정도다. 그중에서 1개 대대(약 1200명) 이상의 전투 병력을 보낸 곳은 16개국이고, 나머지 6개국은 의료 지원만 했다. 미국이 북 치고 장구 치는 역할까지 모두 해냈는데 파병 군인만 해도 전체의 92%에 해당하는 178만 명을 보냈다. 나머지 8% 중의 절반 이상은 영국, 캐나다, 호주, 뉴질랜드가 감당한 몫이다. 전체의 4% 정도에 불과한 군대를 그 외의 국가들이 채웠는데, 그들 가운데 남아프리카공화국은 1814년부터 영국의 식민지였던 곳이고 에디오피아는 영국의 도움이 있어 독립국으로 남을 수 있었던 곳이다. 그밖에 미국의 식민지였던 필리핀, 동남아시아 방위조약SEATO 회원국 태국, 마셜플랜 수혜국이었던 그리스와 터키 등이 있는데, 겉보기엔 엄연한 주권국가지만 윗선의 명령을 거부하지 못하는 아랫사람에 가깝다. 남은 건 프랑스, 네덜란드, 벨기에, 룩셈부르크인데 이들과 미국의 관계는 그래도 평등하지 않았을까? 당장 프랑스만 하더라도 당당한 승전국의 일원으로서 UN 안보리 상임이사국이고 지난 2003년 이라크 전쟁 때도 미국에 반대했는데 말이다.

맥락을 잘 모르면 프랑스의 힘이 꽤 세다고 생각할지 몰라도 실상은 매우 다르다. 예컨대, 제2차 세계대전 때만 하더라도 프랑스는 일찌감치 독일에 패했고 드골 장군이 이끄는 망명정부는 영국 런던에 있었다. 남의 집에 더부살이하면서 주인에게 대들 수 없듯이 망명정부가 큰소리 칠 수 없는 건 당연하다. 독일이 항복한 직후에 열렸던 1945년 7월 17일의 포츠담회담 Potsdam Conference도 당시 상황을 잘 보여준다. 참석자로는 미국의 해리 트루먼, 영국의 윈스턴 처칠, 소련의 이오시프 스탈린 이렇게 세 명만 있고 프랑스 대통령은 이 자리에 끼지 못했다. 점령지 독일을 누가 어떻게 나눌지에 대한 결정에서도 〈자료4〉에서 보듯이 프랑스의 점령지가 가장 작고 그나마 프랑스 국경과 맞닿은 일부 지역에 불과했다. 당시의 역학 구도는 동그라미 안의 수도 베를린 분할에도 반영되어 있는데 미·영·프 3개국이 절반을, 나머지 절반은 소련의 몫이다.

그밖에도 네덜란드, 벨기에, 룩셈부르크가 있지만 모두 NATO가 설립되었을 때 가장 먼저 회원국이 된 국가로, 전후 시기에는

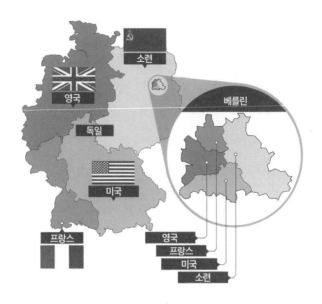

〈자료4〉 전후 연합국의 독일 분할 점령지역.[38]

당장 먹고사는 문제에서부터 소련의 위협에 대응하기 위해서라도 미국에 기댈 수밖에 없는 처지였다.

　이런 전반적 상황은 과거의 대영제국이 적극적으로 도운 결과 미국이라는 '초-제국'이 주도하는 세상으로 바뀌었을 가능성을 보여주는데, 미국 예일대 교수였던 월터 메드Walter Mead가 실제로 이런 주장을 한다. 그에 따르면 안보·경제·문화·무역 등을 아우르는 지금의 글로벌 시스템을 조직하고, 유지하고, 확장하고, 방어한 집단은 영어를 공통어로 사용하는 앵글로색슨 가문Family이었다. 제2차 세계대전까지 이 집안의 장자는 영국이었고, 그 이후에는 미국이 가업을 이어받아 오늘날에 이르고 있다. 제국의 왕관을 미국으로 가져온 인물은 프랭클린 루스벨트 대통령으로, 그는 전쟁에서 처칠 수상을 도와 이 제국을 지켜내는 한편 이 난국을 이용해서 가문의 상속권을 차지했다.

전쟁이 끝난 후에도 미국은 과거 대영제국이 했던 통치 전략과 유산을 승계했으며, 누군가 가문의 주도권이나 본질적 이해관계를 위협할 때마다 패거리로 뭉쳐 대응하면서 누구도 함부로 반역을 꿈꾸지 못하도록 했다는 게 메드 교수의 주장이다.[39] 그의 주장을 그대로 받아들이면, 1947년 냉전이 시작된 것은 소련을 중심으로 한 사회주의 진영이 위협으로 떠올랐기 때문이다. 또한 최근의 신냉전은 중국 및 중국모델을 따라하려는 글로벌 사우스 국가들을 견제할 목적으로 기획된 것이 된다. 그의 주장을 확인하는 첫 단추로 제국의 흔적들을 먼저 뒤적여보자.

## 연합제국의 흔적

「"위구르 집단강간" BBC 폭로…美보다 먼저 中 때리는 英, 왜?」(중앙일보, 2021.2.6), 「美, 英-호주와 '핵잠 동맹'…中견제 '오커스' 신설」(동아일보, 2021.9.17), 「'파이브 아이즈' 국가 모두 베이징 올림픽 보이콧…대안 없는 중국 '끙끙'」(경향신문,

# 미·영·호주 군사기술 공동개발에 한국 참여 논의

**한-호주 외교·국방 2+2 회의**

한국과 오스트레일리아(호주) 외교·국방장관이 미국·영국·호주 군사동맹 '오커스'(AUKUS)의 군사기술 공동개발 프로그램인 '필러 2'에 한국이 참여하는 방안을 논의했다.

조태열 외교부 장관과 신원식 국방부 장관, 리처드 말스 호주 부총리 겸 국방장관과 페니 웡 호주 외교장관은 1일(현지시각) 호주 멜버른에서 제6차 한-호주 외교·국방 2+2 장관회의를 열었다.

양국 장관들은 회의를 통해 채택한 공동성명에서 "한국은 오커스 국가들이 필러 2 고급 능력 프로젝트에 대한 추가적인 파트너들과의 협력을 고려하고 있는 것을 환영했다"고 밝혔다. 이에 앞서 회의 뒤 열린 기자회견에서 말스 부총리는 "우리는 이미 기술과 관련하여 긴밀하게 협력하고 있다"며 "따라서 오커스 필러 2가 발전함에 따라 앞으로 기회가 있을 것이라고 생각한다"고 말했다.

**핵잠 뺀 8개 분야 필러2 프로젝트**
**미국이 짜놓은 안보체계 편입**
**중국 포위망에 발 담그는 셈**

오커스는 핵추진 잠수함을 호주에 제공하는 필러 1과 양자컴퓨팅, 해저, 극초음속, 인공지능(AI), 사이버안보 등 8개 분야를 협력국과 공동개발하는 필러 2로 협력 분야를 나누고 있다. 오커스는 핵추진 잠수함 기술을 공유할 회원국을 추가로 받을 계획은 없다고 밝혔으나, 필러 2에선 일본과 한국, 캐나다, 뉴질랜드 등을 추가 파트너로 고려하고 있는 것으로 알려졌다.

오커스 필러 2는 직접적인 군사 교류를 하는 창구는 아니지만 미국이 짜놓은 격자형 안보 체계에 한국이 적극적으로 발을 담근다는 점에서 의미가 있다. 미국은 지금껏 자국 중심의 양자동맹 전략인 '허브 앤 스포크' 전략을 써왔지만, 최근 들어 쿼드(미·

일·호주·인도 안보협의체), 오커스, 한·미·일, 미·일·필리핀 등 다양한 소다자 협의체가 협력하는 격자형 안보 체제를 구축하고 있다.

다만 미국 주도의 격자 안보 체제에 들어간다는 것은 결국 중국에 대한 포위망에 한국이 참여하는 것을 의미한다. 이날도 양국은 공동성명에서 "장관들은 대만해협의 평화와 안정을 유지하는 것이 지역의 안보와 번영에 필수적인 요소임을 재확인했다"며 대만해협 문제를 언급했다. 따라서 미국 주도의 안보 체제에 탑승하더라도 중국에 대한 관리 또한 필요하다는 지적이 나온다. 이백순 전 호주대사는 "오커스는 미국이 구상하는 격자형 체제의 핵심이고, 그 구조 속에 우리가 들어간다면 안보적으로 볼 때는 그나마 괜찮은 방안 아니냐고 생각한다"면서도 "다만 중국과 잘 설득할 수 있는 논리 구조를 만들고 전략적 대화를 전개해야 할 필요가 있다"고 말했다.

신형철 기자 newiron@hani.co.kr

〈자료5〉 국제사회에서 늘 영·미에 힘을 실어주는 호주·캐나다·뉴질랜드. 이들을 꿰는 키워드는 WASP, AUKUS, Five Eyes다. (한겨레, 2024.5.2.)

2021.12.9), 「미·영·캐만 퇴장…G20 재무장관회의 '러시아 보이콧' 온도차」(프레시안, 2022.4.21), 「캐나다 5G 사업에서 中화웨이·ZTE 배제…미·영·호주와 동조」(문화일보, 2022.5.20), 「英 외무 "중국, 오판해서 대만 침공할 위험 있다"」(서울신문,

2022.6.29), 「한국, 미·영·호주 군사동맹과 사이버 안보 등 개발 참여 논의」(한겨레, 2024.5.1), 「미국 동맹국, 뉴질랜드·호주 군함, 대만 해협 통과, 중국 견제」(뉴스1, 2024.9.26), 「G7+한·호주·뉴질랜드, "북한군 참전 가능성 심각한 우려"」(MBC, 2024.11.5).

이는 국내 언론에 단골 메뉴로 등장하는 뉴스 중 일부로 러시아와 중국, 또 북한을 겨냥한 공격의 최전선에 영국·캐나다·호주·뉴질랜드 등이 나란히 서 있다는 게 흥미롭다. 무슨 이유인지 몰라도 한국을 자기편으로 끌어들이기 위한 노력에 가장 앞장서는 국가도 이들이다. 국내 언론을 보면 심심찮게 나오는데, 예를 들어 「'중국 견제' 美 한반도 전문가들 "한국, 미국과 동맹 강화해야"」(머니투데이, 2020.11.17), 「AUKUS 동맹, "첨단 군사 기술 개발에 한국 참여 논의중"」(뉴시스, 2024.9.28), 「美 싱크탱크 "한국, 美 요새 안으로 들어갈 필요…경제협력 강화"」(노컷뉴스, 2024.11.26)와 같은 뉴스를 통해서다. 그런데 참 이상하지 않나. 외부에서 봤을 때는 분명 별도의 주권국가인데 이들은 왜 이렇게 잘 뭉칠까?

'영어세력권'으로 번역되는 앵글로스피어Anglosphere라는 개념에서 그 이유를 찾을 수 있다. 접두어에 해당하는 Anglo는 영국England이라는 지명이 뿌리인데, 지금의 영국 땅에 최초로 정착한 사람들이 독일과 덴마크의 앵글리아반도 출신이라서 붙은 이름이다. 뒤에 나오는 sphere는 물리적 공간이나 상 징적 테두리로, 이걸 풀이해보면 대영제국과 관련이 깊은 국가 들로 상당한 정치적·경제적·군사적 영향력을 공유하는 느슨 한 동맹체제 정도가 된다.• 대영제국 중에서도 인종으로는 백 인이자 앵글로색슨계에 속하면서 개신교를 믿는 WASP White Anglo-Saxon Protestant로 불리기도 하는데, 자신의 혈통에 대한 우 월감이 매우 강하다. 대분류에서는 백인에 속해도 이들에게 차 별을 받은 대표적인 무리가 한때 영국의 식민지였던 아일랜드 계를 비롯해 유럽 남부의 그리스계와 이탈리아계 등이다.••

과거에는 그랬을지 몰라도 지금은 인종에 따른 차별이 없어 졌을 것 같지만, 현실은 다르다. 2021년 9월 15일 호주와 프랑 스 간에 벌어졌던 사건은, 평소에는 잘 지내도 막상 급한 일이 생기면 제 식구부터 찾는다는 걸 잘 보여줬다. 미국, 영국, 호주

---

• 관련 자료는 다음을 참고하면 된다. Davis, A. 외 (2013) Keep calm and carry on: Reflections on the Anglosphere, Australian Strategic Policy Institute, http://www.jstor.com/stable/resrep04038. 앵글로스피어처럼 묶이는 권역 으로는 중국과 인도를 중심으로 하는 시노스피어(Sinosphere)와 인도스피어 (Indosphere)가 있다. 문화·역사·음식·언어 등으로 뭉친 권역으로, 국제사회 에 대한 지배를 목적으로 만들어진 앵글로스피어와는 뚜렷하게 구분된다.

•• 영국계 미국인이 주류였던 미국 사회의 인종 차별 역사는 진구섭(2020)이 쓴 『누가 백인인가 미국의 인종감별 잔혹사』라는 책에 잘 정리되어 있다. 원조 백인은 '앵글로색슨계'였고 남부와 동유럽 출신이 백인 대접을 받기 시작한 건 제2차 세계대전 이후라는 내용이다.

는 이날 안보협력체 'AUKUS'를 발표했는데, 하필이면 그 합의 문 속에 절친이었던 프랑스와 이미 체결했던 디젤 잠수함 공급 계약을 깨고 대신 미국의 지원을 받아 핵잠수함을 개발한다는 내용이 포함되어 있었다. 미국이 핵잠수함 기술을 다른 나라에 넘긴 건 영국 이후 호주가 처음인 것으로 알려졌다. 프랑스의 한 외교관은 이를 두고 "전 세계가 정글이라는 뼈아픈 사실을 프랑스가 방금 깨달았다"라면서 "영국·미국에 뒤통수를 맞았 으며 인생이란 바로 이런 것"이라는 글을 남기기도 했다.[40]

　연합제국이 단순한 추측이 아니라는 걸 보여주는 다른 근거 도 많은데, 이를테면 군사동맹만 해도 육군을 위한 아브칸즈 아미즈ABCANZ Armies, 해군의 오스칸즈쿠스AUSCANNZUKUS, 공 군의 항공우주상호작전위원회Air and Space Interoperability Council 등이 있다. 공통으로 미국American, 영국British, 캐나다Canadian, 호주Australian, 뉴질랜드New Zealand의 약자가 들어가 있다. 관세 와 국경 업무와 관련한 협의체로는 보더파이브Border Five, 이민 문제를 다루는 5개국협의체Five Country Coference, 과학과 기술 협력 프로그램Technical Cooperation Program도 운영 중이다. 앞에 도 나왔던 '파이브 아이즈'는 그중에서도 가장 오래되고 잘 알 려진 동맹으로 1945년 만들어졌다. 유럽에 있지도 않은 캐나 다가 1949년의 NATO에 처음부터 회원국이 된 것이나, 1954년 의 동남아시아방위조약SEATO에 이 지역과 무관한 미국·영국·

호주·뉴질랜드 등이 합류한 것도 제국의 일원이었기 때문이라고 하면 더 잘 설명된다.

## 앵글로색슨주의•

인류 역사에는 많은 제국이 번성했다 사라졌는데 잘 알려진 것만 해도 로마제국과 몽골제국 등이 있다. 그러나 이들 제국에서는 특정 혈통이 문제가 된 적은 없었고, 오히려 능력만 있으면 인종이나 출신에 상관없이 우대하는 정책을 폈다. 앵글로색슨계는 이와 달리 혈통에 집착했는데, 그래서인지 몰라도 영미권 작가들이 쓴 소설에서는 유독 누구의 자손인지, 무슨 혈통인지 따지는 장면이 자주 나온다. 영화로도 제작되었던 J. K. 롤링의 소설 『해리 포터』 시리즈만 해도 그런 장면이 많이 나온다. 이를테면, 영화 속 여자 주인공이었던 헤르미온느는 매우 똑똑했지만 마법사의 혈통이 아니라는 이유로 자주 구박을

---

• Anglo-Saxism. 영어로 -ism은 우리말로 -주의로 번역되는 개념으로 여성주의(Feminism), 민족주의(Nationalism), 자본주의(Capitalism), 자유주의(Liberalism) 등에서 쓰인다. 민족, 자본, 자유와 같은 특정한 가치를 중심에 놓고 이를 실현하는 것을 도덕적으로 '옹호'할 뿐만 아니라 모든 사고방식의 기본으로 삼으면서 세상을 이해하고 평가하는 중심 잣대로 활용한다는 뜻이다. 따라서 앵글로색슨주의란 자신들이 인류의 가장 모범적인 인종이며, 자신들이 만든 법과 규범, 정치와 경제체제는 절대선이므로 이를 전파하고 지키는 게 자신들의 신성한 책임이라고 믿는 세계관 혹은 가치관을 가리킨다.

받았고, 주인공 해리가 끝내 영웅이 되어 볼드모트와 대적할 수 있었던 것도 따지고 보면 뛰어난 아버지와 어머니의 유전자 덕분이었다. 앞서 메드 교수가 지적했듯이, 자신들을 하나의 가문으로 인식했다면 이런 집단적 기질이 더 잘 이해가 된다. 한편으로는 가장 우수한 인종으로 세상을 이끌어 갈 책임이 있고, 다른 한편으로는 혈통의 순수성을 지키기 위해 인종차별도 필요하다고 믿었다.

"백인종이 황인종이나 흑인종보다 정신적, 육체적으로 훨씬 뛰어나기 때문에 유럽 백인이 다른 지역 사람을 다스리는 것은 당연하다. 그들보다 뛰어난 문명을 자랑하는 우리 백인이 식민지인을 지배하는 것은 은혜를 베푸는 일이며, 그들을 문명화시키는 것이 우리의 의무이다."

"우리는 영국의 4000만 인구를 피비린내 나는 내란으로부터 지키고, 과잉 인구를 수용하기 위해 새로운 영토를 개척해야만 한다. (…) 당신이 내란을 피하려 한다면 당신은 제국주의자가 되어야 한다. 나는 우리가 세계에서 가장 우수한 인종이며 따라서 우리가 세계에 많이 거주할수록 인류에 좋다고 주장한다."

앞의 인용문은 영국을 대표하는 계관시인 알프레드 테니슨

Alfred Tennyson의 말이다. 뒤는 남아프리카공화국에서 다이아몬드로 막대한 부를 축적한 세실 로즈Cecil Rhodes가 한 말이다. 영국에서 존경받는 엘리트였던 이들의 생각이 이렇다. 그럼 자연스레 뒤따르는 질문은 '도대체 왜 그런 생각을 공유하고 있을까?'

정답은 찾기 어려워도 영국에서 일찍부터 꽃을 피웠던 진화론과 우생학 등 '과학'으로 포장된 지식의 영향을 받았을 가능성이 크다. 1859년 『종의 기원』이 발표되었고, 1864년에는 『생물학의 원리』가 나왔다. 각각 영국인 찰스 다윈과 허버트 스펜서가 쓴 책으로, 인류의 조상은 하나일지 몰라도 환경에 가장 잘 적응한 인종만이 살아남는다는 내용이었다. 적자생존으로 알려진 이 이론을 자연계에만 적용한 다윈과 달리 스펜서는 인간 사회로까지 확대했다. 인류는 무한 경쟁을 하고 있으며, 강자가 약자를 지배하고, 강자의 질서를 강요하는 게 자연의 법칙이라고 주장했다. 오늘날 이를 곧이곧대로 믿을 사람은 없어도, 당시의 시대 상황을 고려하면 고개를 끄덕이게 될 대목이 많다.

19세기 중후반 최고의 전성기를 누리던 영국은 막강했던 프랑스의 나폴레옹도 힘으로 눌렀다. 독일은 아직 경쟁자가 아니었고, 맞수로는 러시아가 있었지만 전선이 중앙아시아 지역으로 제한되어 있었다. 1853년에 벌어진 크림전쟁을 통해 러시아가 지중해로 나올 길도 막았던 터라 영국이 전 세계를 자신의 식민지로 만드는 길에 걸림돌은 없었다. 1840년에는 뉴질랜드를 점령했고, 막강한 청나라도 이기고 홍콩을 식민지로 만든 게 이듬해인 1841년이다. 피지, 통가, 파푸아뉴기니 등 태평양 인근 섬들도 그 대열에 끌려들어갔다. 인도의 편잡 지역과 파키스탄의 발루치스탄이 점령된 것도 이 무렵이다. 1865년에는 나이지리아가, 1882년에는 이집트가, 1896년에는 수단이 영국 땅이 되면서 방대한 아프리카 영토도 영국의 안마당이 됐다. 20세기를 맞이한 영국은 마침내 전 세계 인구와 영토의 1/4을 통제권에 두는 대제국이 되어 있었다.

인간은 누구나 자신이 보고 싶은 것에, 듣고 싶은 말에 더 기운다는 걸 생각하면 20세기 영국과 미국이라고 과연 달랐을까? 그들이 쟁취한 것을 '진화'의 결과물로, 우수한 인종이 '노력'한 결과로, 또 자신이 누리는 권력을 당연한 '선물'로 보면서 WASP라는 특정 집단의 우월성을 뒷받침하는 학설이나 이론에 특히 매혹되지 않았을까? 그들이 진화론에 이어 우생학 eugenics에도 열광한 건 그런 점에서 당연해 보인다. 그리스 단어 'eu'는 좋은 것good 혹은 뛰어난 것well을 뜻하고 'genēs'는 태어나다born 또는 존재한다exist는 의미다. 우생학은 이 두 단어가 합쳐진 것으로, '유전적으로 우수한 인종에 대한 학문' 정도로 이해하면 된다. 우생학이 대중에게 알려진 건 프랜시스 골턴Francis Galton의 『인간의 능력과 그 발달에 관한 탐구Inquiries into Human Faculty and Its Development』(1883)를 통해서다. 골턴은 모든 인간이 같지 않고 '양질'과 '불량'품이 있다고 믿었다. 예를 들자면, 백인 중산층과 상류층 사이에 태어난 아이는 '양질'이지만 이민자와 흑인 부모에게서 태어난 자녀는 '열등'해 교육과 같은 후천적 노력으로 바꿀 수 없다고 봤다. 이를 모두 과학적인 사실이라고 믿었고, 그 믿음은 뉴질랜드의 정신장애법 (1911년), 영국의 정신결함법(1913년), 남아프리카공화국의 정신장애법(1916년) 등으로 이어졌다.

한데 영국에서 탄생했던 이 학문은 미국에서도 전성기를 누렸는데, 왜 그랬을까? 우선 노예제 폐지 이후 다수의 흑인을 자신들과 분리할 필요가 있었다는 점이다. 우리가 더러운 오물이나 악취를 피하고자 분리대를 세우고 특정 지역을 격리하는 것과 같은 논리에서다. 이를 현실에도 적용했으니, 미국 내전에서 패배한 남부의 여러 주에서 시행된 일련의 정책과 법률로 '블랙코드Black code'와 '짐크로우법Jim Crow Law' 등을 대표적으로 꼽을 수 있다. 남북전쟁이 끝난 직후인 1865년부터 미시시피와 사우스캐롤라이나주가 앞장서 받아들임으로써 미국의 내부식민지라 할 흑인들의 비참한 상황은 계속될 수밖에 없었다. 교통시설, 학교, 공공기관, 음식점 등에서도 '유색인종' 전용공간만 출입할 수 있었고, 정부나 공공기관에는 아예 취업도

할 수 없었다. 전 세계에서 밀려드는 이민자 및 노동자와 정치적 개혁세력을 통제하는 논리로도 이 법은 아주 유용했다.

앤드류 카네기, 존 록펠러 등 자본가들은 앞장서서 "거리의 부랑자들은 대체로 쓰레기인데, 이들 대부분은 사회에 암울한 그림자를 드리우는 존재이고, 정신박약에 처한 노동자들 대부분은 외국 태생이다. 만일 국가의 유전적 질을 보호하기를 원한다면, 이민자에 대한 통제가 필요하며, 이때 과학적 방법을 동원하는 것이야말로 매우 효과적인 구원의 전략이 될 것"이라는 논리를 확산시켰다.[41] 그리고 이런 집단기억은 웬만한 충격에 흔들리는 법도 없고 행여 잠시 잠복하더라도 언제든지 부활한다. 지구상 어느 곳보다 인종혐오 범죄율이 높으면서 이민자와 소수인종 때문에 미국이 몰락하고 있다고 주장했던 도널드 트럼프가 대통령이 될 수 있는 건 이런 배경이 있어서다.

인종주의에 기반한 제국의 속내를 확인해봤으니, 이번에는 이 가문의 주요 인물(즉 영국과 미국)이 공유했을 법한 경험을 한번 찾아보자. 정체성이라는 게 하루아침에 만들어지는 게 아니고 강력했던 경험을 통해 점차 강화된다는 점을 생각해보면 이들도 예외는 아닐 것이다.

## 황금알 식민지

영국으로부터 독립하기 위해 미국은 1776년부터 1883년까지 싸워야 했다. 당시 영국은 프랑스와 식민지 쟁탈전을 벌이던 중이라 자칫하면 미국이 프랑스 편에 설 수 있다는 우려가 큰 상황이었다. 영국 해군이 증원군을 보내지 못하도록 해안을 봉쇄하고 군사 고문을 파견한 게 프랑스라서 이런 걱정은 너무 당연했다. 영국의 군사력으로 봤을 때 미국을 힘으로 못 누를 정도는 아니었지만 차라리 독립을 인정해주고 자치령 비슷하게 관리하는 게 최선이라는 타협안은 그래서 가능했다. 미국으로서도 영국과 굳이 원수로 지낼 필요가 없었고, 무엇보다 함께라면 챙길 수 있는 떡고물이 너무 많았다.

영국 입장에선 미국은 싼값으로 원재료를 공급해주는 믿을 수 있는 거래처다. 게다가 인도 등으로 면직물을 수출하기 위해서는 흑인 노동을 통해 수확하는 미국의 면화와 밀 등이 꼭 필요했다. 미국으로서도 유럽은 가장 중요한 수출 시장이었고, 더욱이 영국의 금융기관은 방대한 아메리카 대륙을 개척해가는 데 훌륭한 동반자였다.[42] 이를테면 영국계 은행 베어링 Baring Bank은 미국이 프랑스령 루이지애나를 매입하는 데 보증을 서줬고, 이를 계기로 영국 기업들은 미국의 각종 개간 사업, 철도 건설, 항구 정비 등에 투자할 기회를 얻었다.

1823년 먼로독트린도 영국의 도움이 없었다면 성공할 수 없었다. 유럽의 내정에 간섭하지 않는다는 조건으로 중남미에 대한 미국의 영향력을 용인해 달라는 얘기였는데, 막강한 영국 해군이 미국을 도와주고 있어 유럽의 다른 강대국의 간섭을 피할 수 있었던 것이다. 19세기 미국의 최고 전략가로 알려진 해군 장교 출신의 역사학자 알프레드 마한Alfred Mahan은 이 경험에 주목했고, 이를 통해 미국과 영국의 연합함대에 의해 보호받는 자유무역 시대를 열 수 있었다.• 제국주의가 정점으로 향해 가던 19세기 후반에 접어들면서 양국의 밀월관계는 더 돈독해졌다.

프랑스, 독일, 러시아 등과 맞장뜰 정도까지는 못 되었던 미국에게는 전 세계에 걸쳐 식민지를 확보한 영국은 '든든한 큰형님'이었다. 미국의 선교사, 무역업자, 무기상, 투자자들은 영국이 구축해놓은 네트워크를 마음껏 활용했다. 영국도 나쁠 게 없었는데, 제국을 관리하는 데 드는 비용을 비롯해 필요할 때는 군사력도 빌릴 수 있는 '근육질의 동생'이 미국이었다. 게다가 앵글로색슨의 우수성을 증명하는 데 있어 미국은 모두에게 자랑할 만한 국가였다. 비밀투표제를 실시하고, 노예제를 폐지했으며, 식민지 영토 점령을 불평등 통상조약 체결로 대신하는 등 당시로서는 혁신적인 방안을 받아들인 모범생이었다. 그러

---

• 정치의 본질은 안보, 번영과 주도권을 둘러싼 강대국 간 경쟁이며, 국제무역의 열매를 따 먹기 위해서는 반드시 해상권을 장악해야 한다는 게 그의 주장이었다. 1890년에 나온 그의 책 The Influence of Sea Power upon History는 『해양력이 역사에 미치는 영향』(2020)이라는 제목으로 번역 출판되어 있다.

나 문제는 억압과 수탈을 강요당했던 유색인종이 순순히 따르지 않는다는 것. 제국은 은혜를 베푼다고 말해도 식민지는 동의하지 않았고 끝내 목숨 걸고 독립 투쟁에 나섰으니 말이다. 영국이 먼저 경험했고 미국도 피할 수 없는 길이었다.

인도에서 제1차 민족해방운동으로 부르는 세포이 항쟁이 시작된 건 1857년으로, 영국이 인도를 통치한 지 무려 300년이 지난 시점이다. 지배자에 대한 복종을 생명처럼 여기는 용병 출신들이 반란을 주도했는데, 인도 전역에서 동조 세력이 나타나 거들었다는 게 충격이었다. 무엇이 잘못되었을까? 앞으로 인도를 어떻게 다스려야 할까? 영국은 급한 대로 동인도회사를 통한 간접통치 대신 총독을 통한 직접통치를 선택했지만, 앞으로 이런 일이 또 일어나지 않으리라는 보장이 없다는 게 고민이었다.

1880년과 1889년 두 차례에 걸쳐 일어난 보어전쟁도 골치였다. 식민지 남아프리카공화국 요하네스버그 인근에서 대규모 황금과 다이아몬드가 발견되면서 문제가 불거졌는데, 네덜란드계 원주민인 보어인이 갖고 있던 소유권을 영국이 인정하지 않았던 것이다. 전쟁을 벌여서라도 빼앗아 와야 한다는 분위기가 형성되면서 광산업자 및 이들과 같은 편이 된 『데일리 텔레그래프』 『데일리 뉴스』 『이브닝 뉴스』 『세인트 제임스 가제트』 등 언론이 여론 조작에 앞장섰다. '보어인에 의한 영국군

피살' 같은 가짜뉴스가 넘쳐났고, 정부가 나서 이런 악마를 없애야 한다는 목소리가 높아지면서 대학살과 초토화 작전이 벌어졌다.

1898년 스페인과의 전쟁에서 승리한 후 식민지 개척에 막 나섰던 미국도 사정이 별로 다르지 않았다. 늦게 이 경쟁에 뛰어든 처지라 새롭게 정복할 땅은 없었고, 결국 과거 제국에게서 뺏는 게 답이 될 수밖에 없었다. 이때 외세의 힘을 빌려서라도 독립하려는 식민지가 훌륭한 먹잇감이 된다. 그걸 가장 잘 보여준 사례가 필리핀으로, 제국 스페인에 맞서 함께 싸운 미국이 이후 보호자로 나서면서 뒤통수를 쳤던 것이다. 앞서 쿠바에서 써먹었던 방법이었지만 필리핀은 그 사실을 제대로 몰랐다. 무슨 일이 벌어졌을까? 필리핀이 통치자 스페인에 대해 본격적 저항을 시작한 건 1872년으로, 과도한 착취와 억압에 필리핀 노동자와 병사들이 폭동을 일으켰다. 폭력의 악순환이 시작되었는데 점령 당국은 배후를 파헤쳤고 성직자와 지식인들이 처형되었다.

쿠바에서 스페인과 전쟁 중이던 미국이 이때 손을 내밀었다. 당시 해군 차관으로 나중에 대통령이 되는 테오도르 루스벨트와 해군 제독 조지 듀이George Dewey가 앞장섰다. 미국을 도와주면 필리핀의 독립을 보장하겠다는 합의가 체결되면서 전국 단위의 게릴라전이 펼쳐지고 미국은 무기를 지원했다. 안팎의 공격에 마침내 스페인의 항복을 받아냈지만, 필리핀에겐 더 큰 불행이 기다리고 있었다. 전혀 예상치 못한 상태에서, 미국 대통령 윌리엄 맥킨리William McKinley가 1898년 12월 21일 미국이 당분간 계속 주둔하겠다고 밝힌 것이다. 핑계로 내세운 게 '자애로운 동화Benevolent Assimilation' 정책이었는데, 독립할 수 있는 역량을 기를 때까지 보호해주겠다는 억지였다. 필리핀의 반발은 1899년 2월 4일의 전쟁으로 이어진다. 미국을 상대로 이길 수는 없었지만 그렇다고 식민지의 노예로 살 수는 없었으니까. 미국 군인의 손실은 4000명 정도였지만 필리핀의 희생자는 전투 중 2만 명, 민간인 희생자는 최소 25만에서 100만 명이 넘었다.[43]

그게 악순환의 끝이 아님은 누구나 알았고, 특히 제국 간 경쟁이 치열해지면서 집안 단속의 필요성도 커졌다. 스페인에 맞서 미국이 했던 전략을 다른 제국이 하지 않으리란 법이 없는 상황에서, 가족처럼 믿을 수 있는 누군가를 찾는 건 자연스러운 일이다. 대영제국은 그 상대를 미국으로 정했고, 처음에는 굳이 유럽 제국 중 하나를 선택할 필요를 느끼지 않았던 미국도 점차 영국의 제안에 귀를 기울 수밖에 없었다. 지금껏 상대해본 적이 없었던 공통의 적을 만난 게 계기였는데, 그중의 하나는 '독일'이었고 다른 하나는 '공산주의'라는 악마였다.

## 공동의 적, 독일

20세기에 접어들면서 대영제국이 가장 두려워했던 상대는 독일이었다. 러시아도 위협적이긴 했지만 두 가지 이유로 경쟁 대열에서 탈락했다. 그중 하나는 크림전쟁(1853년)과 러일 전쟁(1904년) 등에서 연거푸 패하면서 유라시아 대륙에 갇히게 되었다는 점이다. 다른 하나는 사회주의 혁명으로 인해 러시아 내부의 집안싸움이 그치지 않았다는 것. 덕분에 영국이 경계해야 할 대상은 이제 독일밖에 없었다.

식민지에서 얻을 수 있는 경제적 이익은 이를 관리하는 데 드는 비용에 비해 그다지 크지 않다고 믿었던 철혈재상 비스마르크Otto von Bismarck, 이후 그를 대신해 빌헬름 2세가 권력을 장악하면서 분위기가 달라진 독일은 1884년 시작된 아프리카 분할 경쟁에도 본격적으로 참여해 이 대륙의 1/3을 차지했다. 앞서 식민지를 개척한 영국과 후발 주자였던 독일의 영토 분쟁은 이때부터 시작되었고, 언제 전쟁이 터져도 이상할 게 없는 상황으로 치달았다. 전쟁은 1914년 8월 14일, 중립국의 지위를 보장받던 벨기에를 독일이 침략하면서 시작됐다. 영국 혼자 상대하기에는 버겁던 때라 프랑스, 벨기에, 이탈리아, 러시아 등과 힘을 합칠 수 있다면 나쁠 게 없었다. 여기에 미국만 도와주면 더 바랄 게 없었지만, 그게 간단한 결정은 아니었다. 무엇보다 그때까지만 하더라도 미국의 계산속이 복잡했던 것이다.

유럽의 강대국들끼리 전쟁으로 서로 국력을 소모하면 미국으로선 나쁠 게 없었다. 특정 국가와 동맹을 맺기보다는 겉으로 '중립'을 시키면서 돈을 버는 게 더 좋고, 유럽 국가들이 그렇게 약해지면 자연스레 미국은 강해지니 말이다. 전쟁이 나면 식량부터 탄약과 철강 등 온갖 물자에 대한 수요가 급증하게 마련이다. 전쟁이 터지기 직전 4년(1910~1914년)과 전쟁 기간(1915~1919년)을 비교했을 때 미국의 수출은 58.6%나 증가했다. 전쟁 당사자인 영국, 프랑스, 이탈리아, 벨기에, 러시아 등 유럽으로 향하는 물량은 267%가 늘었다. 유럽, 아프리카, 아시아, 중동 등 모든 전선에서 싸웠던 영국의 비중이 가장 높아서 미국의 영국 수출 물량은 1914년 5억9427만 달러에 불과했지만 1915년에는 9억1179억, 1916년에는 15억2668억, 그리고 1919년에는 21억4741억 달러로 4배 이상 늘었다.[44]

전쟁에서 특수를 누릴 수 있는 또 다른 분야가 금융인 건 전쟁 비용 마련 때문이다. 평소보다 좋은 조건으로 돈을 빌려주고 전쟁이 끝나면 갚도록 하면 된다. 20세기 초반까지만 하더라도 금융의 중심지는 런던 금융가였다. 전 세계의 무역·해외투자·자원개발 등에 보증을 서 주거나, 직접 투자를 하거나, 보험을 들어주는 역할을 맡았다. 대표적인 은행이 로스차일드Rothschilds, 베어링Barings, 모건Morgans, 클레인워트Kleinworts, 슈로더Schroders 등으로, 제1차 세계대전 무렵만 해도 미국은 영국의 경쟁상대가 아니었다. 하지만, 전쟁 덕분에 모건J.P. Morgan & Co, 피바디Kidder Peabody & Co, 히긴슨Lee Higginson & Co, 로엡Kuhn, Loeb & Co 등이 급성장을 할 수 있었다. 그중에서도 활약상이 가장 뛰어난 곳은 모건은행으로 영국과 프랑스 정부의 전쟁채권 발행사가 되면서 대행 수수료만으로 약 2억 달러(지금 기준으로 대략 58억 달러)를 벌었다.

미국 정부도 이 기회를 놓치고 싶지 않았다. 돈벌이에만 신경을 쓰는 민간과 달리 정부로서는 채권국이 갖는 정치적 영향력까지 얻을 수 있기 때문이다. 투자은행을 통한 민간융자에 제약을 가하면서 정부 차원의 차관을 늘려갔다. 전쟁이 끝난 후 미국(특히 뉴욕의 월스트리트)이 세계 금융의 중심지로 부상하게 된 건 이런 까닭에서다. 미국이 연합국에 빌려준 융자 규모는 모두 70억 달러로 영국(37억 달러), 프랑스(19억 달러), 이탈리아(10억 달러) 등이 주요 채무국이었다.[45] 전쟁에 끼어들지 않고 이런 상황이 계속될 수만 있다면 더 바랄 게 없는 미국이었다. 여기에 남의 일에 끼어들지 말자는(달리 말하면, 고립주의를 원하는) 여론도 높았다.

독일로서도 미국이 영국과 한 편이 되어 싸우는 건 좋을 게 없었고 가능한 한 그런 일이 안 생기도록 조심했다. 그런데 1917년 두 개의 사건이 잇따라 터지면서 직접 충돌을 피할 수 없게 된다. 그중 하나는 미국 상선에 대한 독일의 공격이었다.

1915년 1월 28일 윌리엄 P.프라이Frye호를 시작으로, 몇 달 후 5월 7일에는 대륙횡단용 영국 선박 루이지애나가, 또 1916년 3월에는 서섹스호가 격침되는 사고가 잇따라 터진다. 다수의 희생자는 영국인이었지만 미국인도 일부 포함되어 있었다. 결정적으로는 독일이 1917년 2월부터 잠수함을 이용한 군사작전을 본격화하면서 연합군에 군수품과 전쟁 물품을 해상으로 지원하던 미국의 전략이 차질을 빚게 된 것이다. 공교롭게도 이 무렵에 짐머만 전보문Zimmerman Telegram 사건이 불거졌다.

독일이 멕시코에 보낸 비밀 문건이 영국 정보부에 의해 발각된 건 1917년 1월이다. 만약 미국이 '참전하면' 독일과 멕시코 간 군사동맹을 맺자는 내용이었다. '과달루페 히달고 조약'(1848년 2월 2일)으로 텍사스를 비롯해 지금의 캘리포니아 일부, 네바다, 유타, 콜로라도, 뉴멕시코 등을 모두 미국에 뺏긴 멕시코에게 그 복수를 도와주겠다는 비밀 약속이었다. 멕시코가 후방에서 공격하면 미국이 유럽 전선에 군대를 보내기도, 무기를 계속 공급하기도 쉽지 않을 것이기 때문이다. 하필이면 미국이 울고 싶을 때였고, 영국도 도움이 필요한 상태였으며, 미국도 자신의 참전으로 전쟁의 판도를 바꿀 수 있다고 판단했던 때였다. 윌슨 대통령은 그해(1917년) 4월 4일 "모든 전쟁을 끝내기 위한 전쟁"을 선언하면서 유럽 전쟁에 뛰어들었고, 이듬해 11월 11일 마침내 독일은 항복했다.

제1차 세계대전이 이렇게 끝났고 그때만 하더라도 독일이 다시 전쟁을 일으키지 못하도록 하는 전략까지는 세우지 못한 상태였다. 그러나 제2차 세계대전이 끝난 이후에는 지난 경험을 잊지 않았고 미군이 안보를 대신 맡아주는 방식으로 이 문제를 풀었다. 목숨을 담보로 잡힌 상태에서 독일이 미국과 평등한 관계가 아닌 종속적 관계를 갖는 건 이제 너무 당연했다. 물론 앞으로도 그럴 수밖에 없다.

## 악마 공산주의

카를 마르크스와 프리드리히 엥겔스가 1848년 『공산당 선언』을 발표한 곳은 영국 런던이다. 독일 출신의 학자가 독일어로 선언문을 발표했는데 왜 하필이면 장소가 런던일까? 자본주의가 어떻게 작동하고, 무슨 문제가 있으며, 어떻게 해야 노동자 계급을 깨우칠 수 있을지 알기 위해서는 그 현장을 알아야 했고 그게 바로 영국이라는 점과 관계가 깊다. 펜은 칼보다 무섭다는 말을 증명이라도 하듯 곧바로 변화가 일어났다. 1864년에는 최초의 국제노동자협회, 즉 '제1인터내셔널'이 런던에서 열렸고 이 자리에서 "노동자 계급의 해방은 자신이 직접 쟁취해야 한다. 그리고 이 투쟁의 목적은 계급 특권과 독점이 아닌 평등한 권리와 의무, 모든 계급지배의 철폐를 의미한다"라는 임시규약이 발표된다. 개별 국가 단위의 노동자연합도 속속 등장해 런던 노동조합평의회는 1860년에, 독일의 노동자 총연합은 1863년에 닻을 올렸다. 곧이어 1871년 3월 18일 프랑스에서는 세계 최초의 노동자 국가인 '파리코뮌'이 아주 짧은 시간 들어섰는데, 황제 나폴레옹 3세가 프로이센에 패배한 지 겨우 두 달 정도가 지난 때였다. 당시 『파리코뮌공보』에 그들의 소망이 이렇게 적혀 있다.

파리는 무엇을 요구하는가? (…) 인민의 권리, 자유롭고 정상적인 사회 발전에 부합하는 유일한 통치 형태인 공화정을 인정하고 공고히 할 것을 요구한다. (…) 모든 프랑스인이 인간, 시민, 노동자로서 능력과 자질을 완전히 행사할 수 있도록 보장해주는 코뮌의 절대적 자치를 요구한다. (…) 보라, 무기를 든 파리는 용맹과 평온을 지키고 (…) 열정과 활력으로 질서를 유지하고 있다. (…) 파리는 만인의 자유와 영광에 헌신하고자 무기를 들었을 뿐이다. (…) 우리는 투쟁할 의무, 승리할 의무가 있다.

열정만으로도 혁명이 완성되면 좋겠지만 세상살이가 그렇게 뜻대로만 흘러가지 않는다. 비록 노동자 정부는 불과 70일 만에 무너졌지만 새로운 질서에 대한 갈증은 더 심해졌다. 계급투쟁이 불가피하다는 확신이 그 어느 때보다 뜨거웠음은 1905년에 설립된 '세계산업노동자연맹IWW' 기관지의 한 삽화

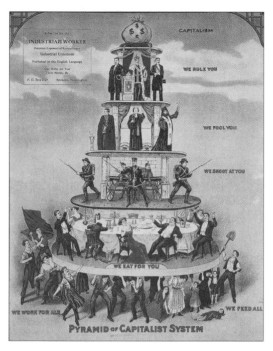

〈자료6〉 IWW 기관지 『산업노동자』에 실린 삽화. "자본주의… 그들은 우리를 통치하고, 속이며, 죽이고, 우리 대신 음식을 먹는다. 그러나 우리는 모두를 위해 일하며 모두를 먹여 살린다"라는 내용을 담았다.

(〈자료6〉)에서도 엿볼 수 있다. 자본주의를 떠받치는 다섯 개 계급이 표시되어 있는데 맨 위에는 "우리는 당신을 지배한다"고 외치는 부르주아 계급이 있다. 성직자, 법률가, 학자 등은 그 밑에 있는데 "우리는 당신을 속인다"라는 게 그들의 목표다. 지배받는 자들을 총으로 복종하게 만드는 건 세번째 계급에 속하는 '군대와 경찰'이고, 맨 밑에서 이들을 먹여 살리는 계급이 프롤

레타리아다.

진실 여부를 떠나 많은 사람이 그렇다고 믿으면 파괴력이 생긴다. 더구나 영국은 최초의 산업혁명이 일어난 곳으로 다른 어떤 곳보다 더 적극적으로 제국주의를 추구할 수밖에 없는 상황이었다. 자본주의가 어떻게 작동했는지 잠깐 들여다보면 왜 식민지가 필요했고, 왜 노동자의 희생을 강요할 수밖에 없었고, 그게 왜 시한폭탄일 수밖에 없는지 알게 된다.

영국의 주요 수출품이었던 면직물을 먼저 떠올려보자. 면화를 수입해 실을 자아내야 완제품인 옷을 만든다. 팔 곳은 너무 많았다. 대도시로 사람이 몰리면서 누구나 옷은 사 입어야 했기 때문이다. 때마침 증기기관이 발명되면서 방직기계를 통해 대량생산을 할 수 있는 길이 열렸는데, 노동자를 제때 수급하는 게 문제가 된다. 해외에서 강제로 끌고 온 노예로는 다 채울 수 없어 자신의 노동력 빼면 팔 게 없는 집단이 '안정적'으로 '지속적'으로 공급되어야 한다. 그래서 탄생한 게 프롤레타리아로 불린 노동자 계급인데 그들에게 높은 임금을 주고, 좋은 근무환경을 주면 열심히 일을 안 하는 문제가 생긴다. 그들의 잉여노동에서 착취된 부분이 '자본'이 되기 때문에 노동자 몫을 많이 주면 제대로 된 이윤을 챙길 수도 없다.

해외에서 원재료를 안정적으로 공급받는 것도 필수조건이 될 수밖에 없는데, 대량의 목화 농장을 확보해 잘 관리하는 게 숙제다. 1861년 내전에 휘말리기 전까지는 미국이 이 목화의 주요 공급처였고 남부지역의 노예 노동이 있어 가능했다. 그렇지만 전쟁으로 수급에 차질이 생기면서 인도, 중국, 이집트 등이 대안으로 떠올랐다. 제대로 보상도 못 받으면서 강제로 일해야 하는 쪽에서는 당연히 불만이 쌓일 수밖에 없고, 이들을 통제하기 위해서는 부득이 많은 군대를 동원해야 한다. 제국 내부에서는 노동자의 불만이 높아지고 식민지에서는 민족해방의 불길이 꺼지지 않는 상황인데 여기에 주기적 공황까지 덮쳤다. 경제가 어려워지면 노동자의 임금은 내려가고, 노동조건은 나빠지고, 물가는 오른다. 공교롭게도 이런 상황마다 전쟁이 터졌는데, 그게 한편으로는 공황을 해결하고 다른 한편으로는 국내 불만을 잠재우는 효과를 가져왔다.

## 자본주의의 만병통치약, 전쟁

적이 생기면 내부의 불만을 '탄압'하는 핑곗거리가 생긴다. 정당한 파업에 대해서도 적을 돕는 행위라고 낙인을 찍으면 된다. 공공의 적이 있으면 '조금만' 더 참자는 공감대를 만들기도 쉽다. 전쟁이 끝나면 더 잘 먹고, 잘 살게 해주겠다는 약속은 기본이다. 설마 그러랴 싶어도 세상 돌아가는 이치가 그렇다. 전쟁이 시작되기 직전까지의 영국도 다르지 않았다. 1911년 여름 리버풀을 중심으로 벌어진 운송노동자 총파업이 물꼬를 텄다. '위대한 불만Great Unrest'으로 불리는 노동자의 파업 열기는 그 어느 때보다 뜨거웠다. 항만노동자, 철도노동자, 선원과 여타 무역 업종 노동자들이 힘을 합쳤다. 일요일을 맞아 파업에 나선 무리는 8만5000명 정도였는데 경찰의 무리한 진압으로 350명 이상이 크게 다쳤다. '피의 일요일'로 불리는 사건으로, 당시 내무부 장관을 맡았던 윈스턴 처칠이 군대를 불러 진압했다.

낮은 임금과 열악한 주거환경을 참지 못해 1910년부터 1911년에 걸쳐 발생한 토니팬디 폭동Tonypandy Riots에서도 폭력 사태가 되풀이된다. 정부는 이번에도 군대를 불러 진화를 했지만 '진압' 중심의 대응책만으로 진정되지 않는다는 건 분명했다. 1912년의 전국탄광노동자 총파업과 1913년 8월에 시작해 1914년 1월에 끝난 '더블린항구 봉쇄Dublin lock-out'로 이어졌다. 그러나 걷잡을 수 없었던 파업의 불길도 전쟁이 터지면 소멸할 수밖에 없다. 노동조합도 어쨌든 영국 국민이라 잘못하면 적을 앞에 두고 내부에서 총질한다는 비난을 받기 때문이다. '군수품관리법Munitions of War Act'과 같은 법적 조치가 시행되면서 사업주의 허가 없이 일터를 벗어나는 건 불법이 된 것도 영향을 미쳤다. 당장은 급한 불을 꺼야 할 상황이라 계급의 이익에 앞서 국가를 위해 싸웠고, 마침내 전쟁에서도 이겼다.

전쟁이 끝났으면 군인은 고향으로 돌아오고 전쟁에 들어갔던 돈은 국민이 먹고사는 쪽으로 전환하는 게 맞다. 그런데 영국 정부의 생각은 달랐는데 사회주의 혁명을 그대로 놔두면 언제 영국에도 그 불길이 번질지 모른다는 우려가 너무 컸다. 자신이 통치하고 있던 식민지의 민족주의도 감당하기 어려운데 여기에 사회주의 불길까지 합쳐지면 그 폭발력은 감당하기 어렵다. 한편으로는 대영제국의 번영과 안전을 보장하기 위해 러시아를 계속 분열시키고, 다른 한편으로는 혁명의 불씨를 미리 제거하는 전략이 필요해진다.[46] 최소 100만의 군대를 동원해 볼셰비키 정권이 안정적으로 뿌리 내리는 걸 막자는 계획이 그래서 세워진다. 프랑스, 미국, 일본, 폴란드 등 8개국도 여기에 힘을 보탰지만 1919년 가을에 접어들면서 지원했던 백군의 패배는 분명해졌다. 전쟁을 계속한다고 해도 이긴다는 보장이 없어지면서 퇴로를 찾아야 할 시점이 다가왔을 때, 엎친 데 덮친 격으로 영국 내에서도 발등의 불이 떨어졌다.

화장실 들어갈 때와 나올 때가 다르다는 말이 있듯, 전쟁을 하고 있을 때와 승리하고 난 뒤는 다른 상황이다. 정부는 막대한 군비 지출로 인해 어떻게든 씀씀이를 줄여야 하고, 자본가는 전쟁중 할 수 없이 양보했던 노동자의 몫을 다시 뺏으려 한다. 러시아에 이어 1918년 11월 독일에서도 사회주의 혁명이 일어난 터라, 영국 노동자들도 "말로 안 되면 남는 건 행동"이라는 공감대가 만들어지고 있었다. 자본주의 종주국으로 알려진 영국에서 1919년 초반부터 대규모 파업이 벌어지게 되는 건 이런 시대적 분위기와 무관하지 않다.

노동자에 이어 전쟁에 참전했다 귀환한 군인들조차도 이제는 자신들이 누구를 위해 싸우는지 묻기 시작했다. 러시아와 독일 등에서 일어났던 노동자·농민·군인의 반란을 눈으로 보고 배운 그들이다. 1919년 1월 3일 포크스톤항 주둔 군인의 파업, 이어 런던에 주둔하고 있던 군인 1500명의 탄원서, 밀포드 해븐에 머물던 해군의 파업, 이 불길이 노동자의 연대 파업에 기름을 부어 1919년 1월 31일 발생한 '조지 광장 전투'. 결국 경찰력만으로는 부족해 또 군대가 출동하고서야 겨우 마무리됐다. 노동자들의 불만은 해결되지 않고 있으며, 군대가 파견되어야 할 만큼 통제 불능이 되었고, 혁명의 불길이 자본주의 국가로까지 번지고 있다는 증거였다. 유럽에서 벌어진 일이니까 미국은 아무런 상관이 없었을까? 설마 볼셰비키라는 유령이 미국까지 집어삼킬까?

## 미국의 '빨갱이 사냥', 냉전의 씨앗

세계의 공장이었던 미국으로 유럽 각지에서 노동자가 몰려들기 시작한 건 19세기다. 유럽에 비해 노동조건은 더 나빴다. 밀려드는 이민자로 일할 사람은 넘쳐나는데 유럽과 같은 강력한 정부를 원하지 않았던 사회 분위기가 결합되면서 모든 게 자본가의 선의에 맡겨진 탓이었다. 이 과정에서 무수한 노동자들이 더 많이 일하고 더 많이 다쳤다. 더 나아가, 주요 산업을 독점한 채 노동자를 착취한다는 뜻의 '귀족강도Robber Baron'라는 말이 유행할 정도였다. 빈부격차가 정말 심해서 1860년부터 1900년에 이르는 동안 상위 2%의 소득이 국가 전체 소득의 1/3이 넘을 정도였다.[47] 노동자 파업은 1870년대 이후 분출되기 시작했는데 잘 알려진 사태 중 하나가 1877년 7월 14일 웨스트버지니아의 마틴스버그에서 벌어진 철도노동자의 대규모 파업이다. 낮은 임금에 시달리던 뉴욕, 펜실베이니아, 메릴랜드, 일리노이, 미주리 등으로 번져 나갔고 민병대와 연방 군대가 투입되어 100명 이상이 죽고서야 겨우 진정이 됐다.

노동자의 불만은 1886년 봄에 다시 화산처럼 터져 나왔다. 철도왕 제이 골드Jay Gould 소속 회사의 노동자 20만 명 이상이 파업에 나서, 진압 경찰 7명이 죽고 구경하던 시민 다수가 다쳤다. 1891년 2월 10일, 철강업·부동산·금융업 등으로 부자가 된 헨리 프릭Henry Frick 소유 광산의 파업에서 이른바 '모어우드 학살Morewood massacre'이 벌어지고, 국경경비대의 진압으로 노동자 9명이 사망하고 가족 여럿이 다쳤다. 1892년 7월 1일, 철강왕 앤드류 카네기 소유의 피츠버그 홈스테드 철강공장 파업에 대략 4000명 이상의 펜실베이니아주 방위군이 동원되면서 겨우 진정이 됐다. 1914년 4월 20일에는 '루드로 대학살

Ludlow Massacre'로 알려진 사건의 진압 과정에서 광부의 아내와 아이를 포함해 20명 이상이 숨졌다. 석유왕으로 불렸던 악명 높은 자본가 존 록펠러가 소유하고 있는 광산에서 벌어진 일이었다.

자본가들에 대한 분노가 점점 높아지자 정부도 더는 구경만 할 수 없는 상황으로 내몰렸다. 그런데 하필 이럴 때 제1차 세계대전이 터졌다. 전쟁터에서 멀찍이 떨어져 있었던 미국으로서는 호박이 넝쿨째 굴러들어온 격의 행운이었다. 전쟁으로 수출이 폭증하면서 자본가들은 떼돈을 벌었고, 노동자들의 몫도 적지 않았다. 전쟁 물자의 안정적인 공급을 방해하지 않는 조건으로 노동자들은 임금 인상, 처우 개선, 노동조합 허가 등의 반대급부를 얻어냈던 것이다.

미국으로서는 '도랑 치고 가재 잡는' 기회였던 셈이었지만, 1917년 4월부터 미국은 전쟁의 당사자가 됐고 다행히 승자까지 되었다. 그렇지만 노동자들 입장에선 전쟁이 끝났다고 크게 달라진 건 없었다. 전쟁이 끝났으니 이제 최소한 여성과 어린이에 대한 강제노동은 중지하고 최소임금을 보장하라고 요구했는데, 자본가들은 이를 받아들일 생각이 없었다. 1919년 2월 6일, 시애틀 항만노동자의 파업이 이를 둘러싼 갈등 때문에 시작된다. 대략 3만 명 이상이 참여했고 군대가 파견된 이후에야 끝이 났다. 5월 1일 노동절에는 오하이오 클리브랜드에서 일련의 폭동이 일어나 수십 명이 죽거나 다쳤고 100명 이상이 체포된다. 그해 9월에는 경찰노조 인정, 임금인상과 근무조건 개선을 요구하면서 보스턴 경찰관 1117명이 출근 거부 투쟁을 벌이는 사이 강도와 약탈과 살인이 벌어졌다. '빨갱이 공포' 정도로 번역할 수 있는 '레드 스케어Red Scare'는 이런 배경에서 등장했다.[48]

진공 상태에서 태어난 것은 아니고, 이를테면 손바닥이 마주쳐서 만들어진 상황이었다. 때마침 러시아에서 벌어진 볼셰비키 혁명이 성공하는 것을 봤던 노동자들은 거기서 새로운 희망을 얻었고, 반대로 자본가들은 공포를 느꼈다. 정부로서는 어떻게든 이 고비를 넘겨야 했고, 그러기 위해 모두에게 손쉽게 각인될 수 있는 공공의 적(즉 악마)이 필요했다. 그래서 조금이라도 위협이 될 만한 파업에 대해서는 "공동체를 파괴하기 위한 행동" "정부에 대한 전복시도" 또는 "공산혁명을 위한 음모" 등의 딱지를 붙였는데, 언론이 그 선봉장 노릇을 했다. 그건 정부의 강력한 후원자였던 자본가들이 언론사를 소유하고 있기에 가능한 일이었고, 바야흐로 〈자료7〉과 같은 악마 만들기가 유행했다.[49]

왼쪽 삽화는 남북전쟁 당시 남부연합의 수도 애틀랜타에서 발행된 『애틀랜타 컨스티튜션』에 실린 만평이다. 백인우월주의자였던 헨리 그래디Henry Grady 기자와 인종분리정책을 옹호했던 에반 하웰Evan Howell 집안이 운영했던 곳이다. 무정부주

〈자료7〉 당시 언론이 재현하는 공산주의 이미지.

의와 볼셰비키 혁명이라는 악령이 칼을 들고 미국을 집어삼키
려 하는 그림은, 인종차별을 받았던 남부의 흑인이 공산주의에
물들 수 있다는 우려와 경고를 담고 있다. 볼셰비키라는 같은
이름의 거대한 뱀이 미국이라는 울타리를 넘고 있는 오른쪽 삽
화는 『LA타임스』의 작업이다. 미국 최대의 부동산 제국을 세
웠던 해리 챈들러Harry Chandler가 소유주다. 노동조합과 파업
에 대한 적대적인 논조로 유명했고, 1910년에는 신문사에 폭탄
이 터진 적도 있다.

　1920년대 LA는 샌프란시스코를 제치고 캘리포니아에서 인
구가 가장 많은 도시가 됐는데, 전국에서 온 노동자를 포함해

대규모 농장의 일손 부족을 해결하기 위해 멕시코와 필리핀에서 온 이민자가 넘쳐났다. 이에 언론사들의 목표는 열악한 노동환경에 조직적으로 저항하지 못하도록 만드는 것이었고, 여기에 갖가지 채찍이 더해졌다.

명칭은 간첩법·국가반란법·이민법 등으로 다양했고, 무엇보다 필요에 따라 꺼내 쓰면 된다는 게 좋았다. 1917년 2월에 통과된 '이민법Immigration Act'은 정부가 이민국을 통해 낙인을 찍으면 가족이 있어도 만나러 올 수가 없다. 그런 탓에 미국 시민권을 가진 사람이 아니라면 할 말이 있어도 참아야 했다. 그해 6월에는 '간첩법Espionage Act'도 통과되는데, 정부의 군대 모집을 방해하거나 적군을 돕는 행위라면 누구라도 처벌을 받도록 했다. 국가방위법Defence Secrets Act(1911년)에서 발전한 것으로, 허가받지 않은 사람이 국방과 관련한 정보를 취득하거나 유포시키는 행위가 대상인데 적군을 돕는 행위가 무엇인지, 어디까지를 국방 관련 정보로 봐야 할지 기준이 명확하지 않았다. 수정헌법 제1조에서 보장한 '표현의 자유'와 정면으로 충돌되어도 전쟁이 임박한 상황이라 아무도 개의치 않았다. 1918년 5월에는 더 강화된 내용의 '국가반란법Sedition Act'에 "미국 정부, 국기, 군대, 그리고 우방국에 대한 혐오 발언, 비난, 중상모략을 하면 5년에서 20년의 징역형을 받을 수 있다"라는 처벌 조항을 만들어 넣었다.

연방정부 차원을 넘어서 캘리포니아나 캔자스 등 개별 주州에서 제정한 '과격노동운동처벌법Criminal Syndicalism'도 등장했다. 불법적인 파업이나 태업, 폭력을 동원하면 중범죄로 다스리겠다는 내용이다. 타깃 집단으로 외국인·노동운동가·진보정치인·무정부주의자 등이 모두 포함되어 있었지만, 미국이 1918년부터 러시아 내전에 개입한 상태라 최고의 적은 여전히 공산주의자였다. 영장도 없었고 헌법이 보장하는 최소한의 권리도 지켜지지 않았다. 1920년 5월 1일 노동절이 다가오면서 거의 광기에 가까운 검거 열풍이 몰아쳤고 그때 행동대로 나선 조직이 훗날 연방수사국FBI으로 발전하게 되는 종합정보국 General Intelligence Unit이다.

그러나 1917년 시작된 제1차 빨갱이 공포는 뜻밖에도 그 약효가 길게 가지 않았다. 검찰총장 알렉산더 팔머Alexander M. Palmer가 주도해 대규모 공산주의자 색출 작업이 이어졌던 1920년 5월을 정점으로 뚜렷한 하강 곡선을 그렸던 것이다. 왜 그랬을까? 많은 이유가 있지만, 빨갱이에 대한 위협이 과장되었고 국민의 기본권이 과도하게 침해되었다는 인식이 생긴 것과 관계가 있다. 한쪽에서는 무리한 공권력 사용을 자제했고, 일반 시민도 이런 낙인에 과도하게 반응하지 않았다.

그런데 마른하늘에 날벼락 같은 일이 벌어졌는데 대략 1929년부터 또 다른 세계대전이 터지기 직전까지를 포함하는 기간으로, 도대체 이 시기 무슨 일이 벌어졌던 걸까?

## 불사조 자본가

대영제국의 경쟁자는 프랑스, 러시아, 독일 등이었다. 제1차 세계대전에서 확인된 것처럼 미국은 이들이 싸울 때마다 힘을 키워나갔고 결정적일 때 영국을 편들었다. 게다가 다른 제국과 달리 이들 두 나라의 지배계급은 단 한 번도 권력의 뿌리가 뽑히는 혁명을 겪지 않았다. 필요할 때 자신이 가진 권력을 조금씩 양보함으로써 제 몫을 고스란히 지킬 수 있었고, 그 덕분에 다가올 폭풍우에서도 생존할 수 있었다. 그렇게 모든 게 너무 좋은 호시절인데, 하필이면 그때 대공황이 터졌다.

전후 호황을 한껏 누렸던 미국은 1929년에 사달이 나면서 한순간에 절벽으로 추락했다. 자본가는 과잉생산으로 파산했고 농토를 뺏긴 농민과 노동자는 거리로 내몰렸다. 노조가입률은 다시 증가하기 시작했다. 1934년에는 40만 명 이상이 직물산업 연대파업에 참여했다. 당시 상황을 소설로 재현한 인물이 존 스타인벡으로, 미국 공산주의 운동을 소재로 한 『의심스러운 싸움』과 『분노의 포도』 등을 쓴 기자 출신 작가다. 왜 가난한 농민과 노동자가 목숨을 걸고 저항을 하게 되는지, 앞서 나왔던 노동과 이민 관련 악법이 현실에서 어떻게 적용되는지, 자본가와 정부에 의해 어떻게 악용되는지 등을 그렸다. 베스트셀러가 될 만큼 대중의 호응도가 높았다.

영국의 사정은 훨씬 더 나빴다. 1920년대 이래 영국의 실업자 규모는 100만 명을 꾸준히 웃돌았다. 1933년에는 200만 명을 넘었는데, 일할 수 있는 노동자의 20%에 해당하는 높은 수치다. 전쟁으로 해상무역이 무너진 이후 상황은 좀처럼 회복되지 못했고, 러시아가 전쟁 와중에 진 빚을 갚지 않은 것도 이에 영향을 미쳤다. 게다가, 전쟁을 치르면서 금융시장의 주도권은 이제 미국으로 넘어갔다. 파운드화의 가치를 금gold에 고정해온 부작용으로 수출 경쟁력 역시 떨어진 상태에서 미국발 대공황은 그야말로 날벼락이었다.

직장을 잃은 도시근로자는 가족을 부양할 수 없었고, 어린애들은 영양실조로 고통을 받았다. 정부 재정이 넉넉하면 구제기금 등을 통해 고통을 줄여줄 수 있지만 그럴 형편도 못 됐다.[50] 불만이 쌓이면서 대안을 찾는 움직임도 분출할 수밖에 없었다. 1932년 영국 공산당의 '공산주의자 연맹Communist League'과 독일과 연계된 '파시스트영국조합British Union of Fascists'이 각각 발족하기에 이른다. 1936년에 등장한 '좌파서적클럽Left Book Club'은 조지 오웰의 탄광촌 탐사기획물을 지원했는데, 바로 1937년에 발표한 『위건 부두로 가는 길』이라는 작품이다. 자본주의 종주국으로 알려진 영국에서 노동자 계급이 어떤 상황에 놓였고, 왜 사회주의 혁명에 매력을 느낄 수밖에 없는지 그 이유를 잘 설명했다.

이런 상황이다 보니, 대공황을 계기로 소련 모델은 더 돋보이기 시작했다. 매력은 공포보다 무섭다. 억지로 시키지 않아도 자발적으로 따르면서 한번 목표가 정해지면 다른 건 기꺼이 희생하려는 마음이 생기기 때문이다. 인류 역사에서, 특히 노동자나 농민 같은 억압받는 민중이 봤을 때, 1917년의 볼셰비키 혁명과 뒤이은 소련의 변화는 말할 수 없는 흡인력을 지닌 치명적 매력이었다.

1918년 소련은 독일과의 굴욕적인 휴전 뒤 곧이어 영국·프랑스·미국의 지원을 입은 백군과의 내전에 휩싸였지만, 1922년 최후의 승자가 되긴 했다. 그러나 희생은 너무 컸다. 적군과 백군 합쳐 내전의 사망자가 75만 명을 넘었고, 1921년에 닥친 대규모 기근은 500만 명의 목숨을 앗아갔다. 경제 상황은 더 좋지 않아서 1913년과 비교했을 때 산업생산력은 1/7 수준으로, 농업생산량은 1/3로 줄었다. 1921년 기준으로 광산과 공장의 생산량은 전쟁 전의 20% 수준에 불과했고, 1914년 미국 1달러 대비 2루블이었던 교환비율은 1920년 1달러 대 1200루블로 폭락한 상태였다.[51]

외세의 군사 위협을 어떻게 막아낼 것인가? 후발 농업국가를 어떻게 해야 공업중심국으로 바꿀 수 있을까? 국제금융시장으로부터 단절된 상태에서 대규모 신규 투자에 필요한 자본은 어떻게 조달할까? 1924년 최고권력자가 된 스탈린과 그 지도부가 마주했던 질문이었고, 어떻게든 해결책을 찾아야 했다. 1928년의 '경제개발 5개년 계획'과 1929년의 '집단화 정책'이 그래서 추진된다. 농업과 공업 등에 대한 국가 주도의 전략적 육성 방안이었다. 급속한 공업화에 필요한 자금을 마련하기 위해 농산물에 대한 강제 징수도 이루어졌다. 스탈린의 정책을 비난하던 많은 정치인·군인·관료·농민 등이 시베리아로 유배되면서 역설적으로 그들의 희생 덕분에 지하자원 개발과 대규모 집단농장이 자리를 잡는 상황이 되었다.

중앙집권형 경제모델은 기적처럼 성공해서 국내 저축을 통해 해외에서 충당해야 했던 투자 부족분이 채워졌다. 자원과 기업의 국유화를 통해 단기간에 산업화에 필요한 기반도 마련할 수 있었다. 이윽고 제철소, 자동차, 지하철, 트랙터, 댐 등 산업화의 상징물들이 속속 모습을 드러냈다. 산업생산은 137%, 자본재 생산은 무려 285%나 늘었다. 1928년부터 1937년 동안 국민소득도 무려 두 배나 증가했다. 농업 분야에 종사하는 인구의 비중은 49%에서 31%로 줄었고, 공업 종사자는 28%에서 45%로 늘었다. 국제무역에서 소련이 차지하는 비중도 수입은 1.3%에서 2.6%로, 수출은 1.5%에서 2.3%로 높아졌다.[52] 국민 생활도 전반적으로 좋아졌는데 모든 국민을 대상으로 한 의무교육은 1934년에 실시된다. 1924년 50%에 달했던 문맹률은 1939년 19%로 낮아졌다. 실업을 걱정할 필요도 없어졌다. 1933년 미국의 실업자 규모가 1283만 명 수준이었던 것과 너무 다른 풍경이었다.

이는 미국의 뉴딜정책과 유럽 각국의 복지정책 확대에 자극제가 되었다. 한편으로는 소련 모델에 대한 호감을 없애고, 다른 한편으로는 노동자 계급의 불만을 진정시키려는 의도였다. 그러나 임시방편에 불과했고 이대로 가면 혁명이 불가피하다는 위기감이 감돌았다. 정말 우연이지만 바로 그때 2차대전이 터졌다.

흔히들 세계를 정복하려는 독일에 맞서 미국을 중심으로 한 자유주의 진영이 대결을 벌인 것으로 알지만, 진실은 좀 다른 설명에도 한 다리를 걸치고 있다. 혁명을 당하느니 차라리 전쟁이 더 낫다고 생각한 자본가들의 판단 때문에 없어도 될 전쟁이 벌어졌다는 관점이 그렇다.● 스페인 내전과 그 이후의 상황을 짚어보면 그게 전혀 틀린 시각은 아님을 알 수 있다.

---

● "문제는 자본가 계급이야"라고 주장하는 대표적인 인물 중 한 명이 벨기에 태생으로 캐나다에서 유럽사를 강의하는 자크 파월Jacques R. Pauwels이다. 전쟁이 필연이 아니라 자본가의 이익을 위한 선택이었다는 주장은 『좋은 전쟁이라는 신화: 미국의 제2차 세계대전, 전쟁의 추악한 진실』(윤태준 역, 2017)과 『자본은 전쟁을 원한다: 히틀러와 독일 미국의 자본가들 그리고 제2차 세계대전』(박영록 역, 2019)에 잘 나와 있다.

## 제국들 간의 전쟁

영국은 유럽 대륙과 정말 가까운 곳에 자리를 잡고 있는데, 스페인과 포르투갈만 해도 바닷길을 통해 금방 닿는다. 프랑스, 독일, 네덜란드, 덴마크도 이웃이라 주변국에서 무슨 일이라도 터지면 당장 영향을 받을 수밖에 없다. 만약 이들 국가에서 사회주의 혁명이 일어난다면 영국도 문제가 된다. 게다가 영국은 주변 국가에 많은 투자를 해놓은 상태다. 한 예로, 영국의 광물회사 리오 틴토Rio TInto는 스페인의 세비야 지역에 있던 당시 세계에서 가장 큰 구리광산을 보유하고 있었다. 만약 이곳에서 사회주의 혁명이 일어난다면 이 광산의 소유권을 뺏기는 건 당연지사가 된다. 1936년의 스페인 상황에 영국이 주목할 수밖에 없었던 까닭이다.

모든 일이 그렇듯 하루아침에 진행된 일은 아니었다. 스페인 내전의 씨앗이 뿌려진 날은 1931년 4월 14일로, 국민투표를 통해 알폰소 13세가 쫓겨나고 스페인공화국이 출범했다. 권력을 뺏긴 기득권 세력은 곧바로 반격에 나서 1933년 치러진 선거에서 성직자를 중심으로 한 '스페인자주연합당Spanish Confederation of Autonomous Rights'이 승리했다. 곧바로 국회를 해산하고 전체주의를 복구하겠다고 공개적으로 밝혔다. 제도권 정치가 막히면서 토지개혁을 비롯한 민중의 요구는 계속 무시됐고, 급기야 1934년의 총파업과 뒤이은 무장혁명으로 번졌다. 온건 사회주의자, 공화주의자, 공산당 등이 힘을 합친 '인민전선Popular Front'은 1936년 1월에 열린 선거에서도 압승했다. 자본가, 귀족, 군부, 성직자 등은 이런 상황을 받아들이지 않았고 급기야 그해 6월 17일, 프랑코 장군이 이끄는 쿠데타가 일어난다. 반공을 내세우면서 전체주의를 옹호한 독일과 이탈리아, 그리고 이웃 포르투갈이 이들을 도왔다. 1937년 4월 26일, 북부의 작은 도시 게르니카에 나치 독일의 콘도르 폭격단에 의한 대규모 공습이 벌어져 대략 2000명에 달하는 시민이 목숨을 잃고 건물의 90% 가까이가 잿더미가 됐다.

그러나 프랑스와 영국은 이 비극을 모른 체했다. 1935년에는 독일과 이탈리아의 파시즘 위협에 맞서기 위해 코민테른●을 포기하겠다고 했던 소련의 제안도 거부했다. 이로써 누구의 방해도 없는 상태에서 독일은 착실하게 전쟁 준비를 할 수 있었다. 1936년에는 일본과 '코민테른 반대합의Anti-Comintern Pact'를 체결했는데 이탈리아는 1937년에, 스페인과 헝가리는 1939년에 각각 이 조약에 서명했다. 공산주의 확산을 막기 위

---

● 국제공산주의로 번역되는 Communist International을 뜻한다. 러시아에서 적군과 백군 간 내전이 뜨거웠던 1919년 3월 레닌과 소련 공산당의 주도로 열렸다. 무력 사용을 포함한 모든 수단을 통해 각국의 자본가 계급을 공격해 공산혁명을 추구하는 것을 목표로 1935년까지 모두 7차에 걸친 회의를 열었다. 독일이라는 공동의 적을 마주해야 했던 1943년 스탈린에 의해 공식적으로 해산된다.

해 파시즘의 세력 확장을 방관한 셈이었는데, 자본주의 진영과 독일 사이에서 자칫하면 '진퇴양난'에 빠질 수 있다고 판단한 소련은 마침내 1939년 8월 23일 10년간 서로 침략하지 않겠다는 내용을 담은 '몰로토프-리벤트로프 조약'을 독일과 체결한다.[53] 불과 보름이 채 지나지 않은 그해 9월 1일 독일은 폴란드를 침공했고, 이로써 제2차 세계대전이 시작됐다.

독일의 막강한 군대를 막을 만한 국가는 없었고 프랑스의 저항도 채 반년을 넘지 못했다. 런던을 비롯해 영국의 주요 도시가 폭격을 당하기 시작한 건 1940년 9월부터였고, 그때는 미국과 소련 어느 쪽도 전쟁 당사자가 아니었다. 그런데 독일이 앞서 체결했던 불가침조약을 깨고, 1941년 6월 22일 소련을 침공하면서 상황이 달라졌다. 그해 12월 7일에는 일본도 전쟁에 참여한다. 미국의 진주만을 비롯해 말레이시아, 프랑스령 인도차이나, 네덜란드령 동인도, 필리핀, 미얀마, 인도의 일부분 등이 모두 포함된 공세였다. 당사자에 미국이 포함되어 있지만 영국, 프랑스, 네덜란드 등 기존의 제국 모두를 겨냥한 명백한 '제국'들 간의 전쟁이었다.

독일의 기습 공격을 받은 지 불과 1년 만에 소련은 대반격을 시작했고, 독일의 30만 대군이 스탈린그라드(지금은 볼고그라드)에서 처참한 패배를 겪은 건 1943년 2월 무렵이다. 그간 독일과 소련이 소모전을 치르도록 지켜만 보고 있었던 미국도

1944년 6월 6일 노르망디 상륙작전을 통해 본격적으로 개입했다. 독일은 1년 후 1945년 5월 2일 항복했고, 몇 달 후에는 일본이 그 뒤를 따랐다.

# 제국을 지배하는 제국

1945년 2차대전이 끝난 후의 국제사회는 그 전과 너무도 달랐다. 국가별로 한번 살펴보자. 추축국 樞軸國 중 이탈리아는 1943년 일찌감치 항복하고 연합국에 가담했다. 덕분에 영토가 일부 줄어들고 전쟁배상금을 물어주는 수준에서 전범국의 책임을 벗었다. 그러나 일본의 처지는 전혀 달랐다. 전범재판소가 열려 도조 히데키東條英機 등 7명이 교수형을 당했다. 일본제국의 경계선도 전쟁 이전으로 돌아갔는데 만주는 중국에, 조선은 미국과 소련에, 또 쿠릴 열도는 소련에 넘어갔다. 군사적으로 미국에게 점령당하는 수모도 겪는다. 항복 직후, 대략 35만 명 정도의 미군이 일본에 주둔했는데 그 80%가 오키나와 지역이었고, 그밖에 미사와, 사리키, 요코다,

자마, 요코스카, 교가미사키, 시세보 등지에도 미군기지가 들어섰다. 일본은 그 이후 벌어진 한국전쟁, 베트남전, 걸프전 등에서 미국의 "출격기지, 수리조달기지, 훈련휴양기지, 생산기지"로 전락했다.

독일 상황은 더 안 좋았다고 봐야 한다. 무엇보다 분단국가가 됐기 때문이다. 미국, 영국, 프랑스, 소련 모두가 승리에 지분이 있어 4개 지역으로 분할 점령된 것이다. 다시는 독일이 전쟁하지 못하도록 하겠다는 승전국들의 확고한 의지는 독일의 군수산업을 포함한 모든 기초 공업시설을 해체해 아예 농업국가로 만들자는 '모겐소 플랜Morgenthau Plan'까지 나올 정도였다. 전범 재판으로 모두 12명이 사형을 당했고, 군사주권은 완전히 박탈되었다. 약 30만 명의 미군이 냉전이 끝나기 전까지 주둔했고, 지금도 7만 명 정도가 남아 있다. 독일 중부와 남부지역에 걸쳐 대략 20여 곳의 군사기지에 60여 개의 부대가 있을 정도다. 대표적으로 슈투트가르트에는 유럽사령부EUCOM가 자리를 잡고 있으며, 프랑스와 미국이 공동으로 세운 람슈타인 공군기지도 유럽 주둔 미군의 심장부로 유명하다.[54]

정확한 액수는 몰라도 막대한 전쟁배상금 역시 치렀다. 인명 피해와 국토 파괴에서 엄청난 희생을 치른 소련의 요구야 당연했고, 미국과 영국도 결코 봐주지 않았다. 전쟁에서 패한 추축국들이야 어려운 게 당연하지만 전쟁에서 이긴 다른 유럽 제국의 상황도 형편이 좋지 않기는 매한가지였다.

## 전쟁 특수와 미국 찬가

전쟁에는 많은 돈이 들 수밖에 없는데, 평소 준비를 잘했다 하더라도 몇 년씩 전쟁이 길어지면 금방 소진된다. 항공기·전함·탱크·트럭·대포·탄약 등을 계속 공급받아야 하는데, 적의 공습이 계속 되는 상태에서 안정적 생산은 불가능하다. 파괴된 군수공장을 하루아침에 재건할 수도 없어 결국에는 누군가로부터 지원을 받아야 한다. 전쟁 중이라 당장 돈은 없고, 군수품은 절실해도 공짜가 아니란 게 고민이다. 1941년 3월 11일 시작된 '미국방어증진법안Act to Promote the Defense of the United States' 이 이때 가뭄의 단비와 같은 역할을 했다. 빌려주고 빌려 쓴다는 뜻의 '무기대여법Lend-Lease Act'으로 공급자와 소비자의 이해관계가 잘 맞아떨어진 것이다.

특히 미국으로서는 '꿩 먹고 알 먹기'격이었다. 전쟁 물자와 군수품에 대한 수요는 폭증한 상태인데 미국은 전쟁터가 아니었고, 생산능력이 있었으며, 때마침 신규 고용이 절실한 때였다. 대공황을 극복하는 지름길이 전쟁이었던 셈이다. 당장 현금으로 팔지 못해도 돈 받을 방법은 많다. 장차 군사기지로 사용할 수 있도록 계약하고 그 장기 임대료와 맞바꾸는 것으로 보면 된다. 특허권, 지적 재산권, 부동산, 광산 개발권, 공공자산 매각 등 나중에 회수할 방법은 얼마든지 있다. 혹시라도 못 받게 되면 손해일 것 같아도 별로 걱정할 일이 아니다. 국가든 개인이든 채권자는 채무자에게 큰소리를 칠 수 있는 법이다.

1941년부터 1945년까지 총 501억 달러(2024년 기준으로 8772억 달러)가 이 무기대여법에 투입되었는데, 전체 국방예산에서 17% 정도였다. 가장 많이 빌려 쓴 영국이 314억 달러, 소련은 113억 달러, 프랑스 32억 달러, 중국 16억 달러였다.[55] 전쟁에서 이겼어도 영국이 마냥 행복할 수 없었던 것은 이 때문이다. 해외식민지를 수탈 혹은 이용하거나 수출을 해야 이 빚을 갚을 수 있을 텐데, 그럴 상황이 아니었다는 게 고민이었다. 모든 산업시설이 파괴된 상태라 당장 수출은 힘들었고, 황금알을 낳는 거위 중에서도 가장 탐나는 식민지였던 인도 문제도 영국 뜻대로 풀리지 않았다.•

---

• 독립국이 아닌 자치령이라 군대는 우격다짐으로 250만 명까지 동원해내긴 했다. 전쟁 비용도 인도가 먼저 낸 다음에 나중에 정산하자고 설득했다. 문제는 충성심이었는데 영국을 못 믿겠다는 의견이 다수였다. 인도 엘리트로서는 제1차 세계대전 때처럼 이번에도 전쟁이 끝난 후 모른 척하면 아무런 방법이 없다고 봤다. 인도의 독립을 문서로 보장하라고 압박하자, 처칠 행정부는 오히려 이들을 투옥했다. 비록 간디는 무저항을 계속 주장했어도 일부에서는 무장 투쟁을 시작해야 한다고 믿는 부류도 생겼다. 때마침 적의 적이었던 일본과 독일이 도와주겠다는 제안이 나왔다. 대표적인 사례가 1943년 수바스 찬드라 보스가 이끌었던 '자유인도 임시정부'다. 영국 정부가 전쟁이 끝난 1947년 할 수 없이 인도의 독립을 승인했던 건 이런 투쟁의 역사가 있었기 때문이다.

그럼 영국은 전쟁 채무를 어떻게 갚았을까? 미국과 캐나다의 도움을 받았다. 장기간에 걸쳐 낮은 이자로 갚는다는 협정을 통해서다. 미국에서 43억 달러, 캐나다에서 19억 달러를 빌렸고 2006년에야 모두 상환할 수 있었다. 그러나 전쟁에서 전혀 피해를 보지 않고 오히려 막대한 부를 축적할 수 있었던 미국의 상황은 이들 국가와는 완전히 달랐다.

1930년대에는 2억 달러 정도였던 미국의 국방예산이 1945년 450억 달러가 됐다. 대략 10만 명 언저리에 불과하던 군대는 1200만 명으로 늘었다. 전투력에 대한 자세한 통계는 없지만 《프레시안》에 일부 소개된 내용을 보면[56], 당시 미국은 "탱크와 자주포 8만8000대, 대포 25만7000문, 기관총 200만 정, 폭격기 4만9000대, 전투기 6만3000대, 수송기 1만4000대, 그리고 22척의 항공모함과 400척의 구축함 및 순양함"을 생산하고 있었다. 인류 최초로 핵무기도 개발해 일본에서 그 위력을 보여준 상태였다. "미국은 이제 너무 강력해서 구질서의 어떤 악마에게도 오염되지 않으면서 동시에 전 세계를 상대로 미국 찬송가를 확산할 수 있었다"라는 말이 나올 정도였다.[57]

전쟁을 거치면서 해외 군사기지도 큰 폭으로 늘었다. 1940년 9월 3일, 영국과 맺은 군사협정이 신호탄이었다. 공중전을 위해 폭격기가 절실했던 영국은 자신이 보유하고 있는 방대한 식민지를 미국 군사기지로 내줬다. 미국이 스페인에서 빼앗아 자

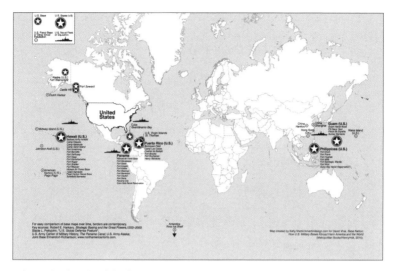

〈자료8〉 미국의 해외 군사기지 (1939년 상황)

〈자료9〉 팽창하는 미군기지 (1945년 상황)

신의 식민지로 만들었던 하와이와 괌 등 태평양 섬도 좋은 후
보지였다. 전쟁이 끝났을 때 이런 기지는 대략 2000곳이 넘
었다. 두 지도를 보면 그 차이가 뚜렷이 드러난다. 〈자료8〉은
1939년 상황으로, 기지가 미국의 뒷마당이면서 1823년 먼로독
트린 이후 관리대상이었던 중남미와 자신의 식민지였던 필리
핀 정도에만 있다.

전쟁이 끝난 다음에는 다른 풍경이 전개된다. 〈자료9〉에 나
오듯 군사기지는 이제 라틴아메리카, 유럽, 중동, 동남아시아
등으로 확장됐다.

## 경제대국, 외교강국

제국들 간의 경쟁에서 미국이 압도한 건 경제력에서도 예
외가 아니다. 전쟁 중 군량미·군복·군사장비 등에 대한 수
요는 꾸준히 늘었고, 일반인을 위한 식량·의복·연료·공산품
등 생활필수품도 마찬가지였다. 전쟁터가 된 유럽에서는 무
기를 생산하기도, 폭증하는 전쟁비용으로 생필품 구입 여력
도 없어 앞서 언급했듯 미국은 '무기대여법'을 통해 돈이 없
어도 살 수 있는 길을 열어줬다. 덕분에 미국 GDP에서 방위
비 비중은 1941년 5.08%에서 15.86%(1942년), 36.2%(1944년),
43.1%(1945년)로 꾸준히 늘었다. 그렇지만 별로 걱정할 일은
아닌 게 일종의 신용 매출이었고, 담보로 잡을 수 있는 게 많았

기 때문이다.

　대공황의 악몽도 전쟁 덕분에 모두 사라졌다. 1939년 16.9%에 달했던 실업률은 1944년 1.2%로 떨어졌다. 1938년 기준으로 8000억 달러였던 GDP도, 1941년에는 1조941억 달러, 1943년에는 1조3990억 달러, 1945년에는 1조4740억 달러로 늘었다. 단기간에 거의 두 배 가까이 증가한 수치로, 같은 기간 경쟁 제국들의 상황과는 정반대였다. 1938년과 1945년을 달러 가치로 비교했을 때 GDP가 프랑스는 1860억에서 1010억, 독일은 3510억에서 3100억, 또 일본은 1690억에서 1440억으로 줄었다. 영국과 소련은 이와 달리 각각 2840억에서 3310억, 3590억에서 3420억으로 아주 소폭 늘었다. 그렇지만 1945년 기준으로 미국의 GDP는 영국, 프랑스, 이탈리아, 소련, 독일, 오스트리아, 일본을 모두 합친 것보다도 더 많았다.[58]

　금괴 보유량의 규모도 큰 폭의 변화가 있었는데, 전쟁 전과 후를 비교해보면 이렇다. 1935년 기준으로 전 세계 금괴 보유량은 2만 톤 정도로 알려진다. 그중에서 미국은 44.9% 정도인 8998톤, 소련이 7456톤, 프랑스가 3907톤, 영국이 1464톤을 나눠 가졌었다. 나머지 대략 500톤 규모를 가진 국가로는 스페인, 일본, 스위스, 네덜란드 등이었다. 그러나 1945년 전쟁이 끝나고 난 뒤의 풍경은 이전과 사뭇 다르다. 1000톤 이상을 보유한 국가는 프랑스(1378t), 스위스(1194t), 아르헨티나(1064t) 정도에 불과하다. 프랑스는 무려 2000톤 이상 줄었고, 독일, 러시아, 스페인, 네덜란드 등은 아예 자료가 없을 정도다. 최대 보유국은 단연코 미국으로 전 세계 물량의 63%에 해당하는 1만7848톤을 차지했다.[59] 미국의 경제사학자 알란 밀워드Alan Milward는 이를 두고 "1941년과 비교했을 때 1945년의 미국은 완전히 다른 상황이었다. 향후 25년을 좌우할 경제적 지배의 토대는 1945년에 만들어졌다. 전쟁이 전후 질서에 끼친 가장 중대한 영향 중 하나다"라고 말한다.[60]

미국의 힘을 엿볼 수 있는 또 다른 지표는 외교력이다. UN의 본부는 중립국 스위스나 오스트리아가 아닌 미국의 뉴욕에 있다. 방문허가증VISA을 받아야 입국을 할 수 있어 미국이 필요하다고 판단하면 누구라도 UN에 참가하는 것 자체를 막을 수 있다. 국제통화기금 설립이 결정된 곳도 미국의 브레턴우즈 Bretton Woods라는 휴양도시로, 여기서 전 세계의 교환·청산 기준 화폐로 미국 달러를 사용하자는 결정이 이루어졌다. 다른 나라의 교환비율(환율)을 감독하고 재정에 대한 간섭 권리를 가진 이 기구에서도 미국은 거부권을 가진 유일한 나라다.

영향력 측면에서 봤을 때 전후의 소련은 미국의 상대가 아니었음은 이런 사정을 고려하면 또렷이 드러난다. 게다가 영국을 비롯해 기존의 제국들이 모두 미국과 같은 편에 선 상황으로, 처칠 수상조차 "다른 어떤 국가보다 최소 두 배나 강한 해군력,

압도적인 공군력, 전 세계의 황금 보유를 두고 권력정치라고 하지 않는다면 무슨 말을 해야 하나?"라고 말했을 정도다.[61] 그렇다면 도대체 권력의 정점이 두 개라는 미·소 양극질서는 어떻게 가능했던 걸까? 이건 그야말로 제3세계의 민족해방 세력이 소련의 군사적 지원과 경제모델에 기대면서 억지로 균형이 맞춰진 상황으로 보는 게 더 합리적이다.

왜 그럴까? 결정적으로, 소련은 달러라는 '기축통화'가 없다. 이를테면 미국은 금융기관에서 무제한으로 돈을 빌려 무한투자를 할 수 있는 대기업이었고, 소련은 항상 현찰로만 거래해야 하는 영세업체였다. 경제력 차이도 엄청나서 1945년 기준으로 소련은 미국 GNP의 1/5 수준에 불과했다. 전쟁으로 생산기반이 모두 파괴된 상태였고, 냉전이 돌이킬 수 없는 대세가 된 1949년에야 겨우 핵무기 개발에 성공했다. 마이클 콕스 Michael Cox 교수도 당시 소련은 미국이라는 초강국과 장기적으로 경쟁하는 건 바보짓이라는 걸 잘 알았고, 진영 논리가 심해질수록 유럽 전체가 소련을 적대시하는 상황이 될 수 있다는 점을 우려했다고 말한다.[62]

# 초-제국 프로젝트, LIO

2025년 현재 우리가 목격하고 있는 '자유주의적 국제질서LIO'는 제2차 세계대전 직후에 구축된 것으로 알려진다. 국제관계 전문가 다수가 그렇게 보는데, 그 대표적인 인물 중 한 명이 앞에 나왔던 아이켄베리 교수다. 2001년에는 『승리 이후After Victory』란 책을, 또 2011년에는 『자유로운 리바이어던Liberal Leviathan』이라는 책을 냈다. LIO의 본질을 "강대국 간 견제하는 공동안보, 개방적으로 행사하는 미국의 패권, 상호의존적인 국제관계, 군사력이 배제된 독일과 일본, 그리고 서구적 문명과 자유경제로 인한 복합이익" 등으로 규정한다. 이런 전후 질서의 장점으로 그는 또 "주권을 가진 평등한 국가에 의해 합의한 게임의 규칙이 있다는 점, 국제적 규범과 조직과 단체가 자리를 잡고 있어 특정 국가에 의한 권력 남용이 어렵다는 점, 그리고 특정한 권력집단의 이해관계에 얽매이지 않는 국제기구가 있다는 점"등을 거론한다.

그러나 각자 서 있는 위치에 따라 이 질서를 바라보는 관점은 달라진다. 과학적으로 검증된 진실이 아니라 다수가 그렇게 믿으면 실체가 되는 '이데올로기'라는 본질 때문이다. 이 질서를 구성하는 핵심축으로 거론되는 국제주의Internationalism, 자유주의Liberalism, 다원주의Pluralism 등에 공통으로 '-ism'이라는 단어가 덧붙어 있다는 게 그 증거다. 찬성과 비판 두 진영의 관점 차이를 살펴보면 더 명확해진다.

미국과 서유럽의 주류가 바라보는 '국제주의'는 장점이 많다. 명칭에서 드러나는 것처럼 게임의 규칙에서 가장 본질적인 것은 주권을 가진 국가 간 상대적으로 평등한 관계다. 국제사회에 자리를 잡은 제도·규범·상식·가치관 등은 보편적인 것으로 모두에게 이익이 된다는 입장이다. 전쟁, 환율 위기, 무역 분쟁 등이 생겨도 이미 존재하고 있는 국제기구를 통해 해결할 수 있으며, 그 과정은 민주적이라고 본다. 대량살상무기나 테러리즘, 불법 돈세탁과 마약 거래, 인권 유린 등과 같은 일탈 행위가 있을 때는 집단으로 개입할 권리가 있으며, 이는 국제사회의 안정과 번영을 위한 필수적인 조치라는 견해다.

이런 밝은 면이 있다는 것을 부정하지는 않지만 그 구조적인 모순에 더 주목하는 진영도 있다. 아니, 오히려 점차 늘어나는 추세다. 그들이 보기에 지금 상태는 변형된 제국주의Imperialism에 다름 아니다. 과거 식민지의 형식상 독립은 인정하면서 경제적·군사적·문화적으로는 여전히 종속관계를 유지해가려는 것으로 본다. 서구 제국, 특히 영국과 미국이 확보한 패권hegemony을 포기하지 않은 채 다수 약소국의 '동의와 협력'을 끌어내기 위한 전략일 뿐이라는 시각이다. 국제기구의 의사결정 구조를 보면 충분히 이해할 수 있다. UN의 안전보장이사회 5개국 중에는 미국, 영국, 프랑스가 포함된다. 지금의 중화인민공화국이 안보리 회원 자격을 되찾은 1971년 전에는 대만도 그중 하나였다. 독일과 일본에 대항해 함께 싸웠던 소련은 냉전이 시작되면서 곧바로 '공공의 적'이 됐다. 신국제경제질서와 신국제정보질서 운동● 등에서 드러난 것처럼 숫자만 많았던 개발도상국의 저항은 '찻잔 속의 태풍'에 불과했다. UN 등

---

● 과거 식민지였던 국가 중 상당수는 1960년대를 거치면서 독립국이 된다. 그렇지만 정치적 자유를 획득하는 것과 경제적으로 자립하는 건 다른 문제였고 무엇보다 과거 자신을 지배했던 제국에 대한 심리적 의존 상태는 크게 달라지지 않았다. UN 총회를 비롯해 산하기구인 무역과개발국제회의(UNCTAD)와 교육과학문화기구(UNESCO)를 중심으로 이 문제를 해결하기 위한 운동이 벌어졌는데 그 내용이 문서로 정리된 게 신국제경제질서와 신국제정보질서다. 선진국과 개도국의 격차가 구조적 불평등 때문이라는 것, 자유경쟁은 경쟁력이 있는 선진국에만 유리하다는 것, 정보와 문화 교류에 있어 약소국의 입장을 배려해야 한다는 것 등이 주요 내용이다.

중요한 국제기구의 본부가 미국에 있고, 그 필요 재원 중 상당 부분이 미국에서 나온다는 것 역시 국가 간 '불평등'한 권력관계를 부추겼다.

동전처럼 양면이 존재한다는 점은 '자유주의'도 예외가 아니다. 자유의 반대말은 통제, 속박, 간섭, 강제 등으로 제국의 지배를 받았던 식민지에서 자유를 간절히 원했던 건 너무 당연하다. 그런데 속을 들여다보면 그렇게 간단치 않다. 제국을 건설할 수 있었던 영국·프랑스·독일에게 '자유'는 마음껏 식민지를 개척하고, 그들에게 부당한 무역을 강제하고, 그들의 자원을 능력껏 활용할 수 있는 권리를 뜻해도 외지인의 침략을 받아야 하는 원주민이나 약소민족에게는 예컨대 자유무역의 탈을 쓴 일방적인 수탈 같은 것이다. 아르헨티나 출신의 파올 프레비시와 영국의 한스 싱어가 내세운 '프레비시–싱거 가설 Prebisch-Singer Hypothesis'[63]은 고부가가치의 공산품을 가진 선진국과 커피·면화·천연고무 등만 가진 후진국 간 자유무역은 애초 공정하지 못할뿐더러 약소국의 국가 부채만 늘린다는 걸 확인시켜주었다.

또 다른 문제는, 자유를 누릴 수 있는 국가와 그렇지 못한 국가가 필연적으로 생긴다는 점이다. 구한말 조선의 상황을 들여다보면 이해하기 쉽다. 당시 조선은 전기, 철도, 공중보건 등 제대로 된 시설이 없었다. 평안도 등에는 금을 비롯해 귀한 자원이 있었지만 이를 채굴할 수 있는 장비와 인력이 없었다. 외부의 도움을 받는 수밖에 없는데 이 과정에서 맺어지는 조약은 '불평등'할 수밖에 없다. "바다와 하늘에 주인이 없으니 마음껏 누비자"라는 구호는 그렇게 할 수 있는 집단에겐 축복이지만 그렇지 못한 쪽에서 봤을 때는 '그림의 떡'이다.

그걸 극적으로 보여주는 또 다른 사례로 소말리아라는 국가를 들 수 있다. 2011년 대한민국 해군이 '아덴만 여명 작전'을 펼쳤던 바로 그곳. 당시 소말리아 해적에 피랍된 삼호해운 선박을 우리의 청해부대가 구출해서 언론의 주목을 받았는데, 21세기에 무슨 해적인가 싶지만 그럴 만한 이유가 있다. 무려 3025km에 이르는 긴 해안선을 가진 나라여서 마음 편히 물고기만 잡고 살아도 될 것 같아도 현실이 그렇게 녹록하지 않다. 큰 배를 띄울 기술과 자본이 있으면 말레이시아, 한국, 대만 등에서 온 원양어선과 경쟁이라도 할 텐데 그럴 형편이 안 되니까 할 수 없이 해적이 된다.

많은 약소국의 처지도 이와 크게 다르지 않아서 내부 갈등 및 부정부패라는 기저질환과 싸우는 한편으로 외세의 개입이라는 또 다른 도전도 해결해야 한다. 국가의 실력을 키워서 혼자 힘으로 할 수 있다면 좋은데 그러지 못 했다. 군함을 앞세워 교역을 원하는 제국의 압력과, 외국 투자를 중재해 돈과 권력을 챙기려는 내부 세력의 방해를 극복하기가 어렵다. 그래서 공개시장Open market 또는 자유경쟁과 대척점에 있는 보호주의 Protectionism가 대안으로 등장한다. 국내에서 해결할 수 있는 건 가능한 수입을 하지 말고, 국내 산업이 국제경쟁력을 갖출 수 있도록 정부가 보호해주고, 이를 토대로 국민이 먹고살 거리를 만들자는 전략이다.

영국·프랑스·미국도 한때 이 과정을 거친 다음에 제국으로 성장했는데, 문제는 이들이 자신보다 뒤에 오는 국가들(그래서 후진국)에게는 그렇게 못하도록 한다는 것. 영국 캠브리지대학 장하준 교수가 쓴 『사다리 걷어차기』(2004)에 이 얘기가 나오는데, 자신들은 보호주의와 국가 지원 등으로 경쟁력을 키워놓고 정작 후진국이 마찬가지로 하는 걸 문제삼는 이중잣대를 비판한다. 전쟁 이후 어렵게 독립한 신생국으로서 세계시장에서 자유경쟁을 한다는 건 다른 말로 하면 앞으로도 계속해서 설탕이나 천연고무, 구리와 같은 1차 산품을 팔고 자동차나 컴퓨터와 같은 고부가가치 상품은 계속 수입해야 한다는 말이다. 그러면 당연히 무역적자에서 벗어날 길이 없고, 따라서 환율은 계속 떨어질 것이고, 항상 외채에 시달리는 악순환에 빠지게 된다. 이렇게 희망이라곤 전혀 찾을 수 없다고 생각했던 이들에게 그게 아닌 다른 길을 보여준 게 앞에서 언급했던 소련의 경험이다.

공산당을 중심으로 전 국민이 거국적으로 단결하는 모델이었고, 그건 외국의 자본과 기술에 의존하는 대신 국내 인력과 자원과 자금을 전략적으로 활용하는 계획경제 도입이었다. 정치범의 강제노역과 집단농장과 같은 일성한 부삭용에도 불구하고 뚜렷한 성과가 있었다. 자본주의 국가와 달리 대공황에 휩쓸리지도 않아 국제사회에서, 특히 반제국주의 투쟁을 하던 식민지에서 소련식 모델에 관한 관심은 높아질 수밖에 없었다. 과거 자신을 지배했던 영국과 프랑스를 비롯해 네덜란드, 벨기에, 노르웨이 등 유럽 제국들이 모두 미국과 손을 잡은 마당이라 이들을 견제하기 위해서라도 소련에 손을 내밀었다. 하지만 이렇게 되면 자본주의가 최대 적수라고 여기는 공산주의라는 악마가 너무 강해지는 사태가 벌어질 건 뻔하다. 자본주의와 자유무역을 통해 역사상 누구도 갖지 못한 권력·재물·권위를 얻었던 앵글로색슨 지배층이 과연 이 상황에 대해 팔짱을 끼고 구경만 할까?

## 영원한 제국

1945년 이후 LIO가 구축되고 관철되는 과정에서 미국의 역할은 독보적이었다. 이 질서의 창조자로 의심할 이유가 없다. 그러나 미국 혼자 한 게 아니라 앵글로색슨 가문(특히 영국)이 함께 만들었다는 것은 제대로 알려지지 않았다. 그걸 잘 보여주는 장면이 1941년 8월 14일 발표된 「대서양헌장Atlantic

Charter」으로, 1945년에 발표되는 UN헌장의 초안이 된다. 미국의 루스벨트 대통령과 영국의 처칠 수상이 공동으로 서명했는데, 여기에는 '미국과 영국은 영토 확장을 원하지 않는다, 영토 변경은 당사국 국민의 의사에 따라야 한다, 모든 민족은 자결권을 갖는다, 무역 장벽을 낮춘다, 궁핍과 공포를 없애기 위해 노력한다, 공해와 대양을 자유롭게 항해할 수 있다' 등의 내용이 포함되어 있다. 겉보기엔 미국이 주도한 듯이 보여도 그 출발점은 1941년 6월의 '런던선언London Declaration'이었고, 이를 먼저 꺼낸 국가도 영국이다.

1946년의 그리스 내전을 시작으로 이들은 또 한국전에서, 이란과 인도네시아 쿠데타 등에서도 동업자였다. 달라진 게 있다면 주도권을 행사한 게 미국이고 영국은 조력자였다는 정도다. 여기서 한 발 더 나가 이 가문의 장자가 미국이 되면서 규모와 영향력은 더 커졌다. 미국 입장에서는 '초-제국'으로 재탄생한 것이고, 영국이 봤을 때는 '영원한 제국'이 연장된 셈이다. 단순히 전쟁에서 이겼기 때문에 이렇게 되었다고 하기엔 모든 게 너무 잘 준비된 상태였고, 무엇보다 미국과 영국의 손발이 너무 잘 맞았다. 누군가 먼저 이런 일을 미리 기획하지 않고는, 당면한 과제를 함께 풀어갈 집단과 그들이 참고할 만한 청사진 없이는 불가능한 일이다. 오늘날까지 다이아몬드 시장의 큰손인 드비어스De Beers의 창업주로서 행정가이자 정치가로 활동

〈자료10〉 아프리카를 밟고 선 세실 로즈[64]

했던 세실 로즈Cecil Rhodes라는 인물을 중심으로 이 미스터리를 한번 들여다보자. 1945년 이후 패밀리의 주도권을 미국으로 넘겼어도, 여전히 영국이 무시할 수 없는 영향력을 행사할 수 있는 토대를 제공한 인물이다.

〈자료10〉에서 보듯, 아프리카 최남단 요하네스버그와 이집트의 카이로를 밟고 선 그의 모습은 아프리카를 내 발밑에 두고 세상을 품겠다는 야망을 느끼게 한다. 실제로 '로디지아Rhodesia', 즉 로즈의 땅이라는 이름으로 불렸던 식민지(지금의 잠비아와 짐바브웨)를 갖고 있을 정도였다. 앵글로색슨족이야말로 가장 우수한 인종이고 자신들이 지구 전체를 지배하는 게 모든 인류의 축복이라 '진심으로' 믿었기에 그는 어떻게든 대영제국을 더 키우고 이를 영원히 유지하고 싶었다. 뜻은 원대했어도 전략이 마땅치 않았는데, 무엇보다 안으로는 노동자의 불만이 쌓여 혁명이 어른거렸고 밖으로는 독립을 원하는 식민지의 민족주의 열기가 너무 뜨거웠다는 게 골칫거리였다. 방법은 뭘까? 해결책이 있을까? 그는 기회가 있을 때마다 주변에 이런 고민을 털어놓았고 여기에 힘을 실어준 게 1891년 '선택받은 자의 모임The Society of the Elect'이다.

이 비밀모임 참석자 중에는 전 세계에서 가장 큰 부자로 알려진 로스차일드 가문의 나타니엘 로스차일드Nathaniel Rothschild, 영국 수상으로 지금의 이스라엘과 팔레스타인 분쟁의 씨앗을 뿌린 아서 발포어Arthur Balfour, 후작이면서 남아공 재건을 맡았던 식민지 총독 알프레드 밀너Alfred Milner 등 쟁쟁한 인물들이 있었다. 그저 평범한 사교모임 정도에 그칠 수도 있었는데, 하필 이때 로즈가 갑작스레 죽으면서 무려 600만 파운드(지금 기준으로 1조4000억 달러)라는 엄청난 돈을 유산으로 남겼다. 통치를 받는 식민지의 토착 엘리트를 내 식구로 만드는 장학사업이 이로써 가능해졌다.

첫 수혜자는 1902년에 뽑혔는데 그 대상은 미국, 호주, 캐나다, 남아프리카 등 영어권 국가를 비롯해 독일도 포함되어 있었다. 옥스퍼드대학에서 2년간 무료로 공부할 수 있고 학비, 기숙사 비용, 생활비, 여행비도 전액 지원했다. 그러나 제국 간 경쟁이 치열해지면서 독일 학생은 빠졌고 미국 학생의 비중은 늘어 전체 인원 중에서 60% 정도를 차지했다. 그들이 누구였고 애초의 목표에 맞게 성장했는지 잠깐만 보자.

1931년 장학금을 받은 인물 중 한 명이 칼 앨버트Carl Albert로, 그는 1946년 상원의원이 되어 트루먼 대통령의 소련 봉쇄 정책을 적극 지지한 것으로 알려진다. 나중에 4성 장군이 되는 찰스 보네스틸 3세Charles Bonesteel III도 이때 뽑혔는데, 국무장관의 특별보좌관으로 활약하며 1950년대 동남아 정책을 관리했다. 딘 러스크Dean Rusk도 이때 선발된 장학생인데, 한국전쟁 당시 동아시아 국무부 차관보였다. 한반도는 이승만 정권을 중심으로 통일이 되어야 하며, 중국의 마오쩌둥 정권을 전복시켜야 한다고 공개적으로 주장한 인물이다.•

영국에서 유학을 마친 뒤 귀국해 각자 영역에서 활동하는

---

• 그밖에도, 로즈 장학금을 본떠 미국에 풀브라이트 장학금(Fulbright Program)을 만든 윌리엄 풀브라이트 상원의원, 빌 클린턴 대통령, 웨슬리 클라크 나토 사령관, 바이런 와이트 대법관 등이 있다. 역대 장학금 수혜자에 대한 자세한 정보는 다음에서 찾을 수 있다. https://en.wikipedia.org/wiki/List_of_Rhodes_Scholars

친-제국 엘리트를 키우는 것을 넘어 이들은 제국 경영에 필요한 논의 무대와 두뇌집단 육성에도 관심을 쏟았다. 그리하여 '원탁회의운동Round Table Movement'이라는 모임이 모습을 드러낸 건 1909년이다. 모임의 명칭에서 누군가는 지시하고 다른 이는 복종을 하는 직사각형 회의실이 아니라 평등한 입장에서 자유롭게 토론해 집단지성을 실천하겠다는 의지가 엿보인다. 영국 런던에 본부를 둔 이 모임은 캐나다, 남아프리카공화국, 호주, 뉴질랜드 등으로 지부를 늘렸고, 1910년에는 제국의 현안을 전문적으로 논의하기 위한 잡지로 『라운드테이블저널The Round Table Journal』도 발간했다.

앞에 나왔던 밀너 총독을 도와 남아공에서 식민지를 관리했던 젊은 관료들이 중심이 되어 이 모임을 이끌었는데, 영국을 피비린내 나는 내란으로부터 지키고 과잉 인구를 수용하기 위해서는 제국주의자가 될 수밖에 없다고 믿는 사람들이었다. 그중의 한 명인 필립 커Phillip Kerr는 로이드 조지 수상의 개인비서로 일하면서 제1차 세계대전 전후의 대외정책에 개입했다. 라이오넬 커티스Lionel Curtis도 주목할 필요가 있는데 영국과 식민지 간 일종의 공생관계를 형성하는 '공영권共榮圈, Common Wealth'이라는 개념을 만든 인물이다. 1919년 런던과 뉴욕에서 각각 설립된 채텀하우스와 외교협회CFR가 만들어지는 과정에도 이 두 사람은 깊숙이 관여했다.

## 냉전 청사진

1939년 12월 8일, CFR의 대표이사 월터 말로리Walter Mallory 와 이 단체에서 발행하는 저널 『포린어페어』의 편집장이었던 해밀턴 암스트롱Hamilton Amstrong이 국무부를 방문한다. 유럽 의 전쟁을 미국이 피할 수 있을지, 만약 참전해야 한다면 그 이 유는 무엇인지, 향후 유럽을 포함한 국제사회를 어떻게 관리해 야 할지 등에 대한 전문적 조언을 해주겠다고 제안했다. CFR 은 영국의 채텀하우스와 자매기관이었고, 로즈장학생 등을 통 해 긴밀한 교류가 이미 있었다는 점에서 단순한 제안을 넘어 전후 질서를 위한 밑그림을 준비하는 차원으로 보는 게 맞다. 이 프로젝트 내용과 참가자에 대한 모든 것은 극비에 부쳐졌 고, 불과 몇 달 뒤 실무자급 회의가 열렸다.

당시 국무부 차관보로 있던 외교전문가 조지 메저스미스 George Messersmith의 자택이 회의 장소였다. 몇 가지 문제가 합 의되었는데 우선 명칭은 '전쟁과 평화 연구War and Peace Studies' 로 정해졌다.[65] 필요한 모든 재원은 록펠러재단이 맡기로 했고 운영위원장으로는 노먼 데이비스Norman Davis가 뽑혔다. 루스 벨트 대통령의 대외정책에 깊숙이 개입해 미국의 참전을 끌어 낸 인물로, 국무장관이었던 코델 헐COrdell Hull과도 매우 가까 웠다.

위원회의 부의장은 프로젝트 제안자의 한 사람인 암스트롱으로, 민족자결주의와 국제연맹을 주장했던 우드로 윌슨 대통령과 막역한 사이였다. 세계평화와 번영을 위해서는 영미식 민주주의를 전 세계로 확산시켜야 하며, 미국은 이를 위해 기꺼이 보안관 역할을 맡아야 한다는 게 그의 신념이었다.[66] CFR의 이사로서 무려 50년 가까이 편집위원장을 역임했던 그가 누구와 만나 무슨 논의를 했을지 상상하는 것은 어렵지 않다. 영국에서는『라운드테이블』이라는 저널이 이미 있었고 로즈장학금을 받고 귀국한 엘리트도 많았던 터라 이들과 교류하는 건 너무 자연스러웠다. 덕분에 그는 1972년 '대영제국 질서의 수호자'라는 훈장까지 받는다.

위원회의 실무는 정치, 군사/안보, 영토, 경제/금융 등 4개 분과로 나눠 진행됐다. 먼저 정치분과의 책임자는 휘트니 세파슨Whitney Shepardson으로 로즈 장학생 출신이다. 영국 유학이 인연이 되어 CFR 창립 모임에도 참석했고, 록펠러재단과 우드로윌슨재단에서 등기이사로 일하게 된다. 군사/안보 분과는 전략정보국oss에서 유럽을 담당하다가 전후 CIA 국장으로 일하는 앨런 덜레스Allen Dulles와『뉴욕타임스』군사담당 기자였던 핸슨 볼드윈Hanson Baldwin이 맡았다. 덜레스는 암스트롱과 같이『미국은 중립국이 될 수 있을까?』(1936)와『미국은 중립지대에 머물 수 있을까?』(1939)라는 책을 내기도 했는데, 국제사회가 나아가야 할 방향은 기업 활동의 자유가 보장되는 자유시장 경제이며 미국은 이를 지켜야 할 의무가 있다는 주장을 담았다.

영토Territory분과 책임자는 CFR 창립회원이었던 이사야 보먼 Isaiah Bowman이다. 우드로 윌슨 대통령의 측근으로 정부 자문역을 맡았었고, 존스홉킨스대학 총장을 거쳐 루스벨트 행정부에서는 국무부에 근무한 적도 있다. 전후 질서에 있어 영토분과가 왜 중요할까 싶지만, 제국 간 전쟁이 벌어지게 된 직접적 원인 중 하나가 외부의 위협을 받지 않고 자급자족할 수 있는 안정적인 경제권의 확보였음을 떠올려보면 된다. 영국의 공영권, 독일의 레벤스라움Lebensraum•, 일본의 대동아공영권 등이 모두 이를 다르게 표현한 명칭이다. 미국이라고 다르지 않았던 이 전략은 '대규모 영토Grand Area'라는 개념으로 정리가 된다. 앞으로 미국 자본주의가 안정적으로 발전하는 데 꼭 필요한 필수 원자재, 수출 시장, 물류 이동의 해상 요충지 등을 이 분과에서 다뤘다.

경제/금융 분과는 제이콥 바이너Jacob Viner와 앨빈 한센Alvin

---

• 독일의 지리학자 프리드리히 라첼Friedrich Ratzel이 처음 제시한 개념이다. "단순히 사람들의 생활에 필요한 장소나 공간 정도의 의미를 넘어, 국가나 민족 집단이 인구를 부양하고 국력을 신장하기 위해 수단과 방법을 가리지 않고 반드시 확보해야 하는 영역"을 뜻한다. (이동민, 2020. 7. 3, 나치즘의 지정학적 뿌리, 레베스라움, 브런치스토리)

H. Hansen이 이끌었다. 바이너는 시카고대 경제학 교수로 당시 재무부 장관이었던 헨리 모간소의 자문을 맡았고, 한센은『세계 경제에서 미국이 할 일』(1945)과『경제정책과 완전고용』(1947) 등의 책을 낸 하버드대 교수 출신이었다. 국제통화기금, 유럽부흥은행IBRD, 관세와 무역에 관한 일반협정GATT 등이 이 두 사람의 손을 거쳐 완성됐다.

단순한 아이디어가 아닌 실제 정책의 청사진으로 준비되었다는 점 역시 놓쳐서는 안 될 대목이다. 정부가 CFR의 제안을 받아들일 때부터 정책으로 활용하겠다는 의도는 명확했다. '대외관계에 관한 자문위원회'를 설치하라는 국무부의 지시가 떨어진 건 1939년 12월 27일로 프로젝트가 시작한 지 3주 정도가 지난 시점이었는데, 형식적인 자문회의가 아니었다. 모두 15명으로 구성된 자문위원회는 국무부 차관보였던 섬너 웰레스Sumner Welles가 이끌었는데, 그는 자유민주주의, 자유무역을 기반으로 한 자본주의, 국제법에 기반한 국제문제 해결, 약탈적이고 파괴적인 제국주의 폐기 등을 원칙으로 하는 국제주의 신봉자였다. 그도 앞서의 덜레스나 암스트롱처럼 미국은 국제사회를 감독할 권한이 있으며, 필요할 경우 특정 국가의 지도자를 교체하는 등의 내정간섭도 불가피하다고 믿었다.

독일의 패배가 다가오면서 미국의 발걸음은 더욱 바빠졌다. '전후 대외정책에 관한 자문위원회Advisory Committee on Postwar

Foreign Policy'가 이런 분위기에서 출범했는데 그 날짜는 1942년 2월 12일이었다. 전문성을 극대화하기 위해 정치문제, 경제적 재선, 영토 분쟁, 법적 문제, 국제기구의 설립 등의 소위원회도 만들었다. 위원장은 국무부 장관이었던 코델 헐이, 부위원장은 섬너 웰레스가, 총괄책임은 특별연구 분과를 맡았던 파볼스키가 맡았다. 정부 측에서도 전후 대외정책을 이끌고 갈 쟁쟁한 인물이 참여했다.

그중에서 먼저 주목할 인물은 국무장관 출신의 딘 애치슨으로, 『포린어페어』 편집장 출신의 윌리엄 번디William Bundy와 앨런 덜레스 등과도 매우 가까운 사이로 알려진다. 명성이나 영향력에서 그에 못지않은 사람이 육군 참모총장 조지 마셜 George Marshall로, 그는 이후 국무부장관, 국방부장관 등을 두루 거치게 된다. 국제사회의 반공주의 정권을 지원하는 한편으로 서유럽 경제 재건을 목표로 했던 '마셜플랜'의 주인공이다. 그 밖에, 유네스코 설립 초안을 도왔던 어셔 브루너Eshter Brunauer, 백악관 경제자문가 로실린 큐리에Lauchlin Currie, 국제통화질서 전문가로 CFR 회원이었던 허버트 페이스Herbert Feis, 국제법 전문가로 일명 브레튼우즈 체제로 알려진 '국제통화 및 금융회의'에 참가했던 필립 제섭Philip Jessup 등이 있다.

다수의 CFR 회원도 이 자문위에 포함됐는데, 우선 이사진의 일원이었던 암스트롱을 비롯해 보먼과 데이비스가 있다. 대통령 정책자문단 출신으로 포츠담선언문을 작성했던 벤자민 코헨Benjamin Cohen, 『뉴욕타임스』특파원이었던 앤 맥코믹Anne McCormick, 역사학 교수로 국제노동기구ILO 창설에 중요한 역할을 했던 제임스 숏웰James Shotwell, 거대 자본가면서 외교관으로 활동했던 마이론 테일러Myron Taylor 등도 CFR 회원이었고, 1945년부터 1972년 기간 동안 이들 회원 중 절반 이상이 정부 관료로 참가했다. 대외정책을 담당하는 고위 공무원 중 CFR 출신은 아이젠하워 행정부에서 40%를 넘었고 트루먼·케네디·존슨 행정부에서도 큰 변화가 없었다.

냉전으로 대표되는 미국의 정책이 '전쟁과 평화 연구' 프로젝트와 어떤 관련성이 있는지 살펴보면 그 작업의 목적이 무엇이었는지 알 수 있다. 전쟁 중 운전석의 자리를 바꾸긴 했어도 영·미 복합체는 진공 상태로 전쟁을 끝내고 싶지 않았던 것이다. 그렇다고 이미 모두가 거부하는 제국주의 관행을 지속할 수는 없으니 뭔가 새로운 접근이 필요했고, 그 연장선에서 나온 게 UN과 IMF 등을 비롯한 국제기구였다. 겉으로는 합의제라고 하더라도 본질에서는 자신들의 영향력을 유지할 수 있어야 한다는 게 중요했다. 이를테면, 전쟁과 경제제재 같은 중요한 현안을 결정할 수 있는 의결기구로 총회가 아닌 안전보장이사회를 설치하고, 5개 상임이사국 중 누구라도 거부권을 행사하면 집행이 안 되도록 하는 방식 말이다. 거부권은 IMF와 IBRD(지금의 WB)에서도 적용되는데 미국은 주요 의사의 결정에 필요한 정족수 비율을 85%로 설정한 다음, 자신의 지분이 항상 15%가 넘도록 유지했다.

한편으로는 이런 제도적 장치를 마련하고, 다른 한편으로는 국제사회의 눈과 귀에 해당하는 미디어를 통해 '제국주의'가 아닌 '합의와 평등의 원칙'에 따른 국제질서로 포장했다. 미국의 속내를 알았던 유럽의 경쟁국들은 그러나 미국의 도움을 받을 수밖에 없는 처지였고, 한때 식민지였다 독립한 국가들은 세상이 어떻게 돌아가는지 제대로 알 방법도 의지도 없는 상태였다. 대립각을 세웠던 소련 정도만 '양키 제국주의'를 외쳤지만 '적색 제국주의'가 만들어낸 가짜뉴스라는 편견을 극복할 수 없었다.

본질에서는 제국주의와 전혀 다르지 않았던 초-제국 미국의 횡포는 이런 게임이라 가능했던 것이고, 심판은 물론 그 규칙조차 전혀 평등한 것도 민주적인 것도 아니었다. 그걸 확인할 수 있는 정황 중의 하나가 약소국을 대상으로 한 전쟁과 쿠데타다. 주연 배우는 CIA로, 이를 총괄했던 인물 중 하나가 앞에 나왔던 앨런 덜레스다. 그가 재직 중에 벌어진 일만 해도 1953년의 이란 쿠데타, 1954년의 과테말라 쿠데타, 1965년의 인도네시아 쿠데타, 쿠바 피그만 침공 등이 있다.

정황의 또 다른 사례는 냉전의 뜨거운 감자로 하필이면 동남아시아가 선택되었다는 점이다. 전쟁이 끝나기 전에 완성되었던 영토 분과의 청사진에서 동남아 지역은 이미 미국 안보와 경제 이익에 직결된 곳이었다. 당시 국무부 장관이었던 존 포스터 덜레스가 말했듯이 이 지역은 "미국이 필요로 하는 노동력을 비롯해 고무, 주석과 온갖 종류의 식물성 기름을 어느 곳보다 안정적이고 값싸게 공급받을 수 있고" 더욱이 "얼마 전까지 미국 자신은 물론, 네덜란드와 영국 등이 지배하고 있던 곳이라 큰 비용을 들이지 않고 통제할 수 있는 곳"이었다.[67] 달리 말하면, 사막의 오아시스 같은 곳이고 찐빵의 앙꼬와 같은 존재인데 이걸 공산권에 넘겨주거나 민족주의 성향의 해당 정부에 맡기는 건 상상도 못할 일이었다. 미국과 영국이 '함께' 1967년 인도네시아의 수카르노 대통령을 축출하고, 또 미국이 프랑스를 대신해 베트남전쟁에 뛰어든 건 이런 경제적 이해관계를 고려할 때에야 비로소 좀 더 온전한 그림이 된다.

제4장

# 제국의 통치술

# 초대받은 제국

전쟁은 1945년 8월 15일 끝까지 저항하던 일본이 항복함으로써 끝났다. 앵글로색슨 연합제국으로 진화한 미국이 전쟁의 최대 수혜자였다. 전쟁 전까지만 하더라도 앞서 있거나 경쟁자였던 유럽의 제국들도 자발적으로 미국에게 지도자 역할을 요청하는 상황이었다. 당시 미국은 '초대받은 제국Empire by Invitation'이 될 수밖에 없었다. 전후 풀어야 할 많은 숙제들을 제대로 해결해낼 수 있는 능력이 있으면서 '선한 의지'가 있다고 믿을 수 있는 유일한 국가였다.[68] 영원한 제국을 꿈꾸었던 영국과 함께 연합제국을 위한 밑그림도 그려놓은 상태에서 질서의 관리자는 미국이고, 유럽은 보좌 역할을 한다는 게 명확했다. 그리고 다른 무엇보다 중요한 건 제국 간 전쟁이 다시 벌어지지 않도록 하는 일이었다.

자유주의적 국제질서LIO가 이렇게 탄생했어도 질서를 기획하는 것과 이게 제대로 작동하게 만드는 것은 전혀 다른 문제다. 미국이라는 초-제국과 그 협력자들은 이 과제를 어떻게 풀어갔을까? 물리적 강제력만으로 안 된다는 건 이미 분명해진 때였다. 아마도 회유와 설득이 필요했을 텐데, 현실에서 그것이 어떻게 작동하는지 확인해볼 방법은 없을까? 구체적으로 어떻게 했을까? 몇 가지 제약 조건을 전제해놓고 사고실험이라도 해본다면 그 조건은? 첫째, 국제질서가 만들어진 것인데도 그 안에 사는 사람들은 그게 인공적인 것임을 모른다는 것. 둘째는 국제사회에서 벌어지는 많은 일이 '보이지 않는 손'이 결정하는 게 아니고 '극소수의 권력집단'에 의한 방관, 기획, 또는 거부권 행사에 따른 것이고, 그들이 다른 사람들의 세계 이해에도 개입한다는 것. 셋째는, 국제사회 다수가 이런 상황을 모르는 이유는 누군가 미디어를 장악하고 있으면서 자신들의 관점을 매우 설득력 있게 제시하기 때문이라는 것.

이런 조건들을 충족한 경우라면 LIO의 작동에 관해 많은 시사점이 얻어질 법한데, 마치 이런 상황을 미리 알고 제작한 것 같은 영화가 있다. 1998년 개봉한 〈트루먼 쇼Truman Show〉. 공교롭게도 미국이 냉전을 시작하고, 한국전쟁이 발발하고, '진실캠페인'이라는 심리전을 시작할 당시의 최고 결정권자가 해리 트루먼Harry Truman 대통령이었다. 그는 1945년부터 1953년까지 백악관을 지키며 CFR의 청사진에 따라 미국과 국제사회를 이끌어간 인물이다.

## 영화 〈트루먼 쇼〉

영화의 주인공은 '트루먼 버뱅크'로 배우 짐 케리가 그 역을 맡았다. 영화에서 그는 현재 서른 살의 보험회사 직원이다. 전형적인 중산층으로 사랑하는 아내와 어머니, 자신을 아끼는 친구, 좋은 이웃과 안정적인 직장을 갖고 있다. 사는 곳은 바닷가의 천국을 뜻하는 '씨헤븐Sea Haven', 관광객이 늘 붐비는 멋진 풍광을 가진 섬으로 날씨도 좋고 범죄도 거의 없는 곳이다. 쾌활하고 밝은 성격을 가진 그는 이곳 사람들과 잘 어울린다. 일상은 평화롭고, 당장은 먹고살 문제로 걱정하지 않아도 되는, 어느 것 하나 부족하지 않은 행복한 삶이다. 그러나 반전이 있는데, 잠을 잘 때나 지극히 사적인 부분을 제외한 그의 일상은 24시간 전 세계로 방송된다는 점이다. 무려 5000대에 달하는 카메라가 그의 일상을 쫓아다니고 있을 뿐만 아니라 자신의 주변을 둘러싼 모든 건 크리스토퍼 감독이 지휘하는 제작진에 의해 미리 준비된 각본이다. 태어난 직후 입양된 그는 단 한 번도 이 스튜디오에서 벗어난 적이 없다. 그게 어떻게 가능할까 싶은데 영화가 진행되면서 이 의문이 풀린다.

트루먼은 어릴 때 바다에 나갔다가 아버지가 파도에 휩쓸려 실종되는 사건을 겪었다. 그때부터 물에 대한 트라우마가 생겨 육지와 연결된 교량을 건너거나 배를 탈 엄두를 못 냈다. 가짜 섬이라 주인공이 혹시라도 밖으로 나갈 생각을 못 하도록 제작진이 계획한 일이었다. 트루먼의 직업관, 세계관 혹은 가치관에도 제작진은 끊임없이 개입했는데, 가령 탐험가 마젤란이 되고 싶다고 했을 때는 학교 선생님을 통해 "세상에는 더 탐험할 곳이 없다"는 말로 꿈을 꺾었다. 자신이 현재 누리고 있는 것에 감사하면서 현실에 만족할 수 있도록 설득하는 역할은 친구 말론이 맡았다. 트루먼과 달리 그는 "추울 때 추운 데서 일하고 더울 때 더운 데서 일하는" 육체노동을 하는 편의점 직원이다. 결혼도 하지 않았는데 모든 게 주인공으로 하여금 '상대적 박탈감'을 안 느끼도록 하려는 설정이었다. 눈부신 석양이 비치는 해안가 언덕에서 그는 늘 "시헤븐은 지상의 천국이다"라는 말을 반복한다. 지구상 그 어디도 여기보다 더 좋은 데는 없으니까 행여 다른 곳으로 떠날 생각은 하지 말게 하려는 전략이다. 그런데 뜻하지 않은 사건이 잇따라 터지면서 트루먼의 자유 본능이 깨어나 끝내 스튜디오를 탈출하게 된다.

트루먼은 출근하는 길에 하늘에서 느닷없이 조명등이 떨어지고, 라디오에서 자신의 동선과 관련된 얘기가 불쑥 튀어나오는 걸 겪게 된다. 갑작스레 떠밀려들어간 회사 엘리베이터 안

〈자료11〉 영화 〈트루먼 쇼〉 포스터

에서는 회사 사람들이 아닌 엉뚱한 사람들이 어떤 무대장치를
준비하는 현장이 목격된다. 익사한 것으로 알았던 아버지가 불
쑥 나타나는 일까지 생긴 후 그는 뭔가 이상한 일이 벌어지고
있다고 확신하게 된다. 뭐가 문제인지 알기 위해서는 그간 한
번도 하지 않았던 일을 저지르는 수밖에 없었고, 아내의 손을
빌려 교량을 건너는 모험을 한다. "맞아. 이대로 섬을 벗어나는
거야"라고 생각했는데, 난데없이 원자력 유출 사고 현장을 맞
닥뜨리게 되고 끝내 집으로 끌려온다.

  트루먼이 평소와 다르게 주변을 의심하고 섬까지 벗어나려
하자 제작진은 고민에 빠졌다. 그들은 문제가 일어난 원인이

죽은 아버지에 대한 트루먼의 죄의식 때문이라는 결론을 내리고, 기억상실증에 빠졌다고 했던 아버지를 극적으로 만나게 해줌으로써 이 고비를 넘어가려 했다. 단조로운 결혼생활에 지친 그를 달래기 위해 직장에서 매력적인 여성을 다시 만날 수 있도록 각본도 바꿨다. 방송에서는 지하실에서 혼자만의 시간을 즐기는 트루먼의 모습이 나오면서 모든 문제가 잘 해결된 것처럼 보였다. 그렇지만 그건 트루먼의 속임수에 불과했고, 모두가 잠든 밤을 틈타 그는 바다를 통해 섬을 벗어나고 있었다. 크리스토퍼 감독은 이번에도 폭풍우를 통해 그를 막으려 했고, 그것도 통하지 않자 인공섬을 덮고 있는 거대한 스튜디오의 스피커를 통해 트루먼에게 직접 말을 건넨다. 그는 굳이 외부 세계로 나가 고생하지 말고 함께 쇼를 계속하자고 제안했고, 자신이 그렇게 말할 수 있는 것은 그간의 관찰과 경험을 통해서 "너는 떠나지 못할 것"이며 "지금껏 스스로 안 한 것"이라는 걸 알기 때문이라고 말한다.

그러나 트루먼은 여기에 설득당하지 않았다. 자신이 그간 동물원의 원숭이 신세였다는 데 분노하면서 "제발 내 머릿속에서 나가 달라"고 말한다. 바깥세상과 연결된 출구 앞에서 그는 "혹시 또 못 만날지 모르니까. 좋은 오후, 좋은 저녁, 좋은 밤 보내세요"라며, 자신을 지켜보고 있을 모두를 향해 마지막 작별인사를 한다. 자유를 찾아 떠나는 그를 향해 시청자들은 환호하고 트루먼에게 진실을 찾아 자신을 만나러 오라고 했던 실비아가 그를 마중하러 나가는 장면으로 영화는 막을 내린다.

## '작전명 트루먼' 상상하기

입양된 트루먼의 정체성은 '쇼'에 적합하도록 길러졌다. 때로는 저항하고 때로는 회피하려고 했어도 궁극적으로는 감독이 원하는 인간으로 성장했다. 미국이라는 '초-제국'이 주도권을 행사하면서 필요에 따라 국제사회를 대상으로 온갖 형태의 개입을 해왔어도 세상 사람들, 특히 한국은 여기에 대해 잘 모르고 관심도 없다. 마치 영화 속 제작진과 트루먼의 관계 비슷하다. 국제질서가 유지될 수 있는 건 누군가 영화 속의 주인공처럼 '꼭두각시' 노릇을 하고 다수가 이 게임에 자발적으로 참가하기 때문은 아닐까? 자신의 경험과 판단을 통해 형성된 것으로 믿는 정체성도 누군가의 의도에 따라 만들어지고 관리되는 것은 아닐까? 제국을 관리하기 위해 일종의 '작전명 트루먼Truman Operation'이 존재했을 가능성을 상상해보는 건 이 때문이다. 사실 미국이 국제사회를 대상으로 온갖 형태의 개입을 해왔다는 증거는 넘쳐난다.

미국은 습관적으로 '작전명'을 붙이면서 국제사회에 개입해왔다. 잘 알려진 것만 해도 '작전명 불변의 결심Operation Inherent Resolve' '작전명 오디세이의 새벽Operation Odyssey Dawn' '작전명 사막의 폭풍Operation Desert Storm' '작전명 불멸의 자유Operation Enduring Freedom' '작전명 진솔한 목소리Operation Earnest Voice' 등이다. 은유적인 표현으로 작전의 성격을 표현한 셈인데 맨 앞에 나오는 '불변의 결심'은 리비아·시리아·이라크 등 이슬람 국가를 대상으로 한 전쟁에 사용했다. 2011년 리비아에 대한 군사개입은 뒤에 나오는 '오디세이의 새벽'으로 UN 안보리 결의안을 얻어내기 위해 사용한 명칭이다. 2001년 이후 대외정책의 원칙이 된 테러리즘에 대한 전쟁은 '불멸의 자유'로 표현된다. 공격 대상은 아프가니스탄이었고, 2021년 별다른 수확없이 물러나는 것으로 결말이 났다.

특별한 경우가 아니라면 외부에 제대로 알려지지 않는 CIA의 은밀한 개입에도 '작전명'은 단골로 쓰인다. '작전명 콘돌Operation Condor' '작전명 앵무새Operation Mockingbird' '작전명 서류철Operation Paperclip' '작전명 사이클론Operation Cyclone' 등등. 정보기관에서 이들 작전을 통해서 얻고자 한 목표가 반영된 명칭이다. 콘돌은 남미지역에서 흔하게 볼 수 있는 큰 새로 죽은 고기를 먹고 산다. 좌파 성향의 정치인, 정부에 비판적인 종교인과 언론인, 노동운동 주동자 등은 콘돌의 먹잇감이 되어야 한다는 의도였다. 이 작전을 통해 아르헨티나, 볼리비아, 브라질, 칠레, 파라과이, 페루, 우루과이 등에서 활동하던 3만에서 5만 명 정도가 구속·고문·암살된 것으로 알려진다. 자신의 말을 대신해줄 누군가를 활용한다는 뜻을 가진 게 '앵무새' 작전이다. 적대국에 대한 정보를 수집하는 한편으로, 우호적인 여론을 만들기 위해 언론인을 활용하는 작전이다. 정부와 함께한 언론사로는 ABC방송, AP통신, UPI통신, 로이터통신, 『허스트신문Hearst Newspapers』, 『뉴스위크』, 『마이애미해럴드』 등이 있다.[69)]

프로젝트 또는 프로그램이란 명칭도 자주 쓰인다. 영어로 프로젝트는 '앞으로'란 뜻을 가진 Pro와 '던진다'는 의미로 쓰이는 ject가 결합한 단어다. 집단지성을 통해 뭔가를 만들어낸다는 의미다. 널리 알려진 사례 중 하나가 '맨해튼 프로젝트'다. 인류 최초의 핵무기가 이 작업을 통해 탄생했다. 1942년에서 1946년까지 무려 13만 명이 참가했는데, 2021년 기준 240억 달러라는 엄청난 연구비가 들어갔다. 정부, 학계, 싱크탱크가 협력한 대표적 사례로는 '트로이 프로젝트'가 있다. 전쟁을 그만둔다며 퇴각의 기념품으로 목마를 보내 오히려 트로이를 함락한 그리스 신화에서 빌려온 명칭이다. 목표는 무엇이었을까? 한편으로는 프로파간다 매체에 대한 전파방해를 없애는 기술적 방법을 개발하고, 다른 한편으로는 적대 진영의 내분과 갈등을 조장할 수 있는 심리전 전략을 찾는 데 있다. 1950년 10월에 시작된 작전이다. 국무부의 지휘로 하버드대와 MIT대를 비롯해 랜드재단 소속의 과학자·사회과학자·역사학자 등

21명이 참가했다.

그밖에, 명칭을 프로그램으로 붙인 작전으로는 '피닉스 프로그램'도 있다. 적에 대한 정보를 얻고 간첩을 찾아내기 위해 베트남 전쟁 때 벌였던 일이다. 미국 육군, 정보부대, 특공대, CIA 등이 합세해 전기고문, 통닭구이, 물고문을 비롯해 강간, 집단강간, 뱀장어나 뱀 등을 이용한 성폭행 등 온갖 불법행위가 동원된 것으로 알려진다. 1965년부터 1972년까지 고문을 받다가 죽은 사람만 해도 2만6000명에서 4만 명으로 알려져 있다.[70]

## 제국의 축소판

영화 〈트루먼 쇼〉에 비춰보면 미국이 그랬을 법한, 다르게 말하면 작전의 일부로 볼 수 있는 정황 증거가 많다는 점도 놓치면 안 된다. 과연 국제사회가 그런 식으로 작동하고 있을까? 둘 사이에 겹쳐지는 관전 포인트로 다섯 가지만 꼽자면, 첫번째는 막대한 이해관계가 걸려 있다는 점이다. 멀리 달에서도 보일 만한 크기의 대형 구조물을 만드는 건 쉬운 일이 아니다. 엄청난 초기 투자비용이 든다. 멋진 구상이긴 하지만 한 인간의 인생을 몰래 관찰하는 쇼가 성공할지 아닐지 처음부터 알 수는 없다. 얼마나 많은 이익을 낼지 알 수 없는, 위험자산에 대한 투자다. 방송 중 제품을 노출하는 방식PPL의 광고, 시청료와 저작권 등이 주요 수입원이라는 점에서 '단기'가 아닌 '장기간' 방송

해야 수지타산이 맞다. 감독과 배우의 경우 자신들의 밥그릇이 달려 있다. 평생직장이 될 수 있을지 아니면 단역배우로 끝날지 모르는 상황이다. 만약 쇼가 계속된다면 이해관계자 모두가 행복할 수 있어도 뜻밖의 문제가 생겨 중단된다면 모두에게 낭패다. 전쟁과 막대한 경제적 투자를 통해 구축해놓은 제2차 세계대전 이후의 국제사회와 비슷한 상황이다.

미국이 '트루만 쇼'의 제작진과 같은 역할을 하는, 국제질서의 설계자이자 운영자가 존재한다는 점이 두번째다. 영화에서 최고권력자는 감독 크리스토퍼로, 그는 시나리오 수정 작업에도 직접 개입한다. 트루먼이 의구심을 갖거나 자신의 계획과 달리 다른 여인과 사랑에 빠지면 바로 각본을 바꾼다. 물에 대한 트라우마를 갖도록 아버지를 익사시키기도 하고, 다시 살리기도 한다. 정상적으로 쇼가 진행될 수 있도록 실비아와 같은 방해가 되는 배역은 바로 퇴장시키면서 친구 말론을 비롯해 다른 배역은 하수인처럼 부린다. 끝내 트루먼이 배를 타고 떠나려고 했을 때는 자칫 죽을 수도 있다는 주변의 우려에도 불구하고 폭풍우를 일으키기도 한다. 제국의 핵심적인 이해관계에 저항했던 많은 약소국이 불법 쿠데타, 내전, 경제 봉쇄, 외교적 고립, 불량국가라는 낙인 등의 채찍을 맞는 것과 많이 닮았다.

권력의 불평등이 일상적이라는 게 세번째 포인트다. 크리스토퍼의 결정에 대해 비판할 수 있는 유일한 집단은 글로벌 자본가 계급을 상징하는 투자자들이다. 영화 속 언론은 감시자가 아닌 홍보 대행자다. 인터뷰를 내보내거나 시청자와의 대화를 주선해준다. 전화를 건 실비아가 감독인 크리스토퍼를 비난할 때도 보도를 중단하겠다고 알아서 눈치를 본다. 같은 제작진이라고 해도 서열 구분은 명확하다. 폭풍우를 비롯해 중요한 결정 과정에서 동료로 나오는 조감독이나 보조연출자 등은 제 목소리를 못 낸다. 크리스토퍼의 지시를 받아 움직이는 배우들은 말할 것도 없다. 친구 말론을 비롯해 부인 메릴, 어머니, 아버지, 직장 상사, 버스 운전기사 등은 모두 부하 직원에 가깝다.

원하면 얼마든지 진실을 폭로하거나 대본에 따르지 않을 수 있지만, 즉각 최고의 쇼에서 추방되는 값을 치러야 한다. 밥벌이와 명예를 포기하면서 진실을 밝힐 이유는 많지 않다. 국제사회의 동의를 구하지 않고 진행되는 미국의 일방주의적 정책에 대한 약소국의 태도와 판박이다. UN, IMF, WB 등에서 미국과 유럽이 누리는 구조적인 불평등에 대해 다수는 침묵한다. 자칫 자신에게 주어질 군사적·경제적·외교적 손실을 두려워하기 때문이다.

이해관계자 대부분이 강제가 아니라 자발적으로 협력한다는 네번째 지점으로 이어진다. 물론 강제가 전혀 없는 건 아니어서 몇 장면에서 이를 확인할 수 있다. 이를테면, 실비아가 해변에서 트루먼에게 진실을 발설했을 때 그녀는 강제로 끌려나갔다. 차량을 이용해 섬을 빠져나가려고 했을 때도 도로를 봉쇄하는 한편, 도망가는 트루먼을 체포해 집으로 돌려보낸다. 종적을 감춘 트루먼을 찾기 위해 한밤중이었지만 조명을 켜게 하고 모든 배우가 수색에 나서게 하는 것 역시 물리적 힘의 행사다. 그럼에도 불구하고 이런 모습은 극단적인 상황에서만 드러나기 때문에 일상에서 이런 유형의 채찍은 거의 보이지 않는다. 제작진, 배우, 시청자와 주인공 자신으로 구분해 살펴보면 더 잘 드러난다.

감독과 제작진은 달에 있는 상황실을 뜻하는 '루나 룸Lunar Room'이라는 곳에서 거주한다. 그들은 이곳에서 주인공과 그 주변을 감시하는 등 쇼의 진행과 관련한 모든 일을 결정한다. 가끔 등장하는 몇 장면을 보면 작업환경도 좋고, 동료애도 있으며, 즐거운 마음으로 일하는 것을 알 수 있다. 트루먼이 부친과 재회하는 장면이 연출됐을 때 '브라보'를 외치면서 다들 함께 환호하는 모습에서, 제작진 모두가 크리스토퍼 감독의 권위를 인정하며 그를 진심으로 존경한다는 걸 짐작할 수 있다.

인기 절정의 쇼에 고정 출연하는 배우들 역시 만족스럽다. 트루먼이 갑자기 사라졌을 때 한마음으로 찾아 나선 데서 잘 드러난다. 아내 역을 맡은 메릴이 배역에서 빠졌을 때도 불만을 제기하는 사람은 아무도 없었고, 미래의 애인이 첫 모습을 드러냈을 때는 다들 새로운 로맨스를 기다리는 분위기였다. LIO

라는 질서에 편승해 전후 황금기를 누렸던 유럽과 일본이 여기에 해당한다고 볼 수 있겠다. 전 세계에 흩어져 있는 관객 가운데 트루먼의 입장을 동정하는 사람은 거의 없다. 탈출에 성공했을 때는 환호했지만, 그들 중 누구도 적극적으로 트루먼이 한 인간으로서 '동물원에 갇힌 원숭이'와 달라야 하지 않냐고 문제제기를 하지 않는다.

더 놀라운 건 트루먼의 모습에서 억지로 또는 마지못해서 한다는 모습이 별로 안 보인다는 점이다. 학창시절 그는 모범적인 학생이었고, 아버지가 돌아가신 후에는 착한 아들로 살았다. 자신이 좋아하는 여인이 있었지만 다른 여인과 만나 결혼했다. 낯선 곳을 여행할 생각은 안 했고, 특히 바다를 건널 생각은 아예 하지 않았다. 그러나 이런 자발적 협력은 '저절로' 이루어진 게 아니라 누군가의 '개입'에 따른 결과다. 국제질서와 닮았다고 봐야 할 마지막 지점이다. 무려 30년이란 긴 시간이라해도 트루먼으로서는 뭔가 이상하다는 것을 눈치챌 만한 충분한 시간이었다. 그런데 못 그랬다. 왜? 몇 개 장면을 통해 그 이유를 추측해보자.

하늘에서 난데없이 조명등이 떨어졌을 때가 그런 장면의 하나인데 누가 봐도 조명등이었고, 트루먼도 고개를 갸웃했다. 제작진은 이런 의문조차도 그냥 내버려두지 않았는데 라디오에서 나오는 뉴스를 통해 비행기의 잔해라는 '논리적' 설명을 전달했다. 죽었던 아버지가 돌아왔을 때는 '기억상실증'이 원인이었다는 과학적 의견을 제시했고, 실비아가 끌려갈 때도 "제 딸은 허언증 환자로 당신이 처음이 아니다"라는 말로 트루먼의 의구심을 없앴다. 전쟁, 금융위기, 내정간섭 등이 있을 때 미국 정부와 언론이 특정한 관점의 메시지를 전달함으로써 여론몰이를 하는 장면이 겹쳐진다. 다른 장소로 이사 갈 생각을 하지 않게 된 것도 친구 말론이 반복해서 보여준 "지상에서 가장 살기 좋은 곳"이란 신문 기사와 관련이 있다. 러시아를 비롯해 미국의 정책에 반대하는 국가에 대해서는 '규범 파괴자'라는 낙인을 찍으면서 자신들은 질서의 수호자로 포장하는 것과 매우 흡사하다.[71]

전 세계에 흩어져 있는 시청자 역시 설득과 회유의 대상이었다. 그들은 왜 트루먼에게 진실을 전달할 생각을 하지 않았을까? 트루먼이 인간으로서 누려야 할 당연한 권리를 부정당하고 있다는 데 대해 왜 분노하지 않았을까? 크리스토퍼의 방송 인터뷰에 그 답이 있다. 그는 트루먼이 진실을 알고자 했다면 얼마든지 가능했다는 점과 자발적으로 이 쇼에 머물러 있다는 점을 거듭 강조했다. "트루먼, 진실은 내가 만든 이 세계에 있어… 이곳에서 너는 그 무엇도 두려워하지 않아도 돼. (…) 네가 원하면 떠나도 돼. 그걸 막지는 않아. 그러나 이곳을 나가면 너는 생존할 수 없어. 어디로 가야 할지 뭘 해야 할지도 너는 몰라. (…) 난 네 인생 전체를 지켜봤어. 네가 첫걸음을 뗄 때, 말을 처음 할 때, 첫 키스조차도. 네가 너를 아는 것보다 내가 너를 더 잘 알아"라는 말도 했다. 미국의 대통령 윌리엄 맥켄리 William McKinley가 필리핀에 대한 지배를 정당화하면서 내세웠던 '자애로운 동화'정책을 연상시킨다. 주권을 행사할 만큼 성장하지 못한 국민이기 때문에 미국의 보호를 받는 게 오히려 축복이라는 시각이다.

영화 속 트루먼처럼 국제사회 대다수는 이런 미국의 주장을 오랫동안 받아들였다. 칼자루를 쥔 쪽은 군사력·경제력·과학기술 등 모든 걸 가진 미국이었다. 얼핏 봐서는 잘 안 보이지만, 자세히 보면 곁에는 항상 분신처럼 행동하는 앵글로색슨 국가들이 있다. 전쟁을 하든, 무역을 하든, 외교 문제든 미국만 상대한다 해도 버거운데 이들 모두와 싸워야 한다면 가능한 한 안 하는 게 맞다. 더구나 세상은 너무 넓고 각자가 처한 상황을 정확히 알기도 어려운 터라, 스스로 선택한 길이라면 굳이 딴지를 걸 계제가 아니었다. 앞서 〈헝거게임〉에서도 보았듯 미국과 영국 등 서방 미디어가 전 세계의 눈과 귀를 대신해주는 상황이라 누군가 트루먼과 같은 상황에 처해 있다 하더라도 직접 들을 수도, 볼 수도 없어서 독립운동을 공산혁명이라 한들 그게 아니라는 걸 확인할 엄두를 못 낸다.

그렇지만 여전히 풀리지 않는 숙제가 있다. 굳이 미국이 이런 방식으로 국제사회에 개입할 할 필요가 있었을까? 전쟁 직후라 모두가 미국만 쳐다보는 상황이었는데 그냥 가만있어도 되지 않았을까? 다시 말해, 미국은 그렇게까지 할 무슨 동기가 있었고, 그게 얼마나 절박했으며, 과연 그럴 역량이나 준비, 의지는 있었을까?

# 불멸의 심리전

무려 두 차례나 세계대전이 일어났다. 영국에 이어, 또 영국의 도움을 받아 연합제국을 건설한 미국은 이 오류를 반복하고 싶지 않았다. 해결책은 뭘까? 몇 개의 중요한 전선에 따라 맞춤형 전략이 나왔는데 그 첫번째는 패전국이 된 독일, 일본, 이탈리아 등과의 전선에 대한 전략이다. 이는 전리품으로 뺏은 영토 일부를 군사기지로 만들고 미군이 직접 주둔함으로써 군사적 위협을 없애 해결할 수 있었다.

두번째 전선은 같은 승전국이지만 힘이 빠진 과거 제국들인 프랑스, 네덜란드, 덴마크 등과의 관계다. 여기엔 전후 재건과 안전 보장을 조건으로 질서에 대한 참여를 끌어낸다는 것. 전후 이른 시간 안에 정치적 안정과 경제 발전이 달성되지 않으면 국민의 불만이 폭발하고 급기야 혁명으로 치달을 수 있다는 점에서 옛 제국들로선 거부하기 힘든 제안이었다. 과거의 식민지를 계속 유지하는 건 불가능하다는 점도 설득한다.

세번째 전선은 전승국이 된 소련과 그 주변에 있는 동유럽으로, 소련은 이제 군사력에서는 누구도 무시하지 못할 상대가 됐다. 전쟁에서 승자가 되면서 동유럽까지 자신의 영향권을 넓힌 상태라 미국의 개입이 없으면 유럽 전체가 간섭 받기 십상인 상황이다. 그래서 등장한 게 북대서양조약기구NATO이다. 전리품으로 나눠준 동유럽도 중립화 지역 또는 자유주의 진영으로 편입시키는 게 더 좋다. 전쟁 이후라 경제적 도움이 필요한 곳이 많다는 게 그러기에 유리한 조건이었다. 경제적 지원을 약속하는 한편으로 내부의 민족주의를 부추기면 새로운 지배자가 된 소련을 '공공의 적'으로 만들 수 있다. 마침 그리스 지원을 둘러싸고 유고슬라비아의 티토와 스탈린이 갈등을 빚게 된 게 기회였다. 사회주의 진영에 대해 독단적으로 구는 소련을 중국의 모택동도 마땅찮게 여기던 때라 적색 제국주의라는 낙인을 통해 이런 불만을 부추겼다.[72] 여기다 전쟁의 후유증이 심각하다는 걸 이용하는 차원에서 멋진 집에서 풍요롭게 살아가는 미국의 모습을 보여주어 먹고살기 힘든 소련과 동구권 내부에서 동요가 일어날 것이라는 계산도 했다.

전선 중 마지막 네번째는 식민지에서 독립한 신생국 집단으로, 숫자만 많았지 경쟁력은커녕 제 한 몸 지킬 힘도 없는 무리다. 멋진 신세계를 꿈꾸고 있어도 국가 경영을 해본 경험과 이를 감당할 만한 인물이 없는 곳이 많았다. 그래도 몇 가지 공통점은 제국주의에 대한 거부감이 매우 높고, 왕과 일부 특권층이 다스리는 과거의 질서를 거부한다는 데 있다. 국가의 청사진으로 어떤 길을 갈지는 아직 선택하지 못한 상태지만, 방향은 대강 정해져 있는 셈이다. 당시는 민족주의와 민주주의가 부정할 수 없는 시대정신이었다. 먹고사는 게 문제인데 자본주의 모델은 불편했고 더욱이 대공황이라는 부작용도 목격했던 터다. 국가 재건에 필요한 재원을 마련하기 위해서는 제국과 그 부역자들이 장악한 희소 자원에 대한 통제권도 되찾아 와야 한다. 자연스럽게 사회주의 모델로 기울 수밖에 없었고, 막강한 독일을 전쟁에서 이기고 짧은 시간에 후진 농업국에서 공업국으로 성장한 소련 모델에 자연스럽게 시선이 간다.

미국과 영국 등은 이런 상황을 잘 알았다. 이에 대한 대응책은 무엇이었을까? 무력 개입이나 쿠데타 등은 아무래도 최후의 수단이 되어야 한다. 우선은 자유주의적 국제질서LIO를 받아들이면 미국의 지원을 받을 수 있고 이를 통해 꿈을 이룰 수 있다고 설득하는 일이다.

목표가 정해졌으니 방법만 찾으면 된다. 전쟁 전과 비교했을 때 국제사회의 의사결정 구조는 더 복잡해졌고 제국들 간

타협할 수 있는 시대도 지나갔다. 게다가 UN을 통해 개별 국가의 주권을 보장한다고 미국은 이미 공개적으로 약속한 상태였고, 20세기 초반 이후 대외정책의 주요 변수가 된 여론Public Opinion을 무시하는 것도 바보짓이다. 공감과 동의Hearts & Minds를 얻는 일은 이제 선택이 아니라 필수가 됐다. 따라서 이에 대한 전략은 크게 두 가지다. 하나는 제도적 장치를 마련하는 일이다. 그래서 등장한 게 1945년의 유네스코UNESCO와 이듬해인 1946년에 들어선 유엔인권위원회 등이다. '세계인권선언'도 1948년 UN 총회를 통과한다. 단순한 방향 제시에 그치지 않고 실천방안을 제시한 건 유네스코다. 문화·과학·정보 등의 교류를 통해 서로 배우고, 차이를 이해하고, 공존의 길을 찾아보자는 게 목표였다. 정보의 자유로운 소통이 없으면 불가능한 일이라 1946년 UN 총회를 통해 '언론과 정보의 자유에 관한 소위원회'도 통과시켰다.

미국과 유럽의 관점은 분명해서 국제사회가 민주주의·인권·자유 같은 규범과 함께 서구적 가치관, 생활양식, 문화를 배우면 이 목표가 달성될 수 있을 것으로 봤다. 발달한 서구사회의 과학·의학·기술 등을 전파하는 것도 꼭 필요한 일이라서 정치인·지식인·언론인 등을 대상으로 한 교환프로그램, 현장 연수, 출판과 번역사업 지원, 대중매체 등 다양한 방법이 동원됐다. 얼핏 보면 누이 좋고 매부 좋은 상황 같긴 한데, 문제는 미국의 의도를 순수하게 봐주지 않는 국제여론이었다. 전후 미국이 보여준 모습이 제국주의의 연장이 아닐까 하는 두려움을 자극했던 것. 약소국이 어떤 정치체제를 선택하든 존중하겠다고 했다가 그리스와 한국 내전에 앞장서 뛰어든 게 미국이다. 게다가 과거 자신을 지배했던 영국, 프랑스, 네덜란드, 벨기에의 뒷배가 되어 있는데 미국을 어떻게 믿으란 말인가.

미국은 이런 역풍을 어떻게 돌파했을까? 전후 질서를 유지하는 데 있어 국제사회의 동참을 끌어낼 수 있었던 미국의 힘은 뭘까? 일찍부터 발전했던 대중 설득 기술, 즉 심리전이라는 또 하나의 전략에 그 답이 있다.

## 경험치

국민을 상대로 하면 홍보Public Relations지만 전쟁에서 적을 겨냥하면 심리전Psychological War이 된다. 미국으로서는 몇 가지 유리한 조건이 있었다. 그중 하나는 민주주의를 가장 먼저 채택했다는 점이다. 영국에서 독립하는 문제, 연방제를 채택하는 문제, 대통령을 선출하는 문제, 전쟁 참여 등에서 어떤 방식으로든 국민의 뜻을 물어야 했기에 홍보로 알려진 설득 기술이 발달할 수밖에 없었다. 전화·영화·TV·위성방송·케이블·인터넷 등 커뮤니케이션 분야에서 가장 앞선 국가였다는 점도 주목할 필요가 있다. 한편으로는 돈을 벌기 위해, 다른 한편으로는 정치적 목적을 위해 미디어를 동원하는 게 당연했고, 국내 정치용이었던 홍보전략이 전쟁을 만나면서 자국민과 적국 모두를 겨냥하는 심리전으로 발전하는 것도 자연스럽다.

공공정보위원회Committee of Public Information는 1917년 4월 13일 제1차 세계대전 참전에 반대하는 국내 여론을 되돌릴 목적으로 만들었다. 언론인 출신으로 윌슨 대통령의 선거 캠프에서 일했던 조지 크릴George Creel이 책임자였다. 반전 여론을 무조건 억압하는 대신 '옹호'하는 의견을 적극적으로 생산해 '사상의 자유시장'에서 이겨야 한다는 게 그의 생각이었다. 전직 국무부 장관 로버트 랜싱Robert Lansing, 육군 책임자 뉴턴 베이커Newton Baker, 해군 최고 지휘관 조지퍼스 대니얼스Josephus Daniels 등이 위원으로 도와줬다. 단순한 자문회의가 아니라 정부의 핵심 부서로 대통령의 의중이 반영된 조직이었다는 걸 잘 보여준다. 한쪽으로는 국민의 애국심을 높이고 다른 쪽으로는 전쟁에 반대하는 단체나 개인을 공격했다. 신문·잡지·유인물·영화와 같은 대중매체는 물론이고, 교회·학교·광장 등에서 대중을 직접 만나는 연설회도 자주 열었다. 매우 성공적인 홍보여서, 위원회에 참가했던 에드워드 버네이즈Edward Bernays는 '홍보의 아버지'라는 명예까지 얻었다.

1918년 전쟁이 끝나면서 국제사회에 대한 미국의 개입은 뚜렷하게 줄어든다. 1933년 3월 4일, 루스벨트 대통령은 '착한 이웃 정책Good Neighbor Policy'도 발표하면서 중남미 국가들에 대해 미국이 더는 간섭하지 않겠다고 약속했다. 국무장관 코델헐은 "그 어떤 나라도 수권국가의 내정 혹은 대외정책에 간섭할 권리가 없다"고 선언했다. "미국은 앞으로 그 어떤 무력 개입에도 반대할 것"이라는 루스벨트 대통령의 발언도 알려졌다. 행동으로 말을 뒷받침하려고 미국 해병대는 1933년 니카라과에서 철수했고, 1934년에는 아이티 점령도 마감했다. 멕시코의 석유 국유화에 따른 보상 문제도 1938년 미국의 양보로 마무리된다. 이제 정부 차원에서 국제사회를 설득하는 작업은 당분간 필요 없을 것처럼 보였다. 그러나 잠깐 겉으로 보기에만 그랬을 뿐이다. 1939년 9월, 독일의 폴란드 침공으로 2차대전이 다시 유럽을 덮치면서 곧바로 심리전도 재소환된다.

전쟁을 총괄하는 사령탑이었던 합동참모본부 산하에 장차 CIA로 발전하게 되는 OSS가 설립된 게 그 출발이었다. 책임자는 윌리엄 도노번William Donovan 준장으로, 영국이 1909년에 만든 MI6를 방문해 자문까지 얻은 다음에 만들었다. 자매기관으로 설립된 게 국무부의 전쟁정보국OWI으로, OSS와 달리 민간인을 대상으로 한 프로파간다를 맡았다. 1942년 출범한 '미국의 소리VOA'와 1949년에 활동을 시작한 '자유유럽방송Radio Free Europe'을 통제하는 곳이다. 1953년에는 소련을 직접 공략하는 '라디오자유Radio Llberty'가 문을 열었고, 프로파간다를 담당하는 국제방송을 관리하기 위해 '미국공보처USIA'가 설치된 것도 같은 해다. 그렇다면 냉전이 끝난 후에는 심리전이 사라졌을까? 제국의 필요성이 존재하는 한 그럴 수가 없다.

그 증거 가운데 하나는 조직의 연속성으로, 국무부의 관리를 받던 USIA란 조직은 1999년 없어졌다가 2001년 9.11 테러를 겪으면서 부활해 지금은 '미국 글로벌 미디어국USAGM'으로 명칭만 바뀌었을 뿐이란 점이다. 국가안보 차원에서 관리 주체는 국무부에서 국방부로 넘어갔고, 과거에는 해외로만 방송하게 하던 것을 지금은 국내 시청자도 볼 수 있도록 허용했다. 겉으로는 언론사이기 때문에 심리전의 일부라는 걸 잘 모르는 사람이 많은데 민낯은 그렇지 않다. 통제권을 가진 소속 매체를 보면 알 수 있다. 냉전 때 같은 역할을 했던 '미국의 소리' '자유유럽방송' '라디오자유' '쿠바방송국Office of Cuba Broadcasting' '자유아시아방송' '중동방송네트워크Middle East Broadcasting Networks' 등이 모두 포함되어 있다. 정권교체를 유도할 국가를 대상으로 미국의 관점과 의견을 전파하는데 중국, 러시아, 이란, 시리아, 베네수엘라, 북한, 쿠바 등이 공략 대상이다. 그 나라들이 언론의 자유가 없고, 인권을 탄압하며, 전체주의 체제를 유지한다는 게 핑계가 된다.

정부나 군산복합체가 재정을 돕는 싱크탱크 등을 통해 논리를 만들고 이를 언론을 통해 퍼뜨린 다음에는 관련 법안을 제정해 압박한다. 외교적 압박은 UN을 통해, 경제적 당근은 IMF와 WB를 통해, 또 프리덤하우스Freedom House와 휴먼라이트워치Human Rights Watch 같은 비영리단체도 여기에 활용한다.

미국의 심리전이 아니고는 설명하기 어려운 일이 계속 벌어진다는 점도 알아야 한다. 대표적인 사례 몇 개만 보자. 최근 전쟁을 일으킨 러시아의 국경 부근에서는 그간 잇따라 이른바 '색깔 혁명'이 일어났었다. 2003년 조지아의 '장미 혁명', 2004년 우크라이나의 '오렌지 혁명', 2005년 카자흐스탄의 '튤립 혁명', 2013년 우크라이나의 '유로마이단Euromaidan 혁명', 그리고 2024년 조지아 선거 분쟁 등으로 작동방식이 매우 비슷하다.

먼저, 미국은 공략 대상인 정부에 비판적인 정치인·단체·언론사를 찾는다. 국립민주화기금NED이나 국제개발처USAID 등을 통해 재정적 지원을 하는 한편, 관련 정보를 제공해 연결고리를 만든다. 해당 정부를 겨냥해 "인권과 자유에 대한 심각한 위협을 주는 독재정권"이라는 낙인을 찍으면서 정치적 소요사태를 일으키고, 그 책임을 물어 권력 교체를 위한 세몰이를 한다.[73] 미국만 하는 게 아니라 영국, 프랑스 등 우방국이 서로 돕기 때문에 정확히 누가 배후에 있는지를 알기 어려울 때가 많다.

## 중국 관련 심리전

중국에 대한 악마화도 그 연장선상에서 눈여겨볼 사례다. 2000년대 초반에는 이미지가 좋았는데, 희한하게 2017년 이후부터 전 세계적으로 중국 혐오가 폭발적으로 증가했다. 미국의 중국 견제가 시작된 때와 묘하게 겹친다.

사실 대만이 지키고 있던 유엔 안전보장이사회의 상임이사국 자리를 1971년 10월 25일 중국이 차지할 수 있었던 것은 미국의 도움이 있었기 때문이다. 1972년 2월 21일에는 닉슨 대통령이 중국을 공식적으로 방문했고, 1989년 천안문 사태로 잠깐 주춤한 적은 있었어도 양국 관계는 그때부터 꾸준한 회복세였다. 미국은 또 중국이 세계무역기구wto에 가입하는 것도 도왔는데 빌 클린턴 대통령은 그 이유를 "중국을 고립시키는 선택은 제대로 작동할 수 없고" "중국 내 인권을 개선시키기 위한 최선의 방법은 고립이 아닌 관여"이며, "경제번영의 혜택을 얻고 책임을 공유하기 위하여, 중국을 글로벌 무역시스템에 통합되도록 하는 것은 명백히 미국의 이익에 부합"한다는 데서 찾았다.[74] 그러나 잘 나가던 양국 관계는 미국의 후퇴와 중국의 상승이라는 새로운 상황이 전개되면서 2010년 즈음 다시 어긋나기 시작했다.

미국으로서는 이제 중국이라는 경쟁자가 더는 성장할 수 없도록 막는 게 발등의 불이 됐다. 여기에 약방의 감초처럼 먼저 활용되는 게 '침몰하지 않는 항공모함'으로 불리는 대만이다. 한편으로는 대만 내부의 분리주의 세력을 돕고, 다른 한편으로는 그간 중국의 눈치로 미뤄왔던 무기 수출을 허용해주며 공동으로 군사훈련을 하는 방식이다. 군사적으로 중국을 포위하는 게 또 하나의 방법인데, 미국·영국·호주가 참가하는 군사협력 체계인 오커스AUKUS를 2021년 출범시키고 필리핀의 마르코스 대통령이 2022년 미군기지 설치에 대해 추가 개방한 것 등을 통해 알 수 있다. 국제사회의 악마 중 하나로 중국이 찍혔다는 건 2021년 출범한 '민주주의 정상회의'에서도 잘 드러났다. 권위주의로부터 민주주의를 수호해야 한다는 게 명분이었는데, 초청 대상국에서 중국은 빠지고 대신 대만이 포함된 것이다. 중국을 "권위주의, 부패, 인권 탄압, 통제와 검열 국가"와 같은 부정적 이미지로 덧칠하기 위한 외교적 노력이다.

이 대열의 맨 앞에서 깃대를 잡은 건 정부와 의회의 재정지원을 받으며 간접 통제를 받는 국립민주화기금NED, 국립민주연구소National Democratic Institute, 프리덤하우스, 의회연구소CRS 등이다. 특히 NED의 활약이 눈부셔서 중국 신장과 위구르 지역의 독립운동을 하는 '세계위구르의회World Uygur Congress', 티벳의 자치를 주장하는 '티벳행동단체Tibet Action Institute', 중국에서 종교활동의 자유 등 인권운동을 하는 '차이나에이드ChinaAid' 등에 재정지원을 한다. 겉보기엔 비영리재단으로 보이는 '공산주의희생자추모재단VOC'•, '중국항공우주연구소China's Aerospace Studies Institute', '제임스타운재단Jamestown Foundation', '아메리카기업연구소AEI', 랜드재단, CSIS 등도 이 대열에 합류한다.

중국의 위협이 커질수록 떡고물이 많이 떨어지는 군수업체가 지원하는 싱크탱크가 많다는 점도 흥미롭다. 그중의 하나인 '신미국안보센터CNAS'는 군수업체 부즈앨런해밀턴Booz Allen Hamilton의 이사회 멤버로 클린턴 행정부에서 국방차관보를 지낸 마이클 플로노이Michele Flournoy와 바이든 행정부에서 아시아태평양 조정관으로 일했던 커트 캠벨이 공동으로 설립한 곳이다. 하버드대학 케네디행정대학 산하의 '벨퍼센터Belfer Center'도 이 범주에 포함되는데 전직 국방장관을 역임한 애쉬튼 카터와 CIA 국장 출신의 존 더치John Deuch 등이 상임이사로 일한다. 국제사회를 겨냥한 심리전에서 미국이 상당한 사전 지식을 축적한 상태라는 것과, 지금 이 순간에도 이를 잘 활용하고 있다는 것을 볼 수 있다.

S-M-C-R-E라는 커뮤니케이션 모델을 여기에 적용해보면 좀 더 정확한 진실에 다가설 수 있다. '누가(Source) 무엇

---

• VOC의 본부는 워싱턴 DC다. 반공교육을 목표로 1993년 의회의 지원 아래 설립된 싱크탱크다. 신장 희생자 데이터베이스(Xinjiang Victims Databsse)와 신장 경찰 파일(Xinjiang Police Files)을 운용한다.

을〔Message〕어떤 통로를 통해〔Channel〕누구를 대상으로
〔Receiver〕무슨 효과〔Effect〕를 위해서'를 줄인 말이다. 먼저
정보전달자 또는 메시지 전달자 'S'로서 미국이 가신 매력을 살
펴보자.

## 송신자, 미국의 매력

'트루먼 쇼'는 무려 30년이나 장수한 프로그램으로, 다른 제
작진은 몰라도 감독 크리스토퍼는 처음부터 그 자리를 지켰다.
투자자를 모으고, 시나리오를 쓰고, 연출하고, 쇼를 운영하는
전반에 걸쳐 탁월한 역량이 없으면 불가능한 일이다. 국제질서
를 미국이 관리하고 있다는 가정이 성립하기 위해서는 미국도
이 정도의 역량을 갖고 있다는 걸 증명해야 한다. 일개 쇼도 아
니고 방대한 규모, 많은 국가, 복잡한 정치적 변수를 고려할 때
이만한 능력을 갖추는 건 불가능에 가깝다.

그러나 앵글로색슨계가 공동으로 운영하는 연합제국이면서
미국이 가문의 관리자로서 앞장서고 있는 상황이라면 가능한
일이다. 앞서 살펴본 것처럼 전후 미국은 군사력과 경제력에서
경쟁상대가 없었고, 대영제국을 승계함으로써 정보 분야에서
도 앞섰으며, UN에서도 늘 유리한 고지를 차지해왔다. 한때는
'대영제국 공영권'에서 지금은 '공영권'으로 불리는 국가만 해
도 56개나 된다. 미국의 거수기는 아닐지라도 꼭 필요할 때 정

말 요긴하게 도움을 준다. 한발 더 나아가 미국은 제국의 주인이 되기 위한 단계를 착실하게 밟았다.

뜻밖에도, 1980년대 말부터 중국 정부가 내세워온 국가 전략의 단계들을 가져다가 거꾸로 과거의 미국에다 적용해도 기막히게 잘 들어맞는다. 첫 단계 '도광양회韜光養晦'는 중국의 덩샤오핑이 내세웠던, 칼날의 빛을 감추고 어둠 속에서 실력을 기른다는 것인데 제임스 먼로 대통령이 유럽의 제국을 향해 "미국을 건드리지 않으면 미국도 유럽 일에 관여하지 않겠다"라고 선언한 먼로주의 시대에 해당한다. 1823년부터 내전이 발발한 1860년대를 거쳐 1898년까지 이 방침은 계속되었다. 영국이라는 든든한 후원자 덕분에 미국은 그 사이 중남미를 자신의 뒷마당으로 만들 수 있었다.

이어 장쩌민 시대를 맞아 중국이 꼭 해야 할 일이 있으면 피하지 않고 문제를 해결하겠다고 선언한 '유소작위有所作爲'는 1900년대에 접어들면서 시작된다. 당시 미국 대통령은 테오도르 루스벨트로, 전함 16척을 포함한 대규모 함선을 모두 흰색으로 도색한 '대백색함대Great White Fleet'가 전 세계를 일주한 때다. 함대는 1907년 12월 16일 버지니아주의 햄프턴 로드 항구를 떠나 1909년 2월 22일 귀항했다. 국제사회를 향해 "미국이 존재한다는 것을 기억하라"라는 메시지를 전달하는 게 목표였다. 전쟁에서 스페인을 물리친 이후 필리핀 등을 식민지로 만들고, 신흥 제국이 된 독일 및 일본 등과 협력을 늘려가던 시기이기도 했다. 1917년에는 유럽의 전쟁에 참여해 그 잠재력을 잠깐 보여줬지만, 곧 고립주의 정책으로 회귀했다. 영국 등과 함께 1918년 러시아 내전에 개입했다가 금방 철수한 게 그 증거다.

마지막 단계인 '분발유위奮發有爲'는 떨쳐 일어나 할 일은 하겠다는 마음을 행동으로 옮긴다는 뜻으로 2013년 취임한 중국의 시진핑 주석 시대를 일컫는데, 이는 미국이 제2차 세계대전에 참여했던 1941년 전후로 볼 수 있다. 마침내 미국의 시대가 열렸고 지도자의 책임을 지는 게 국제사회를 위하는 사명이라고 인식한 시기라 하겠다. 미국의 경험, 미국의 가치, 미국의 종교, 미국의 시스템을 중심으로 국제사회를 재편하겠다는 야망이 깔려 있었다. 전쟁으로 모든 것이 파괴된 유럽으로서는 미국의 개입을 오히려 반기는 상황이었고 평화, 정치적 안정, 경제 발전에 목말랐던 국제사회 다수의 상황도 비슷했다. 미국은 가장 먼저 대통령을 선출한 나라였고, 혼자 힘으로 경제 발전을 이뤘고, 다른 제국과 비교하면 식민지 규모도 적었다. 미국이 하는 말, 미국이 권하는 정책, 미국식 생활방식은 그래서 모방의 대상이 될 만한 자격을 갖췄다.

말만 하는 게 아니라 옳은 일에 대해서는 행동에 나서는 영웅의 모습도 보여줬는데, 1948년 12월 10일 UN 총회에서 통과된

'세계인권선언'이 그랬다. 제1조에 "모든 인간은 태어날 때부터 자유로우며 그 존엄과 권리에 있어 동등하다. 인간은 천부적으로 이성과 양심을 부여받았으며 서로 형제애의 정신으로 행동하여야 한다"는 내용이 나온다. 당시 미국의 UN대사는 엘리너 루스벨트Eleanor Roosevelt로, 테오도르 루스벨트의 조카이기도 했던 그녀는 1933년부터 1945년까지 대통령을 지낸 프랭클린 루스벨트의 부인이다. 평범한 아내가 되기를 거부한 인물로, 특히 여성과 아프리카-아메리카에 대한 차별 문제에 관심을 쏟았다. 1946년 발족한 UN 인권위원회의 초대 의장이 되어 작업을 시작한 게 인권선언이다. 프랑스 소르본에서 열린 인권회의를 통해 "자유를 한 번이라도 맛본 사람은 다시는 노예 상태로 돌아갈 수 없다. 인간이 누려야 할 기본적인 권리를 박탈당한 인간은 그 상태에 절대 만족하지 않을 것"이라고 말했다.

영웅의 자기희생을 보여준 또 다른 사례는 '제4의 대외정책' 정도로 번역할 수 있는 'Point Four Program'이다. 1949년 1월 20일, 트루먼 대통령은 연임을 시작하는 취임식 연설에서 "미국의 과학적 성취와 기술적 진보를 활용해 제대로 발전하지 못한 지역의 경제성장과 삶의 여건 개선을 돕는 과감한 계획이 필요합니다. (…) 우리가 이들에게 나눠줄 수 있는 자원은 제한적입니다. 그러나 기술적 진보를 통해 미국이 얻은 자원은 값을 매길 수 없으며 앞으로도 고갈되는 일은 없을 겁니다"라고 말했다. 마셜플랜을 통해 미국이 유럽만 챙긴다는 비판이 높았던 터라 제3세계를 포섭할 필요성도 중요해진 상황이었다. 미국이 가장 앞서 있었던 농업·공업·공중보건 분야의 경험치를 국제사회와 나누겠다는 의미에서 국무부 산하에 '기술지원그룹'이 곧바로 설치된다. 의회도 1950년 6월 '해외경제지원법'을 통과시켜 1년 기준으로 2500만 달러의 예산을 배정했다. 최초로 지원을 받은 국가는 이란이었고, 뒤이어 파키스탄, 이스라엘, 요르단 등도 이 프로그램의 혜택을 받았다. 그중에서도 최대 수혜 국가는 민주주의를 유지하기로 약속한 인도였는데 댐 건설, 의료시설 확충, 학교 증설 등의 지원을 받았다. 지금은 미국국제개발처USAID로 이름을 바꿨는데, 미국의 우방이 되겠다고 약속한 국가만 대상으로 했다는 점은 비판을 받을 수 있어도 부유한 자본주의 국가 미국이 가난한 나라를 돌본다는 인식을 줬다.

커뮤니케이션 모델 가운데 메시지(M)와 효과(E)는 제국이 주도하는 심리전이라는 것을 통해 대략 짐작할 수 있으므로 전달 수단에 해당하는 채널(C), 즉 국제사회가 어디서 미국을 만나게 되는지 그 통로로 넘어가보자.

## 만남의 통로

국제사회는 미국을 어떻게 만날까? 미국을 직접 방문해서 경험하는 것이 하나다. 정부와 민간단체의 교환 혹은 연수 프로그램, 또는 풀브라이트 장학금 등의 도움을 받아 미국 대학에서 짧게는 6개월에서 1년 정도 공부하며 친구도 사귀고, 일상을 구경하고, 미국 사회가 어떻게 작동하는지 등을 배운다. 미국이 전 세계로 영향력을 확대하면서 직접 만날 기회도 많아졌다. 한국처럼 미군이 주둔하면 군부대 주변에서 만날 수 있고, 학교에서도 만나는데 미국으로 유학을 다녀온 지식인과 번역사업에 대한 지원 덕분이다. 그렇지만 이렇게 만나는 미국은 매우 제한적일 수밖에 없어서 영화·잡지·언론 등을 포함하는 대중매체에 비하면 지극히 적다. 지금은 미국이라는 '창'을 통해야 세상을 보고, 듣고, 말할 수밖에 없는 세상이다.

먼저 영화 분야를 보면, 2022년 기준으로 전 세계에서 가장 많은 영화를 생산하는 회사는 유니버셜픽처다. 워너브라더스, 콜롬비아픽쳐스, 월트디즈니픽처, 파라마운트 등이 2위에서 5위를 차지한다. 10위권에 속하는 라이온게이트Liongate, 20세기폭스, 와인스타인Weistein Company, 메트로-골드윈-메이어MGM Studio, 드림웍스DreamWorks Studios 등도 모두 본사가 미국에 있는 기업이다.[75] 언론 쪽은 어떨까? 과거에는 국내 언론을 통해 간접적으로 접했으나, 지금은 언제 어디서나 바로 접속할 수 있어 미국 언론의 위상은 오히려 커졌다고 보는 게 맞다. 블룸버그통신사를 비롯해 CNN, FOX, CNBC, NYT, WSJ, WP 등을 만나는 건 너무 편하고 익숙하다. 언론사와 경쟁하는 SNS 분야에서도 미국의 경쟁상대는 없다.

방문객 기준으로 했을 때 섬유율 세계 1위 업체는 페이스북이고 유튜브는 2위, 인스타그램은 3위, 또 왓츠업이 4위다. 미국 캘리포니아에 본사가 있는 메타Meta Platforms는 이 중에서 페이스북, 왓츠업, 인스타그램의 주인이다. 유튜브는 구글의 자회사다. 중국 기업으로는 틱톡TikTok과 위챗WeChat 등이 있지만 중국인을 빼면 국제사회 점유율은 그렇게 높지 않다. 그런데 누구나 자유롭게 콘텐츠를 올리고 공유할 수 있는 SNS도 심리전과 관련이 있을까? 정확한 분석은 어려워도 이 관계를 보여주는 몇 개 장면이 있다.

우선, 공룡 IT기업 입장에서 보자면 미국의 국방부Pentagon, 국토안보부Homeland Security, 국무부State Department, FBI과 CIA 등은 엄청난 고객이라는 점이다. 정보통신이 중요해지면서 계약 건수와 액수가 천문학적으로 늘고 있다. 마이크로소프트와 애플 등은 데이터 저장·교환·분석에 관한 기술과 장비를 판매하고 관리한다. SNS 업체들은 정부가 원하는 홍보도 대행해준다. 국가안보 혹은 테러리즘과 관련이 있는 정보를 검색하고, 관련 정보가 포함된 콘텐츠를 차단하고, 또 위협이 될 만한 사이트·인물·단체 등의 정보를 제공한다. 법원의 영장을 받아 합법적으로 진행되는 것도 있지만 대부분은 법의 테두리를 벗어난다. 게다가 이런 일은 대체로 사람이 손으로 하는 게 아니라 알고리즘이나 인공지능을 통해 이루어진다. 내부 전문가의 양심선언이 없으면 알기 어려운데 가끔 뉴스를 통해 일부가 노출될 뿐이다.[76]

다음으로, 이들 거대 IT 업체에서 근무하는 주요 인물이 정부 부처, 군산복합체, 주요 대학과 연구소 등을 오고 가는 '회전문' 인사의 혜택을 보고 있다는 점이다. 한 예로, 국무부에 근무하던 제라드 코헨Jerad Cohen은 구글, FBI의 스티브 판델리데스 Steve Pandelides는 아마존, 국토안보부의 조셉 로젝Josphe D. Rozek 은 마이크로소프트로 이직했다. 펜타곤이 운영하는 국방혁신 위원회에는 구글의 전직 CEO 에릭 슈미트Eric Schmidt를 비롯해 아마존의 제프 베조스Jeff Bezos, 링크Linkin를 설립한 레이드 호프만Reid Hoffman과 인스타그램의 마른 레빈Marne Levine 등이 참여한다.[77] 오는 게 있으면 가는 게 있다는 말이 틀린 게 아니라면 이들이 미국 정부와 협력하는 게 어찌 탓할 일이겠는가.

펜타곤과 할리우드의 관계에서도 닮은 점이 많아서 할리우드 영화 중 상당수는 펜타곤의 지원을 받는다. 대본을 상의한다는 조건만 충족되면 비행장, 전함, 전투기, 탱크, 훈련소, 의복, 전투병 등의 지원을 받을 수 있다. 해리슨 포드가 주연한 〈에어포스원〉(1997)을 비롯해 〈아폴로13〉 〈아마겟돈〉 〈블랙호크다운〉 〈딥임팩트〉 〈고질라〉 〈아이언맨〉 〈킹콩〉 〈미드웨이〉

〈자료12〉 미식축구 개막전 광경. '위대한 미국'을 온몸으로 느끼게 만든다.

〈탑건〉〈트랜스포머〉 등이 그렇게 제작된 영화다. 영국에서 만든 첩보물 007시리즈 중 〈골드핑거〉〈썬더볼〉〈라이선스 투 킬〉〈골든아이〉〈투머로우 네버다이〉도 도움을 받았다. 영화만 그런 게 아니라 뮤직비디오, 비디오게임, 미식축구NFL, 프로자동차경주NASCAR도 펜타곤의 협력 대상이다. 2011년에서 2015년에 걸쳐 무려 600만 달러의 지원금이 14개 프로구단에 지급된 것으로 알려진다.[78] 한편으로는 애국심을 높이고, 다른 한편으로는 군대와 군인에 대한 존경심과 신뢰감을 높이는 게 목표다. 그래야 더 많은 청년이 군대에 자원입대하고, 정부와 의회는 더 많은 예산을 배정하고, 국민은 펜타곤이 뭘 하든 좋게 볼 것이기 때문이다.

대표적인 게 〈자료12〉의 미식축구 개막전이다. 국제사회는 물론 많은 미국인은 이런 화려하고 웅장한 볼거리를 통해 일종의 가상현실에 놓인다. 하늘에는 군용 헬기가 요란하게 날고, 경기장 한가운데는 대형 성조기가 펼쳐진다. 개막전 혹은 결승전 때는 미국 대통령이 의장대의 사열을 받으면서 직접 참석하기도 한다. 엄숙한 의식을 치른 후에는 〈성조기여 영원하라〉가 울려 퍼진다.

오, 그대는 보이는가, 이른 새벽 여명 사이로/ 어제 황혼의 미광 속에서 우리가 그토록 자랑스럽게 환호했던/ 넓직한 띠와 빛나는 별들이 새겨진 저 깃발이, 치열한 전투 중에서도/ 우리가 사수한 성벽 위에서 당당히 나부끼고 있는 것이/ 포탄의 붉은 섬광과 창공에서 작렬하는 폭탄이/ 밤새 우리의 깃발이 휘날린 증거라/ 오, 성조기는 지금도 휘날리고 있는가/ 자유의 땅과 용자들의 고향에서.

TV를 통해서 보든 아니면 현장에 있든 이런 만남은 뜨겁다. '위대한 미국'을 온몸으로 느끼며 전율한다. 이 노래의 배경을 알고 있다면 감격은 더해진다. 작사자는 프란시스 스캇 키Franscis Scott Key다. 미국과 영국이 치열한 전쟁 중이었던 1814년 9월 14일에 이 시를 쓴 것으로 알려진다. 영국 군함의

밤샘 포격에도 불구하고 성조기가 꼿꼿하게 서 있는 장면에서 영감을 얻었다. 만남의 통로 'C'에서 미국이 상당한 특혜를 누리고 있다는 걸 잘 보여준다.

국제사회와 미국 국민으로 대표되는 수용자(R) 영역에서도 미국은 누구보다 앞서 있다. 목표공략층이 누구인지, 어떤 특징을 갖는지, 어떻게 해야 잘 설득할 수 있는지에 대해 다양한 지식을 축적한 덕분이다.

## 목표공략층과 참고문헌

전쟁은 국민 모두를 애국자로 만든다. 지식인도 예외가 아닌데, 해외에서 망명해온 학자들은 더 절박하다. 국내라면 쉽게 할 수 있을 비판이라도 가급적 자제할 수밖에 없고, 국가의 부름에는 어떻게든 달려간다. 널리 알려진 사례 중 하나가 이른바 프랑크푸르트학파, 즉 독일 프랑크푸르트대학 소속 사회연구소Institute for Social Research의 경우다.

이 연구소에 재정지원을 한 인물은 곡물사업가 집안의 부유한 유대인 펠릭스 웨일Felix Weil이었는데, 그래서인지 몰라도 책임자였던 막스 호르크하이머를 비롯해 테오도어 아도르노, 헤르베르트 마르쿠제, 에리히 프롬 등은 모두 공산주의Marxism를 신봉하는 유대인이었다. 독일인의 민족적 우월성과 반공주의를 본질로 하는 히틀러 정권에게는 목구멍의 가시 같은 존재여서 1935년 미국 컬럼비아대학으로 연구소를 이전할 수밖에 없었다. 그중에서 프란츠 노이먼Franz Neumann, 마르쿠제, 오토 키르히하이머Otto Kirchheimer 등은 OSS에서 미국 학자들과 함께 나치 정권의 속성을 이해하고, 히틀러를 반대하는 단체와 인물이 누구인지 파악하는 일을 도왔다. 이곳에서 그들은 일종의 군산학복합체Military-Industrial-Academic Complex를 형성했다.

그들이 집중해서 파헤친 연구 가운데 하나는 대중매체의 수용자가 누구인가에 대한 것으로, 록펠러재단의 후원 아래 1937년 시작한 '라디오 연구 프로젝트Radio Research Project'가 대표적이다. 연구 본부는 프린스턴대학에 있었고, 책임자는 폴 라자스펠드Paul Lazarsfeld 교수다. 저명한 사회학자였던 그는 오스트리아 출신으로 미국 컬럼비아대학에서 응용사회과학연구소Bureau of Applied Social Research를 세웠다. 대중이 왜, 언제, 어떤 방식으로 라디오와 같은 대중매체를 사용하고 있는지에 대한 최초의 종합적 연구였다. 분석 결과를 바탕으로 그가 제시한 게 '2단계 소통 모델'로, 대중매체의 메시지가 곧바로 수용자에게 전달되어 영향을 미치는 것이 아니라 중간에 있는 '여론주도층Opinion Leaders'을 통해 중재된다는 얘기였다.

'우리 편'(즉 미군)을 제대로 아는 작업도 그들이 매달린 영역이다. 지형으로 봤을 때 미국은 멕시코와 캐나다를 빼면 국경을 접하고 있는 국가는 없다. 동쪽으로는 대서양이, 서쪽으로는 태평양이 방파제 역할을 해주기 때문에 1865년 내전(남북전쟁)이 끝난 후에는 굳이 대규모 군대를 보유하고 있을 이유가 없었다. 유럽 선생(1차 세계대전)에 처음 뛰어들었던 1917년 때도 군대는 겨우 30만 명 정도였다. 본국 군인만 400만 명이었던 영국, 830만의 프랑스, 1100만의 독일, 1200만의 러시아와 비교하면 상대가 안 되는 규모였다. 제2차 세계대전 참전 직전에도 크게 다르지 않아서 당시 미군 규모는 33만 명(1939년)에 불과했다. 그러나 1945년이 되면 1200만 명으로 늘어난다. 강제로 징집된 인력이 전체 군인의 61%고 나머지는 자원병으로 90만 명의 흑인을 비롯해 푸에르토리코(5만 명), 일본계(3만 명), 중국계(1만 명), 필리핀계(1만 명), 하와이(3000명) 등이 있었다. 전투 경험도 없는 민간인이 자기 의사와 상관없이 군대에 끌려 온 상황이라 굳이 왜 싸워야 하는지 명확한 이유도 몰랐다. 탈영자 숫자는 늘어갔고, 정부로서는 뭔가 대응책을 찾아야 했는데 군인들 자체에 대한 정보가 너무 없다는 게 문제였다. 그래서 시작한 게 '미국 군인The American Soldier' 프로젝트다.

1941년 10월, 미국 육군 산하에 '연구분과'가 만들어진다. 필요한 예산은 국방부와 카네기재단에서 보탰고, 연구책임자는 사무엘 스토퍼Samuel Stouffer 교수로 그가 재직하고 있던 시카고 대학 연구팀이 합류했다. 먼저 풀어야 할 과제는 '탈영'을 줄이는 일이라 민간인 복장으로 휴가를 내보는 대신 '군복'을 입혀

내보내는 전략을 제안한다. 군복을 입은 병사는 물론 부모와 가족은 이를 통해 '국방의 의무'에 대한 태도를 바꾼 것으로 알려졌다.

전쟁이 끝난 후에는 무려 50만 명 이상의 제대 병사를 대상으로 조사를 했는데, 질문 주제가 상당히 넓고 다양했다. 전쟁에서 만난 동맹국 군인에 대한 마음가짐을 비롯해 인종혼합 전투병 구성, 장교의 지휘 역량 등을 물었다. 흑인 병사의 경우, 제대 후 계획이 무엇인지, 군대 내에서 어떤 대우를 받았는지, 급여 가운데 얼마나 저축하는지 등에 관해서도 물었다. 결과물은 1949년 4권으로 구성된 『제2차 세계대전과 사회심리학 연구: 미국의 군인 시리즈Studies in Social Psychology in World War Ⅱ』로 나왔는데 '군 생활 적응하기' '전투 경험과 그 이후' '대중매체의 효과 실험' 그리고 방법론을 다룬 '측정과 예측'이다.[79]

전쟁 포로에 관한 연구도 관심 대상이었는데, 한국전쟁이라는 좋은 실험실이 있어 가능했다. 전쟁은 1953년 7월 23일 승자도 패자도 없이 끝났다. 그때까지 참전했던 전쟁 가운데 미국이 승리하지 못한 유일한 사례였던 터라 공산주의라는 이데올로기가 제3세계 국민의 정체성에 어떤 영향을 미치고 있는지 파악할 필요가 있었다. 미국이 대량으로 살포했던 전단과 라디오를 통한 프로파간다가 실제 효과가 있었는지도 알아볼 필요가 있어서 1951년 설립된 '인간자원연구소HumPRO'•가 이 과제를 맡았다. 포로 송환 과정에서 중국과 북한으로 돌아가기를 거부한 중국 출신 45명과 북한 출신 75명이 인터뷰 대상이 됐다. 공산당이 어떻게 이들을 설득해냈는지, 미국이 내세운 자유민주주의 질서로 이들을 편입시키는 데 필요한 작업은 뭘지, 중국은 인간을 세뇌할 정도의 설득 기술을 갖고 있는지 등등 질문 내용은 다양했다. 모아진 답변들은 1968년 『전투와 포로수용소 내의 집단행동: 한국전쟁의 공산주의자 군인Mass Behavior in Battle and Captivity』이라는 책으로 묶여 나왔다.

마지막으로 주목한 대상은 '지역학Area Study'으로, 이를 통해 국제사회에 흩어져 있는 무수한 '트루먼'들에 대한 정보를 얻을 수 있었다. 영국과 프랑스 등 기존 제국들도 이와 관련한 연구는 일찍부터 해왔었는데, 통치자로선 피지배자에 대해 잘 알아야 했기 때문이다. 예컨대 1900년에 설립된 프랑스국립극동연구원École française d'Extrême-Orient은 본부를 베트남 하노이에 두었고 인류학·고고학·건축학·언어학 등 관련 분야 전문가 42명이 연구자로 참가했다. 미국이 다른 국가와 달랐던 점은 그 주제와 영역을 제국의 규모로 확대하는 한편 국가 차원의 체계적 연구 분야로 발전시켰다는 데 있다. 그 목표도 국

---

• 설립자는 심리학자 메레데스 크로포드(Meredith Crwaford)로, 정부가 요구하는 연구를 수행할 목적으로 만들어진 '연방정부 후원 연구 및 개발' 단체 중 하나였다.

가정책에 대한 전문적 자문을 할 수 있는 지식집단A Body of Knowledge 구축 및 관련 분야에서 일할 전문가를 가르칠 교사집단A Corps of Teacher을 양성하는 데까지 나아갔다.[80] 다음과 같은 질문을 과제로 던져놓고 정부, 군대, 학회, 공익재단 등이 함께 답을 찾아 나섰다.

만일 우리가 적과 동지에 대해 더 잘 알았더라면 전쟁이 이보다 더 끔찍했을까? 우리와 갈등을 겪은 사람들의 삶의 조건과 열망에 대해 보다 일찍 충분히 이해했더라면 그 전쟁들이 불가피했거나 혹은 보다 현명한 국가정책과 행위가 그것을 막을 수 있지 않았을까? 만일 우리가 다루어야만 하는 국가들과 사람들을 보다 잘 알았더라면 지속가능한 평화를 보다 빨리 앞당기고 이를 안전하게 유지할 수 있지 않았을까?[81]

연구의 중심 무대는 미국 정치학회, 사회학회, 경제학회, 심리학회 등 총 13개의 연합학회가 만든 사회과학연구위원회SSRC였다. 전쟁이 막바지로 접어들었던 1943년 6월에는 「해밀턴보고서」를 통해 전 세계를 아우르는 연구가 필요하다고 주장했다. 정부 관련 단체로는 지식사회를 위한 미국위원회American Council of Learned Societies, 사회과학연구위원회Social Science Research Council, 국가연구위원회National Research Council, 스미소니언연구소Smithonial Institute, 인종지리학위원회Ethnographic Board 등이 참여했다. 필요한 예산은 국방부와 CIA 등에서 직접 지원을 받거나 정부의 하수인이라는 비판에서 벗어날 수 있는, 그렇지만 긴밀하게 협력하는 포드재단·카네기재단·록펠러재단 등을 통하는 방식으로 조달했다. 덕분에 1946년 러시아연구소Russian Institute를 시작으로 국제연구센터CIS, 러시아연구센터 Russia Research Center, 동유럽연구소East Centra European Institute 등이 잇따라 들어섰다. 1958년 '국가방위교육법'이 통과된 후에는 UC버클리, UCLA, 조지아대, 루이지애나주립대, 미네소타대, 노트르담대, 펜실베이니아주립대, 라이스대, 로체스터대, 워싱턴대 등에도 관련 연구소가 들어섰다.

연구 대상 지역도 극동지역, 라틴아메리카, 동남아시아, 아프리카 등으로 훨씬 넓어졌다. 전쟁 중 OSS를 비롯해 정부와 국방부 등에서 근무한 경력이 있는 학자들이 앞장을 섰고, 예산과 주요 인물에서 닮은 점이 많았다. 이를테면, 1946년에 컬럼비아대학에 문을 연 러시아연구소의 초대 소장을 맡았던 제로이드 로빈슨Geoid Robinson은 OSS에서 소비에트연합USSR 분과를 맡았던 경험을 토대로 이 연구소를 세웠다. 하버드대학에서 러시아 연구를 책임지고 있었던 인류학자 클라이드 크루콘 Clyde Kluckhohn의 경력도 비슷한데, 그는 전쟁정보국과 육군이 공농으로 운영했던 '전투 의지 조사국Morale Survey' 책임자였으

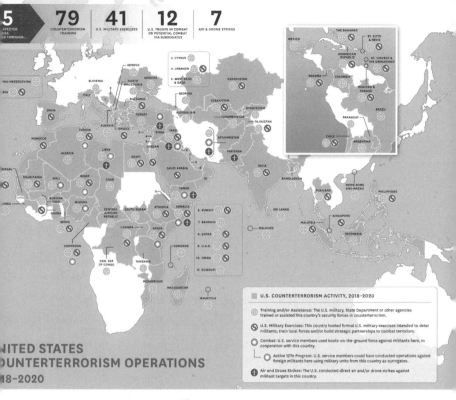

〈자료13〉 미국의 반테러리즘 현황[83]

며 그 후에는 일본에 주둔하고 있던 맥아더사령부의 특별자문

위원으로 일했었다.[82] 그밖에, 1951년에 설립한 MIT대학 부설

CIS도 CIA와 포드재단의 도움을 받아 OSS 동문이었던 막스

밀리컨Max Millikan, 월트 로스토Walt Rostow, 이시엘 디 솔라 풀

Ithidel de Sola Pool 등이 주도했다.

　국제사회의 집단정체성이 미국에 의해 관리되었을 가능성은

이런 S-M-C-R-E 모델을 통해 어느 정도 드러난다. 정리하자

면, 송신자(S)로서 미국은 매력적인 제국이었고 영화와 언론, 그리고 최근에는 SNS 등을 통해 미국이 국제사회와 만날 수 있는 지점은 정말 많았다. 〈드루민 쇼〉에 등장하는 감독과 제작진처럼 미국은 국제사회의 많은 '트루먼'들에 대해 가장 잘 알았고 엄청난 정보망을 통해 지금도 이 분야에서는 경쟁자가 없을 정도다. 그렇지만 상대를 잘 아는 것과 이를 활용해 제국을 운영하는 건 다른 문제다. 게다가 미국이 감시하고 개입해야 할 물리적 공간은 엄청날 수밖에 없는데, 〈자료13〉에서 보듯이 반테러 활동만 해도 전 세계 6개 대륙에 걸쳐 85개 이상의 국가에 개입하는 중이다.

그저 하나의 강대국 모습이라기보다는 말 그대로 '초-제국'의 모습이다. 이 정도의 활동을 제대로 해내려면 최소한 일사불란한 의사결정 체계가 있고, 제대로 알지도 못한 채 감정에 휩쓸리기 쉬운 여론에 덜 영향을 받으면서, 여기에 필요한 돈과 인력을 안정적으로 확보할 수 있어야 한다. 제국의 심장부에 자리를 잡고 있으면서 대외정책을 독점하는 특정 집단이 있어야 가능할 일인데, 정말 그런지 한번 살펴보자.

# 제국의 심장부

전체주의는 권력이 특정 개인이나 집단 혹은 정당에 집중된 국가로, 정당 간 자유로운 경쟁을 통해 정치가 이루어지는 자유민주주의와 대척점에 서 있다. 몇 가지 지표를 통해 누가 어느 진영에 속하는지 알 수 있는데, 그중 널리 알려진 지표로 '민주주의 지수Democratic Index'라는 게 있다. 영국의 정치경제분석기관 이코노미스트EIU가 특정 국가나 지역의 민주주의 수준을 "선거 과정과 다원주의, 시민의 자유 수준, 정부의 공익성과 견제 가능성, 정치적 참여와 정치 문화" 등 5개 분야의 60개 항목으로 평가해 그 결과를 매년 발표한다. 구체적으로 "선거가 자유롭고 공정한지, 유권자의 안전이 보장되는지, 정부에 대한 외세의 간섭이 있는지, 공무원의 정책 수행 능력이 적절한지" 등을 따져본다. 2023년 기준으로 전 세계 167개 국가 중 1위는 노르웨이이다. 뉴질랜드, 아이슬란드, 스웨덴, 핀란드가 2위에서 5위에 있다. 미국은 29위로 '결함이 조금 있는' 민주주의 국가에 속한다. 공산당이 권력을 독점하면서 전체주의 또는 권위주의 국가로 분류되는 러시아, 중국, 시리아, 베네수엘라, 북한 등은 최하위다.

미국 정부의 재정지원을 받는 프리덤하우스가 1973년부터 발표하는 '세계자유점수Global Freedom Scores'도 한번 보자. 자유투표가 가능한지, 표현의 자유는 있는지, 법 앞에 평등한 대우를 받는지 등을 따져서 100점 만점을 기준으로 평가한다. 2022년 기준으로 90점 이상을 받은 국가는 호주(95), 오스트리아(93), 벨기에(97), 캐나다(98), 덴마크(97), 핀란드(100) 등이다. 미국은 83점으로 '대체로 자유로운' 국가로 분류되고, 러시아는 19점, 중국은 9점, 북한은 3점이다. 참고로 한국은 83점이다.[84] 어쨌든 미국과 서유럽의 관점이 반영된 '언론자유지수Press Freedom Indcx'에서도 노르웨이, 덴마크, 스웨덴, 에스토니아, 핀란드, 아일랜드 등은 상위권에 속한다. 영국은 24위이고, 미국은 42위, 한국은 43위로 바로 뒤다. 꼴찌는 180위 북한이고, 178위의 이란, 175위의 중국, 171위의 시리아 등과 함께 하위권을 차지한다.

그런데 정치적 자유라는 관점에서 볼 때, 미국을 두고 누군가 일방적으로 명령하고 비밀스럽게 움직이는 제국이라 할 수 있을까. 실제로 미국은 언론의 자유는 물론 정부를 비판하는 말을 해도 감옥에 갈 걱정은 안 해도 되는 나라다. 정치인은 여론에 민감하고 언론은 정부·정치인·권력집단을 늘 감시한다. 국민이 자유롭게 정책에 개입할 수 있고, 누구나 표현의 자유를 누리면서, 필요할 때는 합법적으로 집단시위도 할 수 있다. 정부의 정책을 대놓고 비판하는 노암 촘스키나 하워드 진 같은 비판적 지식인이 감옥에 갈 걱정을 안 해도 된다는 점에서 중국이나 러시아와는 뚜렷이 구분된다. 다시 말해, 영화에서처럼 '트루먼' 만들기를 하고 싶어도 할 수 없는 상황에 가까운데, 그래도 제국 미국이 〈트루먼 쇼〉에 나오는 것과 같은 방식으로 국제사회와 미국 시민을 통치해왔다고 볼 수 있을까?

## 대외정책과 특권집단

우선 민주주의 국가가 분명함에도 최소한 대외정책에서는 극소수의 권력집단이 존재하는지부터 따져보자. 2024년 7월 14일자 『한겨레』에 실린 국제문제 전문기자 정의길의 칼럼 「'딥스테이트', '블로브', 그리고 한국 검찰은 무엇인가?」가 마침 이 문제를 잘 설명해준다. 2024년 선거에서 트럼프 대통령이 왜 자꾸 딥스테이트를 없애겠다고 하는지, 그게 무슨 뜻인지, 단순히 음모론을 통해 표를 얻겠다는 속셈인지, 아니면 실체가 있는지 등에 관한 궁금증을 풀어준다. 그에 따르면, 딥스테이트deep state란 정부 안에 깊숙이 뿌리를 내리고 있으면서 선출된 권력을 제치고 국가를 좌지우지하는 '나라 안의 나라'를 뜻한다. 비슷한 뜻으로 쓰는 '블로브Blob'에 대해서도 우리말로 번역하면 "덩어리" "떼거리" "적폐" 정도라고 말한다. "당파를 뛰어넘는 대외정책 엘리트"로 "상투적인 추정과 원칙을 들이대면서, 미국의 힘을 남용해 미국을 너무 많은 난장판으로 몰아넣은" "힐러리 클린턴, 로버트 게이츠 및 민주·공화 양당의 이라크전 지지자들이 포함"된다고 설명한다.

영국 버밍엄대학에 있는 패트릭 포터Patrick Porter 교수의 논문에는 그런 집단에 대한 더 자세한 설명이 나온다. 제2차 세계대전 직후에 등장했고, 지역으로는 뉴욕과 보스턴 등 동북부에 모여 살면서 금융권·재계·법조계·학계·정부 등에 두루 포진해 있다는 게 그의 주장이다. 대학은 예일·프린스턴·하버드·컬럼비아 등 명문 아이비리그 대학을 나오고, 고등학교 때부터 가족끼리 잘 알아서 배신할 우려가 없고, 무엇보다 미국이 세상을 이끌어야 한다는 신념에서 흔들림이 없는 무리다. 냉전의 시작은 물론이고 NATO, 한국전쟁, 인도네시아의 쿠데타와 베트남전쟁 등이 모두 이들의 작품이라는 게 포터 교수의 주장이다.[85]

앞에서 살펴본 로즈 장학생 일부 및 CFR 회원들의 생각과 많이 겹치는데, 이 주장이 나온 건 사실 꽤 오래전이다. 1956년

『파워 엘리트』란 책을 발표한 컬럼비아대학의 라이트 밀즈 Wright Mills 교수가 대표적 학자다. 권력 구조에서 로마제국과 미국은 많이 닮았다는 게 그의 생각이었다. 과거 로마에서는 트리움비르Triumvirs로 불린 3명의 집정관이 최고권력을 장악했지만, 미국에서는 패거리로 활동하면서 각각 재계·군대·정부에 흩어져 있다고 봤다. 그중 첫째 그룹은 비즈니스 엘리트로, 공업화와 자유무역을 통해 급성장한 200개에서 300개 정도의 대기업 소유주 혹은 주주 집단이다. 둘째는 전쟁과 NSCNational Security Council 법안 통과 등으로 권한이 집중된 정부의 관료 엘리트이고, 셋째 부류는 군대와 정보기관 엘리트로, 장교를 양성하는 육군·해군·공군 사관학교와 국경경비대 Coast Guard Academy 출신이 많다. 물론 이들 각자는 자신이 그런 권력을 누리고 있다는 점을 부정할지 몰라도 결과는 같다고 밀즈 교수는 말한다. "미국을 다스리는 건 과연 누구일까? 그들이 한마음 한뜻으로 다스리고 있는 건 당연히 아니다. 그렇지만 그들 중 누군가 다스리고 있는 게 맞다면 그게 바로 파워엘리트가 존재하는 증거다"라는 게 그의 주장이다.[86]

## 견제는 가능한가

미국의 대외정책을 보면 이런 집단이 있다는 확증을 갖게 될 때가 많은데, 그렇지 않고서는 왜 그렇게 자주 전쟁을 하고 다른 국가의 주권에 개입하는지 이해하기 어렵다. 평범한 국민은 어디에 붙어 있는지도 모르는 아프가니스탄과 우크라이나에 천문학적인 돈과 군대를 투입하는 건 딥스테이트와 같은 존재를 상정하지 않고는 선뜻 설명이 되지 않는다. 국민이 제대로 된 감시나 평가라도 할 수 있으면 덜 억울할 텐데 그것도 아님은 대외정책과 여론의 관계를 통해 확인해볼 수 있다.

미국에서 대외정책은 여론에 따라 결정되는 게 아니라 정반대에 가깝다. 지난 2003년 이라크전쟁 때 벌어졌던 일이 그걸 잘 보여준다. 2008년 4월 20일자 『뉴욕타임스』의 「TV 평론가의 배후, 펜타곤의 은밀한 간섭Behind TV Analysts, Pentagon's Hidden Hand」이라는 기사가 그걸 잘 설명하고 있다. 언론인 데이비드 바스토David Barstow가 이 기사를 쓰면서 던진 질문은 "국제사회와 달리 미국 국민은 왜 이 전쟁에 열광했는가"였다. 당시 UN의 승인은 고사하고 영국을 뺀 프랑스, 독일, 스웨덴 등 유럽의 많은 국가가 침공을 반대했었다. 이라크에 대량살상무기가 있다고 했던 정부의 발표도 나중에는 거짓으로 판명됐고, 관타나모수용소와 아부그라이브 감옥에서 벌어진 인권 유린은 전 세계의 비난을 불러왔다. 전쟁 후에야 드러났던 진실이 애초부터 정확히 알려졌더라면 분명 상황은 달라졌을 것이란 점을 감안할 때 정부가 여론을 관리했다고 의심할 수밖에 없다.

바스토 기자에 따르면, 당시 이 작업을 총괄했던 인물은 국방장관 도널드 럼스펠드였다. 전직 국방부 장관 제레미 코헨을 포함해 조셉 랠슨과 토마스 맥너니 등 전현직 군인 75명을 동원했는데 군사작전에 대한 이들의 전문성과 애국심을 의심할 사람은 거의 없었다. 그런 만큼 그들이 펜타곤과 계약을 맺고 있는 군수업체에 고용되어 있거나 극보수 성향의 정치단체 소속이라는 것은 거의 알려지지 않았다. 펜타곤은 상황 보도에 있어서 관리할 매체도 직접 골랐는데, 다수 국민이 주목하는 24시간 뉴스 채널 FOX뉴스와 CNN을 비롯해 공중파 방송 NBC, ABC, CBS, 그리고 다양한 신문사도 포함했다.

9.11 테러로 미국이 공황 상태에 빠진 그런 특수 상황이라서 벌어진 일 아닐까 생각할 수도 있겠지만 평소라고 별로 다르지 않다. 프린스턴대학 부설 '국제연구센터Center for International Studies'를 설립한 버나드 코헨Bernard C. Cohen 교수는 1963년 발표한 책『대외정책과 언론Press and Foreign Policy』에서 정부 관계자, 언론계 고위 인사, 특파원 들을 직접 만나서 의사결정 과정과 여론의 영향력을 물었다. 전쟁이 조사에 변수가 될 수 있다는 생각에서 인터뷰를 1953년과 1954년에, 그리고 일상으로 돌아온 1960년에 한 번 더 했다. 결론은 '언론은 정부의 2중대'라는 것. 그 외의 여러 연구들도 일반적인 예상과는 달리 정부의 대외정책에 언론과 여론은 크게 영향력이 없다는 것. 이는 워싱턴대학의 랜스 베넷Lance Bennett 교수가 제시한 '인덱싱 가

설Indexing hypothesis'을 통해서도 확인된다. 언론은 대부분 정부의 대외정책을 옹호하는 쪽에 서 있고, 정부의 정책에 심각한 문제가 있어 나수가 등을 돌릴 때라야 마지못해 비판을 한다는 지적이다. 그래도 의회를 통한 행정부 견제는 가능하지 않을까? 그럼직하지만 증명된 것도 아니고 의심스럽기는 매한가지이므로 그간 의회가 통과시킨 법안을 통해 한번 확인해보자.

1940년에 통과된 '외국인등록법Alien Registration Act'은 버지니아 상원의원 하워드 스미스가 제안했기 때문에 '스미스 법'으로도 알려져 있다. 전쟁 중이라 적국인 추축국들과 협력하거나 그들을 도와 국내 안보에 위협이 될 수 있는 이민자를 처벌하는 게 목적이었다. 전쟁 이후에는 '공공의 적'으로 등장한 소련을 겨냥하는 법으로 진화해서 국내 진보세력 중 노동운동, 인종차별반대운동, 여성운동 등을 주도하던 인물을 '공산주의 연계 세력'으로 탄압하는 수단이 된다.

그 연장선에 있는 게 '국내보안법Internal Secutiry Act'인데 1950년 9월에 통과됐다. 일명 '집단수용소법'이라고 불리는데 대통령이 국가안보 비상사태를 선포할 경우, 간첩행위나 파괴 공작 등의 우려가 있거나 의심 정황이 있는 '누구라도' 집단수용소에 수용할 수 있게 했다. 설사 그랬더라도 그간 시민사회 등을 중심으로 많은 노력을 했고, 매카시즘과 같은 광기도 지나왔으니 그때와 이제는 다르지 않을까?

2001년 9.11 테러 이후의 상황을 보면 별로 달라지지 않았다라고 답할 수밖에 없다. 그걸 가장 잘 보여주는 게 1938년에 제정된 이후 지금껏 적용되는 '외국대리인등록법FARA'이다. 전쟁이 우려되는 상황이라 독일의 흑색선전을 경계할 필요가 있었고, 특히 미국 시민 중에서 독일의 앞잡이 역할을 할 수 있는 단체나 인물을 미리 확인할 목적으로 제정됐었다. 이후 냉전을 맞아 그 대상은 독일에서부터 공산권 및 미국에 비판적인 제3세계 국가로까지 확대되었고, 지금은 러시아·중국·이란, 베네수엘라 등으로 넓어진 것이다. 미국 정부가 원하는 방식으로 자의적 판단에 따라 해외 언론을 감시할 수 있다는 게 문제인데, 미국이 내세우는 정보의 자유로운 흐름이나 언론의 자유 원칙과는 정면으로 충돌한다.

이외에도 2001년 통과된 '애국법'과 2017년에 통과된 '경제제재를 통한 적대세력 대처법CAATSA' 등이 있다. 전 세계 누구라도 몰래 도청을 할 수 있고, 의심스러운 외국인에 대해서는 재판도 없이 무제한 감금할 수 있으며, 미국 정부가 판단해서 누구라도 경제제재를 할 수 있다. 그런데 자유민주주의 국가인 미국에서 어떻게 딥스테이트나 블로브 같은 집단이 그렇게 오랫동안 권력을 독점하면서 국민의 견제를 피할 수 있었을까? 냉전을 거치면서 미국이 점차 병영국가라는 괴물로 변했다고 가정하면 그것도 어느 정도 설명이 된다.

# 병영국가

'병영국가Garrison State'란 개념은 1941년 미국의 정치학자 해럴드 라스웰 교수가 처음 제안했다. 그가 혐의를 둔 국가는 나치 독일이었지만, 이를 미국에 적용한다 해도 별 무리가 없다.● 폭력에 전문성을 가진 군부와 정치 엘리트가 통치하는 국가로서, 국민의 자유는 안보 위협과 관련이 없는 일부 영역에서만 허용된다. 국가안보가 위협을 받거나 받

---

● 물론 프린스턴대학의 아론 프리드버그 교수 같은 이들은 건국 정신과 연방정부의 권한 강화에 대한 태생적인 거부감으로 인해 미국은 심지어 냉전 중에도 '병영국가'의 특징과 거리가 멀다고 주장한다. 그렇지만 그가 근거로 내세운 비교 대상은 경제력·정보·문화 등에서 압도적 우 위의 미국과 대결해야 했던 소련이었고, 그것 자체가 미국이 병영국가와 거리가 멀었다는 증거는 못 된다.

는다고 느낄 때 등장하며, 국가 전체가 거대한 군사기지가 된 상태로 보면 된다.

병영국가의 몇 가지 특징 가운데 하나는 적이 너무 많아서 누구인지 특정할 수 없다는 점이다. 보이지 않는 적은 외부에서 침입할 수도 있고 내부에 이미 와 있을 수도 있으므로 적이 될 수 있는 누군가에 대한 감시와 신속한 대응을 위한 조직이 일상의 풍경이 된다. 공동체가 처분할 수 있는 돈과 노동력의 우선순위도 바뀔 수밖에 없고, 전쟁 중이라 정부의 모든 정책은 '군사' 작전의 연장선에 놓인다.

자칫 정보가 적에게 넘어갈 수 있어 공개보다는 기밀 유지가 우선이 되고, 효율적인 작전 수행을 위해서는 권력이 독점되는 게 맞다고 본다. 사공이 많으면 배가 산으로 가듯, 지휘자가 많으면 혼선만 생긴다고 여기기 때문이다. 그래서 이와 관련한 일에 대해서는 대통령과 극소수에게 권력을 집중시켜주는 한편 최고의 전문가 집단이 정책 결정을 돕도록 하는 게 최선이 된다. 국가의 주요 업무를 잘 알면서 동질감이 강하면 더 좋을 터여서 집안끼리 잘 알고, 같은 학교 동문이라 비밀이 없고, 정부·기업·정보기관·공익재단 등에서 '회전문' 인사를 경험한 사람끼리 뭉치게 된다. 미국이 어떤 경로를 거쳐 이런 병영국가로 변해 갔는지, 그 과정에서 내부의 반발은 없었는지 등을 주요 사건을 중심으로 되짚어 가보자.

1948년 6월 18일, 「NSC 10/2 보고서」가 통과된다.[87] 보고서 제1조에 소련과 동유럽의 위성국가로 인해 미국의 활동이 방해받고 있다는 점과 이를 극복하기 위해서는 외부의 간섭을 받지 않는 '기밀 작전'이 불가피하다는 내용이 나온다. 적임자로는 전쟁 중 공개 또는 비공개로 관련 활동을 해왔던 OSS의 업무를 계승한 CIA가 뽑혔다. 국무부는 외교적 문제를 낳을 수 있다는 우려에서, 또 국방부는 군사작전이라는 이미지가 강하다는 점에서 제외됐다. 제3조의 1항에는 기획조정실Office of Policy Coordination이라는 전담 부서 설립과 합동참모본부가 지원해야 한다는 내용을 담았다. 정부 내 교통정리에 해당하는 것으로, 제4항에서는 효율성과 기밀 유지를 위해 모든 보고는 CIA 국장에게만 하고 다른 어떤 부서와 협의하지 않아도 된다는 내용을 넣었다. 다른 정부기관과 달리 예산과 조직 구성에 대해 의회에 보고할 의무가 없고, 관련 활동에 대해 공개하지 않아도 처벌받지 않고, 또 작전 수행에 도움이 되는 망명자나 외국인을 대상으로 신분 세탁을 해주거나 금전적 지원을 해도 좋다는 'PL-110'도 통과된다.● 국제사회는 이때부터 쿠데타,

---

● 의회가 CIA 등 정보기관에 대한 최소한의 통제를 할 수 있게 된 계기는 1980년 통과된 '정보기관 감독법'를 통해서다. 기밀 활동에 대한 설명과 예산 사용 내역을 가끔 확인힐 수 있다. 1975년 '징부의 정보활동에 관한 상원 득별조사위원회'를 통해 CIA와 FBI의 불법활동이 세상에 알려진 이후에 취해진 개혁조치 중 일부다.

심리전, 파괴 공작, 불법 살인, 납치와 같은 미국의 비밀공작 대
상으로 전락했다.

1950년 4월 7일에는 국방부와 국무부가 제출한 「NSC 68 보
고서」가 트루먼 대통령에게 전달된다. 국제사회의 평화와 미
국의 이익을 보호하는 데 있어 정부의 준비가 너무 부족하다는
걸 종합적으로 분석한 자료였다. 국방예산을 큰 폭으로 늘릴
것, 수소폭탄 개발에 착수할 것, 우방국에 대한 원조를 늘릴 것
등이 대응책으로 제시됐다. 유럽과 아시아 등에서 공산주의 세
력을 봉쇄Containment하는 걸 넘어 격퇴Rollback해야 한다는 목
표도 담았다. 미국을 포함한 자유주의 세계는 물론 그밖의 지
역에서도 본격적인 사상전을 통해 공산주의와 맞서야 한다는
얘기였다.

하지만 당시가 2차대전 직후인데 다시 전면전을 선언한 격이
라 반대가 적지 않았다. 그 반발 사례 중 하나가 1949년 3월 뉴
욕에서 발표된 문화예술인의 반전 성명서다. 극작가 아서 밀
러, 릴리안 헬만, 음악가 아론 코플랜드 등 저명한 작가와 예술
가들 800명이 뜻을 모았다. 스탈린과 화해하고 더 이상의 전쟁
음모를 중단하라고 요구했지만, 미국 정부는 공산주의라는 '공
공의 적'이 실질적인 위협으로 다가왔다는 것을 핑계로 이를
거부했다.

1947년에 시작된 냉전의 전선은 그리스에서 시작해 유럽 전

역으로 확대되었다. 미국 국내에서는 '빨갱이 공포'가 되살아나 대통령의 긴급명령으로 1948년에만 정부 관료 중 3만 명이 넘는 사람들이 사상 검증을 받는다. 빌리 그레이엄 목사가 LA, 시카고, 런던 등지에서 열린 부흥회를 통해 "공산주의자는 악마다!"라고 외치기 시작한 건 1949년부터다.[88] 그해 9월 소련은 핵무기 개발에 성공했고, 한 달 뒤 10월에는 공산당이 이끄는 중화인민공화국이 들어서면서 불길은 더 세게 번졌다. 이듬해 2월 9일에는 매카시 상원의원이 메모지를 흔들면서 국무부에 250명이 넘는 공산주의자가 숨어 있다고 말했다.

이런 판에 울고 싶을 때 뺨 때려준 격으로 그해 6월 25일 한국전쟁이 발발했던 것이다. 절묘한 시점에 미국이 너무도 원하던 전쟁이라 미필적 고의라는 말이 나올 수밖에 없었다. 전후질서의 기획자 중 한 명으로 앞에도 나왔던 국무장관 딘 애치슨이 하필이면 1950년 1월 12일 한반도가 미국의 방어선 '밖'에 있다고 발표했기 때문이다.

## 아이젠하워의 경고

트루먼 대통령은 1950년 9월 「NSC 68 보고서」를 승인하고 곧바로 실행에 옮긴다. 당장 1953년 국방예산은 4370억 달러로 다시 급증했다. 전쟁이 끝난 직후였던 1945년 9620억 달러에 비하면 적은 것 같아도 1948년의 940억 달러에 비하면 다섯

배가 넘는다. 게다가 공산주의라는 악마는 한두 번의 전쟁으로 궤멸시킬 수 있는 상대가 아니라서 누구도 이 전쟁이 언제 끝날지 알지 못했다. 전쟁터도 유럽을 넘어 한반도와 동아시아로, 다시 남미로 넓어졌다. 무엇보다 적의 실체가 뚜렷하지 않아서 막대한 국방예산과 국민의 감시를 받지 않아도 되는 비밀 작전 등을 모두 용납하는 집단정서가 만들어졌다.

그런데 당연히 이길 줄 알았던 한국전쟁이 교착 상태에 빠지면서 뭔가 잘못되고 있는 것 아니냐는 의문이 고개를 들기 시작했다. 2024년의 미국 유권자들이, 유럽 전쟁에 돈을 쏟아부으면서 정작 집안 살림은 거들떠보지 않는 바이든 행정부를 심판하는 것과 아주 유사한 상황이 벌어졌다. 잘못하면 정권을 잃을 수도 있다는 우려에서 당시 여당이었던 공화당의 유력 후보 로버트 태프트조차 국제사회에 대한 개입을 줄이고 다시 미국만 챙기자는 고립주의를 주장했을 정도였다. 그러나 트루먼 대통령은 이미 냉전이라는 호랑이 등에 올라탄 상태라 이전 정책을 뒤집을 수는 없었다.

그때 구원투수로 등판한 인물이 나토 사령관 출신이었던 드와이트 아이젠하워 장군이었다. 그는 고립주의를 택하는 대신에 최대한 빨리 한국전쟁을 끝내고 국방비를 줄이겠다고 약속해 대통령이 되었다. 덕분에 민주당에 정권을 뺏기는 것을 막았고, 1953년 4월 16일 공약대로 '평화를 위한 기회Chance for

Peace'를 발표했다.

  궁극적으로 볼 때 총 한 자루, 전함 한 척, 로켓 한 발은 모두 춥고
굶주린 자의 주머니에서 훔친 것입니다. 군사비 지출은 단순히 돈
의 문제가 아닙니다. 노동자의 땀과 과학자의 천재성과 우리 자녀
의 희망을 낭비하는 것입니다. 전투기 한 대의 비용이면 30개 이
상의 도시에 벽돌 학교를 세웁니다. 6만 명 인구의 도시에 충분
한 전력을 공급할 수 있는 발전소 2곳, 완벽한 설비를 갖춘 병원을
2곳, 콘크리트 고속도로 50마일을 포장할 수 있습니다. 무려 1만
3000톤에 달하는 밀에 맞먹습니다.

  국가경제 규모와 비교할 때 GDP의 거의 10%가 넘는 국방비
는 너무 많았고, 1953년 10월에 열린 회의를 통해 '관점의 전
환New Look'이라는 정책이 그 연장선에서 채택된다. 장기전에
대비해 군사력과 경제력의 균형을 맞추자는 게 목표였다. 미
국이 우위에 있는 핵무기와 공군력과 기밀 작전은 늘리면서
군사기지와 군인 규모는 줄였다. 정책 차이도 있었지만 큰 폭
의 예산 삭감 대상이었던 육군은 반발했다. 육군참모총장이
었던 매튜 리지웨이와 맥스웰 테일러 두 명이 연달아 해임되
면서 겨우 정리가 되었다.[89] 덕분에 아이젠하워 임기 첫해인
1953년 4370억 달러에 달했던 국방예산은 퇴임하던 1961년에

는 2911억 달러로 줄었다. 국방비가 줄어들면서 국민이 부담할 세금도 자연스럽게 줄었다.

비록 그랬기는 해도, 병영국가로 가는 길은 이제 누구도 막을 수 없는 상태였다. 전직 군인이었던 아이젠하워 대통령조차 직접 경고할 수밖에 없을 정도라서, 그는 퇴임식 연설을 통해 펜타곤과 군수軍需업체를 중심으로 하는 이들 전쟁광을 민주적으로 통제하지 못하면 또 다른 전쟁의 소용돌이에 말려들 수 있다고 직접 경고했다. 그럼에도 다들 그 심각성을 잘 모르고 있다가 얼결에 이번에는 베트남전이 터지고 말았다.

도대체 뭐가 문제일까? 전쟁은 왜 그치지 않을까? 정상적인 국민이라면 당연히 이런 질문을 던질 수밖에 없었고, 때마침 언론을 통해서도 그간 알려지지 않았던 비밀이 폭로되기 시작했다. 그 대표적인 사례가 1971년 6월 13일부터 『뉴욕타임스』가 폭로한 「펜타곤 보고서Pentagon Paper」로 전쟁의 빌미가 되었던 1964년의 통킹만 사건 자체가 조작된 것이었고, 미군이 양민을 학살하고 있으며, 전쟁에서 지고 있다는 내용을 담았다.

무려 8년이나 끌었던 베트남전쟁은 여론에 떠밀려 1973년 마침내 끝이 났다. 미국은 처음으로 패전국이 되었고 국민은 그 원인을 진지하게 따졌다. 그래서 가능했던 게 1976년 4월 26일의 '정부의 정보활동에 관한 상원특별위원회'다. 위원장을 맡았던 프랭크 처치 상원의원의 이름을 따서 '처치위원회

Church Committee'로 부르기도 하는데, 국내외에서 안보와 관련한 정보공작을 펼쳤던 CIA·NSA·FBI가 벌인 온갖 불법과 탈법 행위에 대해 의회가 조사했고, 그 결과를 대중에게 알렸다. 앞에서 지적했던 병영국가의 본질이 적나라하게 확인되면서 미국 사회는 물론 국제사회가 충격에 빠졌다. 과거의 제국과 다를 바 없는 민낯이 드러나면서 이 괴물을 어떻게든 통제해야 한다는 공감대가 형성되기에 이르렀다. 덕분에 지미 카터 대통령이 당선될 수 있었고, 미국은 건국 후 거의 처음으로 전쟁이 없는 '짧은' 평화시대를 맞았다.

## NSC 그리고 FBI

웬만한 괴물이면 이런 상태에서 소멸하거나 최소한 위축되는 게 정상이다. 그렇지만 군수산업이 국민경제에서 차지하는 비중이 이미 높았고, 무엇보다 전쟁을 통해 먹고사는 군산복합체의 영향력이 너무 커진 상태였다. 전쟁을 계속할 핑곗거리를 찾거나 없으면 만들어야 하는 상황에서 1979년 드디어 기회가 왔다. 그해 1월 16일, 미국이 오랫동안 공을 들였던 이란에서는 이슬람 혁명이 발생해 국왕 팔레비 2세가 망명하는 사태로 발전했다. 그해 12월 19일에는 미국의 개입을 두려워했던 소련이 아프가니스탄을 침공하는 일도 벌어졌다.

이에 괴물이 다시 소환되면서 카터 대통령은 재선에 실패하고 그 자리를 로널드 레이건이 대신했다. 1980년 2760억 달러(GDP의 4.9%)에 불과했던 국방비는 레이건 재임 8년 동안 무려 3930억 달러(GDP의 5.8%)로 치솟았다.

국제사회에 대해서도 일방주의적 정책을 폈는데, 한 예로 '커크페트릭 독트린Kirkpatrick Doctrine'을 들 수 있다. 유엔대사로 임명된 진 커크페트릭의 이름을 딴 것으로, 미국에 도움이 된다면 제3세계 국가의 독재나 인권 유린은 문제 삼지 않겠다는 정책이다. 5.18 광주학살에도 불구하고 미국의 초청을 받았던 전두환 정부가 이 정책의 수혜자였다. 공산화를 막는다는 핑계로 1983년에는 그라나다를, 또 테러리즘 예방을 구실로 1986년에는 리비아도 공습했다. 미국은 그 외에도 1983년에는 '악의 제국' 소련을 대상으로 한 '전략방위구상SDI'을 시작했다. 우주 공간에서 적의 탄도미사일을 요격하기 위한 프로그램으로 2017년 한국 성주에 배치된 고고도 미사일 방어체계 '사드THAAD'의 원조다.

그렇다면 베를린 장벽이 무너지면서 냉전도 끝난 1989년 이후에는 어떻게 됐을까? '악의 제국' 소련이 해체 붕괴하면 평화가 찾아오는 게 정상이지만, 미국은 변하지 않았다. 병영국가를 유지하기 위해서는 계속 새로운 악마가 필요했기에 냉전이 끝나자마자 이번에는 앞에서 언급했다시피 '불량국가'란 적이 다시 나타났다. 2001년 9.11 테러가 벌어진 이후에는 '악의 축'

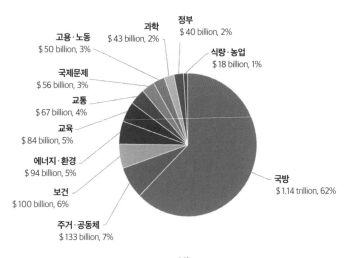

〈자료14〉 2023년 미국 예산표 (재량지출 기준)[90]

〈자료15〉 전쟁이 하나 터지면 폭증하는 세계 국방비 (한겨레, 2024.2.15)

으로 발전했고 뒤이어 아프가니스탄 전쟁(2001년), 이라크 전쟁(2003년), 리비아 전쟁(2011년), 시리아 내전 개입(2014년) 등으로 이어졌다. 전쟁이 우선순위에서 앞서면서 국민복지에 투자할 예산은 줄어들 수밖에 없는데 〈자료14〉을 보면 얼마나 심각한 상황인지 알 수 있다. 2023년 기준으로 미국 정부의 총예산은 6.1조 달러 정도가 되는데, 그중에서 반드시 지출해야 하는 부분을 뺀 재량지출은 대략 1.7조 달러다. 그런데 여기서 국방 관련 예산이 차지하는 비중은 1.14조 달러로 전체의 62%다. 주거와 공동체는 7%, 보건은 6%, 에너지와 환경은 5%, 그리고 교육도 5% 정도에 불과하다.

게다가 이런 방대한 규모의 예산, 인력, 조직을 통제하는 방식이 민주주의와는 거리가 멀다. 이 상황을 가장 압축해서 보여주는 조직이 있는데, 그중에서 대표적으로 두 곳만 살펴보자.

국가안보위원회NSC는 국가안보, 군대, 국내정책과 대외정책을 다루는 미국 정부의 최고위급 모임이다. 국가안보의 중추기관으로 성장한 건 1950년 이후로 「NSC 10/2」, 「NSC 68」, 한국전쟁 등이 맞물려 상승작용을 일으킨 덕분이다. 앞에서 설명했던 것처럼 권한이 많은데, 거기에는 미국의 국익에 위협이 되는 인물을 추적, 체포, 송환 및 살해할 수 있는 일종의 살상명부Deposition Matrix를 만들고 집행하는 역할도 있다. 과거부터 있었던 관행이지만 오바마 행정부 이후 공식적인 정책으로 채택되었다고 알려진다.

진행은 의장으로서 대통령이 맡는데 당연직 참석자로는 부통령, 국무장관, 국방장관, 에너지장관, 재무장관, 검찰총장, 국토안보부장관, 주유엔대사, 국제개발처장, 백악관 비서실장, 국

〈자료16〉 미국 NSC 회의 장면 (2014년 9월 10일 촬영)

가안보자문위원 등이 있다. 군대 서열 1위인 합참의장과 16개 정보기관을 총괄하는 국가안보국장도 참석하는 가운데 주요 사항을 결정한다.

　국가안보와 질서유지에서 독보적 권력을 누리는 또 다른 조직은 FBI다. 정보수집만 할 수 있는 CIA와 달리 피의자를 수사하고 체포할 권한도 갖고 있다. 한국에서는 광역수사대와 같은 경찰조직으로 여기는데, 그보다는 NSA와 CIA 등과 협업하는 국가안보의 핵심기관으로 보는 게 맞다. 범죄 혐의가 있는 인물에 대한 살인면허도 허가받은 영국의 MI5나 과거 KGB에서 지금은 FSB로 불리는 러시아의 보안국에 더 가깝다. FBI의 그런 면모가 잘 드러나는 주요 업무를 보면 테러리스트의 공격으로부터 미국을 방어하는 게 그중의 하나다. 외국 정보기관, 간

첩행위와 사이버 활동에서 미국을 보호하는 일도 한다. 미국 정부 산하에 있는 16개 정보기관 중 한 곳으로 검찰총장과 국가정보국장Director of National Intelligence에게 보고한다. 미국 주요 도시 56곳에 지부를 두고 있으며, 60개국 이상에 파견되어 미국 대사관을 돕는다.

워싱턴D.C에 있는 FBI 본부가 입주해 있는 건물 이름이 '에드거 후버 빌딩'이다. FBI에서 에드거 후버가 차지하는 위상이 어느 정도인지 짐작할 수 있는 대목으로, 그는 1924년 FBI 초대 국장으로 선임된 이후 1972년 죽을 때까지 무려 48년 동안 이 자리를 지켰다. 막강한 공안기관으로서 권력까지 독점할 수 있는 토양이 됐다. 전쟁 때는 나치와, 또 그후에는 공산주의라는 괴물과 싸우면서 조직을 계속 키웠다. 냉전이 시작된 후에는 각국 대사관에 특별정보국SIS을 세워 해외에 있는 정부 관료를 감시하는 일도 맡았다. 인종 차별과 전쟁 반대 등의 시위가 끊이지 않았던 1960년대와 70년대 초반에는 정치인, 종교 지도자, 시민운동가, 언론인 등을 공략 대상으로 삼아 감시인 명부Black List를 만들고, 흑색선전과 협박과 위협 등을 가리지 않았다.[91]

냉전이 끝난 후에도 불량국가와 테러리즘이라는 악마가 꾸준히 등장했다는 점을 고려하면 지금이라고 FBI의 역할이 근본적으로 달라졌을 것 같지도 않다. 2001년 9.11 이후 인력과 예산이 폭증한 '반테러분과'를 보면 잘 드러난다. 미국 내 테러 위험 방지는 물론 국제사회에서 관련 인물을 조사하고 추적하는 일을 여전히 한나는 섬에서 말이다.

제5장

# 탈제국 시대, 한국의 길은?

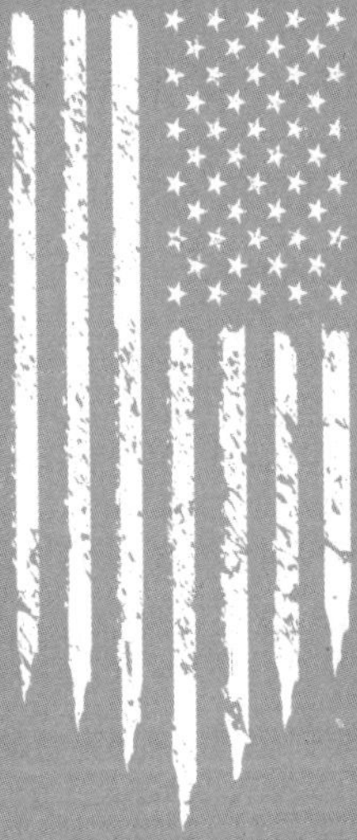

# 진단과 처방의 불일치

"우리의 역사는 도전과 극복의 연속이었습니다. 열강
의 틈에 놓인 한반도에서 숱한 고난을 이겨내고, 반만
년 동안 민족의 자존과 독자적 문화를 지켜왔습니다. 해방 이후
에는 분단과 전쟁과 가난을 딛고, 반세기 만에 세계 열두 번째의
경제 강국을 건설했습니다." (노무현)

"자본도, 기술도, 경험도 없었지만, 황량한 모래벌판에 제철소와
조선소를 세웠고, 모진 난관을 뚫고 국토의 대동맥인 경부고속
도로를 건설했습니다. 그리고 이제는 세계 최고 수준의 전자제
품과 자동차, 철강, 조선, 석유화학 제품을 생산하는 나라가 되었
고, 수출규모 세계 6위의 경제 강국으로 우뚝 섰습니다." (박근혜)

"대한민국은 이제 선진국이며, 선도국가가 되었습니다. (…) 헌정질서가 무너졌을 때 우리 국민은 가장 평화적이고 문화적인 촛불집회를 통해, (…) 정부를 교체하고 민주주의를 다시 일으켜 세웠습니다. 전 세계가 한국 국민들의 성숙함에 찬탄을 보냈습니다. 우리 국민은 위기를 겪고 있는 세계 민주주의에 희망이 되었습니다." (문재인)

지난 20년간 한국을 이끌었던 전직 대통령 세 명의 공식 발언이다. 진보든 보수든 정치적 이념에 얽매이지 않고 일치하는 부분이 몇 있다. 그중에서 으뜸은 지금의 한국이 국제사회의 당당한 일원으로 이미 선진국 대열에 들어섰다는 평가다. 출신 성분이 좋아서 남들 것을 뺏어서 여기까지 온 게 아니라 맨손으로 피땀을 흘려서 얻은 성과라는 것도 일치한다. 또한, 단순히 경제적으로 넉넉한 것을 넘어서 국제사회가 모두 부러워하는 민주주의 국가라는 점 역시 자랑한다.

그런데 우리 사회는 왜 여전히 좌파와 우파로 나뉘어서 서로 싸울까? 춥고 배고플 때면 몰라도 이제는 안 그래도 되지 않을까? 거의 내전 수준의 분열이 특히 한미동맹과 북한 문제에 집중되는 건 또 왜 그럴까? 많은 원인 중에서 가장 두드러진 걸 꼽으라면 단연코 지금 상태에 대한 '진단'과 미래에 대한 '처방'이다. 한쪽은 대체로 현재를 최선의 상태로 보면서 그 기조를 계속 유지하는 게 과제라고 보는 반면, 다른 쪽에서는 속으로 골병이 들었다고 진단하면서 경로 변경이 불가피하다고 본다. 진영은 크게 '현상 유지'와 '대안 질서'로 나뉘는 셈인데 각자가 보는 풍경이 너무 다르다.

먼저 지금에 만족하는 사람들은, 대한민국이 잿더미에서 자유와 민주주의라는 장미꽃을 피울 수 있었던 건 누구 덕분일까? 공산주의와 권위주의를 앞세운 악마로부터 누가 우리를 지켜주고 있는가? 국민을 고문하고 굶주리게 하는 독재정권 북한과 모두가 부러워하는 선진국 한국을 비교할 때 이승만과 김일성 중 누구의 선택이 옳았을까? 대한민국을 부끄러워하면서 태어나지 말았어야 할 국가로 보는 남한의 종북주사파가 우리 사회를 좀먹는 암적 존재가 아닐까? 등의 질문을 제기한다. 물음 자체에 이미 답이 나와 있어 모든 길은 '미국'으로 통한다. 지금껏 해왔던 것처럼 미국을 바라보고 가면서 북한에 대한 경계심만 늦추지 않으면 기본적으로 문제가 없다는 시각이다.

변화가 필요하다고 보는 사람들은 이 상황을 다르게 해석한다. 그들도 한국이 남다른 노력을 통해 여기까지 왔다는 것 자체는 인정한다. 다만, 이런 상태가 지속될 수 있을지에 대해 걱정한다. 지구상 유일한 분단국가면서 일상으로 전쟁 공포에 떨어야 하는 게 과연 정상이냐고 묻는다. 1994년 한국은 전쟁 3시간 전까지 내몰렸고, 2017년의 트럼프 행정부 때는 핵전쟁이 날 뻔했다는 게 이들이 제시하는 증거다. 안보를 지금처럼 미국에 의존하면 앞으로 점점 더 많은 주한미군 분담금을 내야 할 것이고, 그게 아니더라도 미국산 무기 수입을 더 해야 할 것을 우려한다. 트럼프의 대통령 당선에서 보듯이 미국 내부에서도 제국의 확장을 비판하는 마당에 언제까지 제국주의 호위무사가 될 것인지 따져보자는 견해다.

국제사회에 대한 의존도가 지금처럼 높은 상태에서 진영 논리에 젖어 한쪽만 선택하는 게 바보짓이라는 점도 강조한다. 대한민국은 2022년 기준으로 국민총소득GNI에서 수출과 수입 총액이 차지하는 비중이 100.5%다. 미국은 31.4%, 일본은 37.5%, 프랑스는 66.1% 정도에 불과하다.[92] 국제사회와 단절되어도 생존할 수 있는 수준을 보여주는 식량과 에너지 자급률에선 더 심각하다. 2022년 자료에 따르면 각각 24.1%와 18.3%에 불과하다. 러시아를 비롯해 호주, 캐나다, 인도네시아 등은 모두 100%가 넘는다. 일본(30.2%/6.0%), 벨기에(35.7%/23.7%), 포르투갈(24.9%/28.3%) 등과 비교해도 한참 낮다.[93]

게다가 한국은 자국 군대에 대한 전시작전권도 없어서 미국이 전쟁을 결정하면 언제라도 불바다가 될 수 있다. 미국이 중국을 겨냥해 반도체동맹을 꾸리거나 무역전쟁을 할 때, 또 러시아를 겨냥한 무역제재를 할 때마다 휘청거린다. 대안은 뭘까? 미국에 대한 의존도를 줄이고 대외정책에서 주인의식을 회복하는 데서 찾는다.

　사실 냉전이 한창일 때는 한국에 이런 갈등이 아예 존재하지 않았다. 반공동맹의 최전선에 서 있어 덩치보다 과도한 국방비를 지출하고 군부 독재도 참아야 했지만 대신 얻는 게 있었다. 미국이라는 든든한 후원자 덕분에 한국은 일부 공산권을 제외한 전 세계를 상대로 수출을 할 수 있었고, 안정적으로 원자재도 공급받을 수 있었다. 미국이 통제하는 IMF와 WB 등을 통해 비슷한 수준의 다른 나라보다 훨씬 유리한 조건으로 필요한 자금을 얻을 수 있었고 신용등급도 좋았다. 그런데 늘 한결같이 우리 편이라고 생각했던 미국은 1997년 외환위기가 닥쳤을 때 안면을 싹 바꿨다. 미국이 원하는 걸 모두 양보해준 뒤에야 겨우 IMF를 움직여 구제금융이 가능하게 해줬다.

　한미동맹에 대해 다시 봐야 한다는 분위기가 이때부터 자라나기 시작했고, 때마침 정부 수립 후 처음으로 야당 출신의 김대중 대통령이 당선됐다. 남북관계는 물론 중국·일본 등과 모처럼 화해 분위기가 만들어졌다. 동북아시아에서 미국이 할 일은 점점 적어졌고, 어느 순간 미국이 오히려 방해물이라는 의심도 늘기 시작했다. 그러다가 지금은 다시 냉전의 막바지 단계로 되돌아간 나머지 한국은 신냉전의 최전선에 서 있다. 다만 달라진 게 있다면 과거와 달리 그 원인을 둘러싼 논쟁이 생겼다는 정도랄까. 한쪽에서는 북한과 중국을 탓하고 다른 쪽에서는 안보 위기를 통해 얻을 게 많은 미국에 책임을 묻는다. 물론 지금까지 승자는 반공과 한미동맹을 옹호하는 진영인데, 2022년에 들어선 윤석열 정부도 여기에 속한다. 미국을 '초-제국'으로 볼 수 있다는 생각은 꿈에도 안 하는데, 그 모습이 제국맹帝國盲에 가깝다.

# 제국맹

한자어 맹盲은 '못 본다'는 뜻으로 문맹, 컴맹, 색맹 등에 쓰인다. 문맹이 무엇인가를 통해 맹의 의미를 좀 더 살펴보자. 글자를 모른다는 것은 단순히 읽지 못한다는 게 아니다. 글자로 된 안내문, 편지, 책 등을 이해하지 못한다는 뜻도 포함한다. 문자를 읽고 이해함으로써 또 애정을 갖게 됨으로써 얻을 수 있는 것에서 철저하게 배제된다는 의미도 된다. 한국 사회가 '제국주의 미국'이라는 용어를 대하는 태도가 이와 아주 많이 닮아서 '제국맹'이라고 부를 수 있을 정도다. 그렇게 봐야 할 이유 중 하나는, 제국주의는 1945년 해방과 함께 끝났다고 다수가 믿는다는 점이다. 국제사회에 대한 미국의 개입도 '지배'나 '착취'를 목적으로 한 게 아니라 평화와 번영을 위한 '보안관' 역할로 본다. 미국은 하기 싫은데 할 수 없이 '선의' 때문에 하는 것이라는 관점이다. 전쟁과 쿠데타 등을 통해 정치적·경제적 이익을 얻는 극소수 엘리트가 있다는 점에 대해서도 '음모론'으로 무시해버린다. 민주주의가 가장 발달한 미국에서 그런 일이 일어날 수는 없다고 여긴다. 덕분에 한국에서 미국 제국주의라는 주제는 '금기禁忌'가 됐다. 말로 꺼내기는커녕 감히 생각만으로도 뭔가 불경스러운 일이다.[94] 한국 사회는 왜 이런 상태가 되었을까?

복잡한 문제라 정답을 찾기는 어려워도 두 가지 가설로 접근해볼 수는 있다. 하나는, '미제美帝'라는 관점이 집단지성에 의해 스스로 폐기되었을 가능성이다. 논리적으로 맞지 않고, 경험에서도 수용할 수 없고, 무엇보다 국가에 도움이 안 되는 관점이자 이론이라는 견해다. 그래서 지식인 사이에서 스스로 없어진, 결과적으로 '자살'한 것에 가깝다.

다른 하나는, 겉보기에 자살로 보여도 실제로는 '타살'이라고 말하면서 그런 시각을 뒤집는다. 한국의 경우, 일본에 이어 미국이란 울타리에 갇혀 지낼 수밖에 없던 나머지 제국주의 관점 자체를 애초에 가질 수 없었기 때문이라는 게 근거다. 반공주의와 혹독한 사상 탄압으로 미국을 나쁘게 보는 시각이 살아남을 수 없었다는 점도 문제로 삼는다. 미국에서 공부한 지식인과 미국의 영향권에 있는 국내 언론이 제국주의를 의도적으로 부정했고, 관련 사실은 '못' 보도록 회유했다는 문제의식이 여기에 더해진다. 뭐가 맞을까? 가설이라는 점에서 둘 다 타당성이 있지만 중요한 건 한국에서 '미제'라는 단어는 아예 무관심의 대상이 되어 있다는 점이다. "그런 것 모르면 어때? 그걸 꼭 알아야 하나? 그깟 단어 하나 모르는 게 뭐가 문제인데?"라고 편하게 생각한다.

오늘의 한국에서 '제국 미국' 혹은 '미국 제국주의'는 죽은 고양이 같은 존재다. 악취를 풍기는 흉물스러운 것이라 굳이 관심을 둘 이유도 없고 눈에 띄지 않는 곳에 버려두는 게 상책이다. 그럴 수밖에 없는 가장 큰 이유 중 하나는 대한민국을 "철두철미 제1의 적대국"으로 비난하면서 "전쟁이냐 평화냐를 협박하는" 북한이 바로 이런 주장을 하기 때문이다.[95] "미제는 함부로 날뛰지 말라" "미제는 평화의 파괴자" "미제에게 무자비한 징벌을" "미국은 악의 총본산"과 같은 구호가 일상의 풍경이 된 곳이 북한이다. 적의 적은 친구가 되는 것처럼 미국은 자연스럽게 피로 맺은 '동맹국'이 되어 있다. 그러나 '미국' '제국주의'를 객관적이고 상식적인 그리고 정당한 사고체계 내로 받아들이면 많은 게 달라진다. 먼저 현실 진단에서 그간 '문제'가 되지 않았던 걸 다른 관점으로 바라볼 수 있게 된다.

동맹은 친구가 아니라 적을 공유하는 사이다. 다른 말로 하면, 공동의 적이 없으면 동맹을 묶는 구심력이 약해지기 때문에 부득이 계속 적을 만들어야 한다. 앵글로 가문은 특히 이 부문에서 탁월했는데 과거의 흔적에서 잘 드러난다. 앞에서도 나왔던 것처럼 대영세국의 엘리트들은 내전을 막기 위해 제국주의가 꼭 필요하다고 믿었다. 여기서 말하는 내전은 노동자 계급에 의한 사회주의 혁명을 가리키는 것으로, 어찌 보면 식민지를 계속 점령함으로써 영국 전체가 누군가의 복수 대상이 되도록 만들었다. '모두가 우리(영국인)를 죽이려고 하는데 당신이 노동자라고 해서 그들이 용서할 것 같아? 당신의 운명은 어차피 대영제국과 같이 갈 수밖에 없어!' 모르긴 해도 영국 노동자들은 전시는 물론 평소에도 늘 이런 설교를 들어야 했고, 제국의 팽창에 따른 떡고물의 지극히 작은 부분을 챙기는 것으로 만족해야 했다.

영국에서 자본주의가 꽃을 피운 이래, 영국이 전쟁마다 끼지 않은 적이 거의 없었다는 것도 주목할 필요가 있다. 유럽에서 영국은 프랑스·독일·러시아와 잇따라 싸웠고 그럴 때마다 '헤쳐모여' 방식으로 동맹을 규합했다. 전쟁의 원인이 워낙 복잡하다는 걸 고려하더라도 '제국'을 확장하기 위해서라면 피할 수 있는 전쟁을 군이 피하지 않았고, 그래서 애초 대화로 풀수 있는 분쟁조차도 전쟁이 아니고서는 해결할 수 없는 막다른 골목으로 몰아갔다. 그렇게 해석하지 않고는 하필이면 두번 발생한 세계대전에서 왜 계속 영국이 중심에 있었는지 이해하기 어렵다. 국제사회에서 영국의 주도권을 이어받은 미국도 다르지 않아서, 지금껏 미국이 '동맹'의 이름으로 개입한 악마가 누구였는지 살펴보면 과장이 아니라는 게 드러난다. 쿠데타와 무력침공을 당했던 제3세계의 많은 국가들은 외세의 간섭에서 벗어나려던 민족주의 세력이었지만, 전쟁에서 그들은 '공산주의'라는 악마가 되어야 했다. 1979년의 아프가니스탄과 2003년의 아프가니스탄에서 확인된 것처럼, 미국 편일 때 그들은 '자유의 전사'였지만 적으로 규정되는 순간 '테러리스트'가 될 수밖에 없었다.

이런 역사적 경험은 한미동맹에 적용해도 전혀 무리가 없다. 냉전이 끝나기 전 한국의 적은 공산권이었고 그들이 존재하는 한 기본적으로 동맹의 조건은 충족된다. 자본주의가 승리한 1990년대 이후에는 그 조건도 달라지는 게 자연스러운데 안 그랬다. 북방외교를 통해 러시아·중국 등과 관계를 정상화한 게 벌써 40년 세월임에랴, 미국이 아니라면 그들이 굳이 우리의 적이 될 필요는 없는 일 아닌가. 북한 상황은 더 이상하게 흘러갔는데 국제정세의 변화와 무관하게 북한은 여전히 악마다. 과거에 불법으로 남침했고, 그 후에도 틈만 나면 간첩을 보내 불안감을 조성하고, 지금도 적화통일을 꿈꾸니까 당연한 거라고 볼 수도 있지만, 제국주의라는 관점으로 보면 아예 낯선 풍경이 펼쳐진다. 북한은 제국의 필요에 따라, 다시 말해 동맹의 유지를 위해 악마로 만들어지고 있을 가능성이 크다.

제네바 합의●가 깨진 것만 해도 미국의 책임을 묻는 전문가가 더 많고, 님북관계가 개선될 때마다 발복을 잡은 것 역시 미국이다. 이를테면, 북한을 악마로 보도록 하는 뉴스의 상당 부분은 출처를 알 수 없고 뭔가 좋지 않은 의도를 숨긴 흑색선전에 가깝다. 뒷배는 미국이고, 탈북자 등이 전면에서 활동하는 심리전이 작용한 결과다.[96] 미국이 냉전 기간에 또 그 이후에 꾸준히 해왔던 것과 많은 부분에서 겹치는데, 제2장에 잠깐 등장했던 윌리엄 브룸은 이렇게 말한다.

세계 최강국(미국)이 많은 국가에 개입하고 분노하고 무력 공격을 하게 된 공통적인 원인은 무엇일까? 그것은 제3세계와 관련되어 있는 이런저런 형식의 '자주自主' 정책 때문이다. 미국의

---

● 미국과 북한이 1994년 10월 21일 체결한 외교적 합의다. 정식 명칭은 "북한과 미국 간의 핵무기 개발에 관한 특별계약"인데, 북한이 핵 개발을 포기하는 대가로 미국은 북미수교, 북미간 평화협정, 북한에 대한 경수로 발전소 건설과 중유 공급 등을 약속했다. 북한은 이 합의에 따라 1999년 10월 27일 영변에 있는 원자로 냉각탑을 폭파했지만, 미국은 계속 합의 이행을 미뤘다. 급기야 조지 부시 대통령이 당선된 이후에는 북한을 '악의 축'으로 규정하는 한편으로 고농축우라늄(HEU) 개발 의혹을 빌계로 이 합의를 먼저 폐기했다. 필자가 2017년에 발표한 논문「관습적 오류 혹은 의도적 프로파간다: 북한관련 '의혹'의 실체적 진실과 담론 왜곡의 구조」(의정연구, 23권 1호)에 당시의 상황과 한국 사회에 잘못 알려진 내용에 대한 자세한 설명이 담겨 있다.

대외정책 목표에서 벗어나 스스로 깨달을 필요와 원리에 따라 독자적인 발전 노선을 추구하려는 것이다. 이것은 첫째 미국의 정치, 경제적 종속으로부터 벗어나려는 것이었다. 둘째, 공산권과의 관계의 최소화, 국내 좌익의 탄압, 자국 영토에 미 군사 시설을 거부한 것으로써, 한 마디로 말하자면 냉전의 담보물이 되기를 거부한 것이다. 셋째, 이러한 열망들 중 어느 것도 받아들이려고 하지 않는 정부를 교체하려는 시도이다.[97]

앞서 살펴봤듯이 미국이 국제사회의 여론에 깊숙이 개입해 온 것은 엄연한 사실이다. 불리한 아젠다는 최대한 숨기고, 혹시 문제가 되더라도 '지엽적'인 것으로 전환시키고, 구조적인 모순에 의문을 제기하지 않도록 만들었다. 한국이 무엇을 해야 하는지, 지금 올바른 길에 들어서 있는지, 한미동맹을 계속 유지하는 게 최선인지 등에 대한 질문은 이렇듯 관점을 바꿔야 비로소 가능하다. 불행하게도 한국 사회에서는 이런 문제의식이 없거나 약하고, 다른 관점에서 진단과 해결책을 찾으려는 노력도 안 한다.

# 평화 전략

강 건너에서 불이 난 상황을 한번 상상해보자. 뭘 할 수 있을까? 제일 쉬운 건 구경꾼으로 남는 거다. 강 건너에서 불구경하는 건 드문 호사 중 하나로 밤하늘을 환하게 비추는 불길은 아름답기까지 하다. 불길이 사나울수록 흥미는 더 커진다. 한데 사람들의 비명까지 들린다면? 뭔가 도울 방법을 찾는 게 다른 선택지다. 강을 건너갈 방법이 있다면 불 끄는 작업에 도움을 주면 좋다. 화재 진압에는 도움을 못 주더라도 따뜻한 옷을 전해주거나 먹을거리를 챙겨줘도 된다. 당장은 아무런 도움을 못 줘도 며칠 시간을 두고 돕는 길도 있다. 집을 새로 짓거나 가재도구를 마련하는 데 보탤 수 있는 금전적 지원이나 복구 작업에 손을 보태는 일이다.

이렇게 강 건너 불에 대한 대응방식은 생각보다 다양한 선택이 가능하다. 더구나 모든 선택에는 결과가 따른다. 구경꾼이 되었을 때는 나중에 같은 곤경에 처할 경우 도움을 요청할 수 없다. 그렇게 하면 염치없는 사람으로 오히려 욕을 먹는다. 어떤 형식으로든 도움을 주면 평판이 좋아질 수도 있고, 나중에 도움을 받을 수도 있고, 무엇보다 그전에 없었던 새로운 인연을 만들 수 있다. 국제사회와 한국의 관계에 이를 적용해보면 어떨까?

국제사회에 대한 한국의 선택지는 많다. 전쟁이든, 대기근이든, 환경재앙이든 모른 체하는 게 그중 하나다. 남이 뭐라 하든 이기적으로 처신하는 것도 선택이다. 달면 삼키고 쓰면 뱉는다는 속담이 적용되는 경우일 텐데, 한국에 유리한 일에는 개입하고 그렇지 않으면 외면하는 방법이다. 또 다른 선택은 얻는 것과 잃을 것을 생각하지 말고 할 수 있는 건 뭐든 하는 것이다. 한국전쟁이 끝났을 때 한국은 다른 선택을 할 수 있는 상황이 아니었다. 그때는 의지도, 능력도, 여유도 없었고 무엇보다 제 한 몸 추스르기 버거웠다. 지금의 한국은 많이 다른데, 원하면 얼마든지 할 수 있는데 그러나 안 한다. 남들에게 욕을 좀 먹더라도 제 잇속만 챙기면 된다고 생각한다. 굳이 미국만 챙기면서 다른 나라가 어떻게 생각하든 별로 상관없다고 여기는데 그게 틀렸다는 점이 고민거리다. 강 건너 불구경 얘기를 한 번 더

해보자.

한국에게 '강 건너'는 없다. 지구상 유일한 분단국가면서 지금도 해마다 몇 번에 걸쳐 내규모 군사훈련을 한다. 자칫 조그마한 실수가 있어도 핵전쟁으로 번질 수 있는 화약고다. 강 건너 불이 바람을 타고 넘어오면 단순히 불이 붙는 정도가 아니라 대량 폭발로 이어질 수밖에 없다. 한국은 또 어떻게든 가까이 있는 곳에서 불이 나지 않도록 해야 하는 숙명을 안고 산다. 분쟁 소지를 줄이고, 평소 자주 왕래하며, 평화롭게 지내면 자연스럽게 불씨는 잦아든다.

여기서 미국은 우리와 정말 처지가 다르다고 봐야 하는데, '강'이 아니라 '바다' 건너에서 불구경할 수 있는 거의 유일한 국가라서 그렇다. 불길이 커질수록, 다치는 사람이 많을수록, 불조심 얘기만 나와도 그들에겐 떡고물이 생긴다. 한편으로는 돈을 벌고, 다른 한편으로는 소방관으로서 몸값을 높일 수 있기 때문이다.

## 한국의 위기 대응 기조

한국은 이런 상황에서 장차 닥칠 위기를 어떻게 헤쳐갈 수 있을까? 정답은 없지만, 비록 쉬운 길은 아니어도 문제 해결을 위한 첫발을 내딛는 정도는 어렵지 않다. 남의 눈치를 전혀 안 보고 우리가 하면 되는 일도 있다. 대략 다섯 가지 정도의 전략을 생각할 수 있는데, 몹시 어려운 것도 아니고 우리가 몰랐던 별난 것도 아니다. 뻔한 소리 같아도 잠깐만 살펴보자.

'지피지기 백전불태知彼知己 百戰不殆'가 그중의 첫번째 전략이다. 『손자병법』에 나오는 얘기로, 적을 알고 나를 알면 백번 싸워도 위태롭지 않다는 뜻이다. 국제사회를 왜 제대로 알아야 하는지도 가르쳐준다. 세상이 어떻게 작동하는지, 국가이익에 위협이 되는 요소가 뭔지, 국민 행복에 영향을 줄 수 있는 중요한 변화가 뭔지 등등 잘 배워야 할 건 정말 많다. 미국에 대해 '제국'이라는 명칭을 붙이고 제국주의 민낯을 정면으로 응시하는 게 출발점이다. 그래야 '강 건너 불'을 '발등의 불'로 인식할 수 있다. 미국이 소방관이 아니라 오히려 사방팔방에서 불을 지르고 다니는 방화범일 가능성마저도 상정할 수 있어야 한다. 지금의 국제정세가 단지 소련에서 중국으로 냉전의 대상이 바뀐 '신냉전'이 아니고, 미국을 중심으로 한 연합제국에서 벗어나기 위한 '탈제국' 시대임을 인정하는 것도 필요하다. 그렇게 되면 당연히 대응책이 달라진다.

국가 차원에서 준비해야 할 두번째 전략은 '호시우행虎視牛行'이다. 한미동맹 강화라는 고지를 정해놓고 물불 가리지 않고 달려가는 한국 정부가 전혀 생각하지 않고 있는 접근이다. 장차 무슨 일이 닥칠지 알 수 없는 게 국제사회다. 지식과 정보가 많으면 도움이 되는 건 맞다. 그래도 숭어가 뛰니까 망둥이도 뛴다는 식으로 행동하면 위험에 빠지기 쉽다. 호랑이의 눈으로 주변을 냉정하게 관찰하면서 소처럼 느릿하게 행동하는 게 최선이다. 이를 관찰과 행동으로 나눠서, 먼저 '관찰'에서 할 수 있는 걸 생각해보자. 우리가 국제사회의 본질을 제대로 모르게 된 가장 큰 이유 중 하나는 미국에 대한 과도한 의존이다. 미국의 정부·언론·전문가의 말만 좇고 살았기 때문이다. 지식에는 국적이 없어도 지식인에겐 있다. 객관성과 공정성을 규범으로 하는 언론사도 궁극적으로는 국가이익을 챙긴다. 특히 대외정책에서 언론은 정부의 나팔수라는 말이 있지 않은가. 미국이 필요한 문제에 집중하고, 정부가 정한 테두리 안에서 분석하고, 국가이익에 도움이 되는 해결책을 홍보한다. 전 세계적으로 권위가 있고 영향력이 높다고 알려진 싱크탱크의 상황은 더 하다. 전형적인 고용된 지식으로 그들은 늘 전쟁을 부추기는 세력이다.

한국은 이런 상황에서 뭘 해야 할까? 정부의 대외정책은 국내 정책과 달라서 정파적인 입장으로 접근할 게 아니다. 장기적 관점에서 객관적으로 수집한 정보를 바탕으로 깊이 생각하고 신중하게 행동해야 하는 영역이라 대외정책 전문가 집단이 꼭 필요하다. 정파성에서 최대한 벗어나 국제사회에 대한 거시적 전략을 마련할 수 있는 전문가 집단을 육성할 책임이 정부에 있다는 의미다. 미국 중심의 지식 축적을 다자질서에 맞도록 전환하는 것 역시 선택이 아닌 필수다. 지나치게 미국 중심으로 짜인 외교부와 관련 부서의 역할도 다자질서에 맞춰 개혁할 필요가 있다. 중국, 러시아, 브릭스, 제3세계 모두 중요한 고객이라는 점을 받아들이면 된다. 더불어 지식인과 학계가 해야할 몫 중 으뜸은 미국 지식의 수입상을 벗어나는 일이다. 진리를 독점하는 사람은 없어서 미국의 전문가만큼이나 중국, 러시아, 이란, 남미 등에서도 필요한 지식과 관점은 있는 법이다.

국제사회에 대한 한국의 '행동'도 달라져야 한다. 누구나 자신에게 유리한 판세를 만들고 싶어 하는 상황에서 입장을 명확하게 밝히라는 요구는 당연하다. 그런 압박을 받더라도 모호성을 유지하는 게 손해를 덜 본다. 외교적 수사라는 말이 왜 나오는지 생각해보라. 국가 간 복잡한 사안을 두고 원하는 결과가 나오지 않았을 때 "잘 됐다, 아니다"라고 말하는 대신에 "건설적 논의가 오갔다"라고 덕담을 하는 방식이다. 의리를 지키지 않는다고 욕을 먹으면 어떻게 하지? 믿을 수 없다는 인식을 주면 더 손해가 아닌가?

틀린 말은 아니지만 그런 욕을 먹는 건 잠깐이다. 괜한 명분이나 도덕심 때문에 국민을 불행으로 몰아가는 게 더 바보다. 인류 역사에서 흔하게 볼 수 있는 장면이다. 미국이 그간 취해왔던 대외정책의 스탠스만 봐도 금방 드러난다. 1차와 2차 세계대전을 거치는 동안 미국은 전쟁 초기 누구를 돕겠다고 명확하게 밝히지 않았다. 혈맹으로 불리는 영국이지만 궁지에 몰려 상당한 수준의 양보를 할 때까지 미국은 참전 발표를 미뤘다. 1636년의 병자호란은 그와는 정반대로 우리가 움직였던 사례로, 당시 조선으로선 중국의 새로운 주인이 누가 될지 명확하지 않았다. 그러니 누구를 편들겠다는 명확한 신호를 줄 필요가 없었는데도 주변을 탐색하는 건 소홀히 한 채 성급하게 명나라 편에 섰다. 국토가 불타고 많은 백성이 도륙을 당하는 비극을 그래서 겪었다.

　낯익은 길을 갈 때 우리는 크게 고민할 필요가 없다. 낯선 곳에 가더라도 지도가 있으면 걱정하지 않아도 된다. 그렇지만 지금까지의 경험이 별로 도움이 안 되고, 무엇보다 누구도 가보지 못했고, 대신 갈 수 없는 길이라고 한다면 고민은 깊어질 수밖에 없다. 이럴 때 필요한 게 세번째 전략 '실사구시實事求是' 정신이다. 현실을 정확하게 판단한 다음에 제일 나은 선택을 하는 자세다. 태어나서 처음으로 가족 여행을 해외로 나가는 경우를 가정해보면 이해하기 쉽다. 우선 필요한 건 어디로 갈 것인가를 정하는 일 같은 실사實事 단계다. 언론이 이 과정에서 중요한 역할을 한다.

　그간 국내 언론은 미국과 영국 등 서방 언론에 과도하게 의존해왔다. 냉전 시대의 사고에 젖어 자유주의 국가의 언론만 진실하다고 믿는다. 권위주의 국가의 언론은 정부의 통제를 받기 때문에 '진실'이 아닌 '조작정보'(즉 프로파간다)라고 외면했다. 미국과 유럽의 언론은 정부가 아닌 자본의 통제를 받는다는 것과, 이들 정부와 자본가 계급 간 장기간에 걸친 유착관계가 형성되어 있다는 건 무시한다. 그렇다면 언론은 어떻게 달라져야 할까?

국민이 냉정하게 판단할 수 있는 양질의 가공된 정보(그래서 공공지식)를 제공하겠다는 자세로 돌아오면 된다. 정확하고 믿을 만한 정보, 특히 편견이 있는 의견을 잘 걸러야 한다. 각자 경험한 바에 따라 평가를 하기 때문이다. 직접 경험하지 않은 '~카더라' 얘기도 경계 대상이다. 언론에 필요한 자세는 그런 점에서 다양한 정보를 확보하는 것과 열린 마음으로 공정하게 판단하는 전문성이다. 정확한 정보를 확보한 다음 단계에서 비로소 올바른 판단이라는 구시求是가 기다린다. 가족의 건강·예산·취미·기간 등을 종합적으로 분석해 최적의 장소를 선택하는 단계다. 이를 국제사회에 적용하면 우크라이나에 포탄을 제공해야 할지, 베네수엘라의 쿠데타 정부를 인정할지, 러시아에 대한 경제제재에 동참할지 등을 결정하는 일이다. 그 후폭풍이 너무 드세서 신중에 신중을 거듭할 수밖에 없다.

국제사회는 또 적과 아군을 쉽게 구분하기 어렵고 한 번 적이었다고 계속 적이라는 법이 없다. 과거에 국가이익을 지키는 건 비교적 단순했다. 1945년 2차대전 이후 미국 중심의 국제사회가 등장했을 때도 자본주의와 공산주의 간 냉전이 곧바로 벌어졌고, 적은 맞은편에 있는 진영이라 구분하기는 어렵지 않았다. 1990년대 냉전이 끝난 이후에는 좀 더 복잡해져서 이제는 국가이익을 둘러싼 전선이 죽고 죽이는 전쟁 중심에서 먹고사는 경제 문제로 넓어졌다. 인터넷과 SNS 등으로 전 세계가 하나로 묶이면서 국제여론도 중요한 관리대상이 됐다. 국가 이미지가 나빠지면 관광객이 덜 오고, 투자 기회가 줄고, 문화상품 수출이 영향을 받는 세상이다. UN, 유엔인권이사회, 유네스코 등에서 주도적 역할을 하려고 해도, 그래서 유리하거나 불리한 정책에 개입하고 싶어도 다른 국가의 지원이 없으면 안 된다. 국가 차원에서 공을 들여야 할 이해관계자도 개별국가를 포함해서 국제기구, 다국적기업TNCs, 비정부기구NGOs 등으로 훨씬 더 많아졌다.

지금은 아무리 힘센 국가라도 이 모든 영역에 개입할 수 없고 모두를 설득하지 못한다. 군사력과 경제력, 과학, 의학과 기술 수준 등을 비교했을 때 국가 간 경쟁력은 지난 100년간 엄청나게 달라졌다. 브릭스BRICs만 해도 전 세계 GDP의 36%를 차지해 29.9%에 그친 G7을 앞섰다.[98] 국제사회는 이제 다자질서 시대가 되었다는 게 핵심이다. 냉전 직후 미국과 소련을 중심으로 했던 양극질서와 탈냉전 시기 미국이 독주했던 단극질서가 끝나고 있다는 뜻이다. 가능한 많은 국가와 두루 잘 지낸다는 뜻의 네번째 전략 '선린우호善隣友好'가 주목받는 건 이런 배경에서다.

그렇다고 무장해제를 하자는 건 아니다. 약육강식의 냉혹한 법칙이 여전히 작동하는 국제사회라는 정글에서는 누구나 자신을 지킬 칼(즉 믿는 구석) 하나씩은 품고 있다. 국가 차원에서 준비할 수 있는 칼로는 뭐가 있을까? 정글이 아니고 다른 사람과 함께라면 돈, 인맥, 권력, 평소에 쌓는 신뢰 등이 도움이 된다. 국제사회도 한때 그랬다. 미국이나 소련 둘 중 하나와 동맹을 맺으면 모든 게 순탄했을지 모르나 지금은 달라졌다.

미국도 이제는 힘이 빠졌다. NATO에 가입시켜 주겠다고 약속했던 우크라이나는 지금 러시아의 공격으로 속수무책으로 당하는 중이다. 국토는 불타고, 공장과 건물은 무너졌으며, 무고한 국민은 날마다 죽임을 당한다. 한국 사회가 여기서 제대로 된 교훈을 못 얻으면 미래가 없다. 미국은 이제 한국을 일방적으로 도울 처지가 못 된다. 주한미군 방위비 분담금만 해도 우리가 해마다 더 낼 수밖에 없다. 백악관의 주인이 된 트럼프 대통령의 관점에서 보면 너무 당연하다. 미국으로서는 어떻게든 해외 주둔비용을 줄이고 싶은데 그게 싫으면 합당한 값을 내면 된다는 거다. 만약 한국이 원하지 않으면 미국은 얼마든지 떠날 수 있고 전시작전권도 그래서 돌려주려고 했다. 그걸 안 받겠다고 한 게 한국이고, 지금도 미국이 못 떠나게 바짓가랑이를 잡는 상황이라면 아쉬운 건 미국이 아니라 한국이다. 목숨이 달린 일인데 그깟 주둔비 좀 더 올린들 대수롭지는 않은 일이고, 그게 싫으면 미국은 떠나면 그만이라고 본다.

한국은 또 안보동맹에 묶여 있어 중국으로부터 얻을 수 있는 막대한 경제적 이익을 포기한다. 미국이 주도하는 각종 경제제재에 협력할 수밖에 없고 그로 인한 비용은 모두 우리 몫이다. 현대와 기아자동차가 어렵게 개척한 이란에서 2018년과 2019년 철수했던 일, 러시아에서 현지 공장을 14만 원에 팔고 철수할 수밖에 없었던 일이 바로 그런 이유에서다[99]. 한미동맹 수준의 밀착 관계가 아니었다면 꼭 이렇게까지는 안 해도 되었다. NATO의 회원국인 튀르키예와, 4개국 안보협의체 쿼드Quad에 속한 인도가 각각 선택한 길이기도 하다. 그들은 전쟁으로 오히려 상당한 이익을 챙겼다. 필요할 때 주체적으로 행동할 수 있는 준비가 있어 가능했다. 미국의 압박이나 장차 있을지도 모를 경제제재에 맞설 배짱과 의지와 역량이 있었다.

끝으로, 교학상장敎學相長이라는 전략인데 "함께 배우고 같이 성장한다"라는 뜻이다. 세계대전 후 독립국이 된 많은 국가의 눈에 한국은 잘 나가는 모범사례다. 미국이 특별히 챙겨준 덕분이라는 것도 절반만 맞다. 미국의 도움을 받은 많은 국가들 중 한국은 특별한 성공사례다. 이는 한국이 나눌 게 많다는 결론으로 이어진다. 한국이 약소국을 대상으로 한 공적개발원조

ODA에 나선 건 이런 기대치를 알기 때문이다. 2023년 기준으로 약 31억3000만 달러나 된다. 대단할 것 같지만 다른 국가와 비교하면 그렇지 않다. 겨우 체면치레만 하는 수준으로 그 규모는 스페인(42억 달러)이나 폴란드(34억 달러)보다 적다. 국민총소득GNI에서 차지하는 비중은 0.18로 노르웨이(1.02), 룩셈부르크(1.05), 스웨덴(0.99)과는 비교가 안 된다.

경제적 지원은 그래도 그나마 잘하는 분야지만 국제평화에 힘을 보태거나 기후위기와 같은 인류 공동의 문제에서는 별로 눈에 띄는 게 없다. '못' 하는 게 아니라 '안' 하는 게 더 큰 문제다. 결국 의지의 문제인데 그 마음을 먹는 게 쉽지 않다. 무엇보다 우리가 원하는 미래가 어떤 모습인지에 대한 상상력이 너무 부족하다. 제국맹이라는 감옥에 갇혀 그곳에서 나올 생각을 하지 않아왔던 것과 관련이 깊다.

# '돈키호테 한국'을 넘어서

『라만차의 비범한 이달고 돈키호테』는 스페인 출신의 작가 미겔 세르반테스가 1605년 발표한 작품이다. 관직은 없어도 먹고사는 데는 불편함이 없는 귀족 알론소 키하노가 주인공이다. 평소에 기사에 관한 소설을 너무 많이 읽어서 그는 자신이 여전히 중세시대에 산다고 믿는다. 자신을 라만차 지역에 거주하는 명예로운 기사라고 생각했던 그는 끝내 산초라는 이름의 시종을 데리고 방랑길에 나섰다. 현실과 상상의 세계를 제대로 분간하지 못했던 그의 눈에는 모두가 자신을 노리는 적으로 보이는데 그중 잘 알려진 게 풍차다. 누가 봐도 바람을 맞아 맹렬하게 돌아가는 풍차를 향해 돌진하면서 그는 "운명이 우리가 기대했던 것보다 훨씬 더 좋은 길로 인도하는구나. 저기를 보아라. 산초 판사야. 서른 명이 넘는 거인들이 있지 않느냐. 나는 저놈들과 싸워 모두 없앨 생각이다. 전리품으로 슬슬 재물도 얻을 것 같구나. 이것은 선한 싸움이다. 이 땅에서 악의 씨를 뽑아버리는 것은 하나님을 극진히 섬기는 일이기도 하다"라고 말한다.[100] 과거의 영광을 재현하겠다는 그의 목표는 애초 도달할 수 없는 꿈이었다. 진짜 적이 아니라 머릿속에 존재하는 적을 상대로 한 전투에서는 당연히 패할 수밖에 없었다. 모두에게 온갖 조롱과 비웃음을 받고서야 빈손으로 고향에 돌아온다.

그의 이름은 그렇게 현실감각은 없으면서 무모하게 행동만 앞세우는 사람을 가리킬 때 자주 쓰인다. 냉전 사고방식에 젖어 없는 적을 날마다 만들어내는 한국 사회를 보면서 '돈키호테'를 떠올리는 건 그런 점에서 자연스럽다. 둘 사이엔 닮은 점이 꽤 많은데 그중에서 몇 가지만 꼽아보자. 먼저 국제사회 기준에서는 꽤나 잘 사는데 남을 돕거나 공동체에 봉사하는 노력은 정말 부족하다. 모두가 그런 건 아니지만, 그중에서 분단복합체로 불리는 집단에서 이런 성향이 특히 강하다.• 분단 상황에서 온갖 노른자위를 차지해온 그들은 정치권, 언론계, 학계,

---

• 김성해와 강국진이 2019년에 쓴 『천사 미국과 악마 북한: 언론복합체의 대한민국 요리법』이란 책에 그들의 실체가 잘 드러나 있다.

법조계, 종교계 등 곳곳에 포진해 있다. 대체로 연령대는 평균 70대로, 남자가 많고, 전쟁을 겪었고, 반공주의 교육을 받았으며, 이승만과 박정희 시절을 그리워한다.

국제사회를 보는 창이 지나치게 편협하다는 것도 공통점이다. 돈키호테는 기사에 관한 소설만 봤고, 한국은 미국과 영국 등 영어권 미디어만 본다. 인터넷으로 전 세계 누구의 목소리도 경청할 수 있는데 그렇게 잘 안 한다. 러시아와 중국은 권위주의 국가라서 마다하고, 개도국은 들을 필요가 없어 거부하고, 지난 70년 동안 들은 이야기와 다르면 아직도 '빨갱이'라며 싫어한다. 당연히 부작용이 없을 수 없다. 앞서 나왔던 것처럼 앵글로색슨이 만들어놓은 흑백논리로 세상을 보면서 그들이 보여주는 것만 보고, 들려주는 것만 듣는다.

특히 그 증상이 심한 게 미국에 대한 태도인데 불법으로 다른 나라를 침략해도, 쿠데타를 유도해도, 경제봉쇄로 수십만 명을 죽게 만들어도 그 책임은 항상 억울하게 당한 상대편에 묻는다. 물론 복잡한 세상에서 그래도 영미권 매체와 지식인이 더 믿을 만한 것은 맞다. 그 덕분에 지금껏 큰 문제가 없었고 이만큼 성장한 것도 부정할 수 없다. 그럼에도 불구하고 미국을 '제국'이라고 부르지도 못하는 지금의 상황은 분명 정상이 아니다. 집단지성을 통해 스스로 깨달은 게 아니라 누군가로부터 학습 받았을 가능성이 크다는 점을 고려하면 더 그렇다. 그럼 풍차를 향해 돌진하는 돈키호테가 아닌, 흑백논리에 빠지지 않고 항상 냉정해지자고 했던 마키아벨리가 되기 위해 우리는 뭘 해야 할까?

## 마키아벨리의 길

강대국에 둘러싸여 있는 샌드위치 신세가 지금의 한국이라는 사실은 부정할 수 없다. 망국을 맞이하기 직전에는 청나라·일본·러시아가 서로 경쟁했고, 해방 후에는 미국과 소련이 충돌했고, 지금은 민주주의와 권위주의 진영 사이에서 대립하고 있다. 누구 편에 속해도 문제가 되는 상황이라 분단된 상태로 이러지도 저러지도 못하는 상태다. 그렇지만 한국과 북한이 코리아연방국이 되든, 아니면 코리아연합이 되어 분쟁의 당사자 어디에도 속하지 않는 중립 상태가 되든 대립자들 모두의 접점으로서 도움이 되는 공통분모가 될 수 있다.

그걸 먼저 보여준 오스트리아는 앞서 중립국이 된 스위스와 달리 냉전의 한복판에서, 그것도 미국과 소련의 대결이 치열했던 1955년에 그 어려운 일을 해냈다. 당시 여건도 정말 안 좋았는데 패전국이라서 미·소·영·프에 의해 분할 점령된 상태였고 자칫하면 독일과 한반도처럼 영구 분단이 될 수밖에 없는 처지였다. 굳이 특정 진영을 택하지 말고 중립국이 되자는 국민적 공감대가 있었고, 그 목표를 위해 먼저 소련을 설득한 다음에 미국과 영국 등의 승인을 받았다. 우리라고 못 할 이유는 없다.

최종 목적지는 한반도에 있는 두 국가가 통일해서 중립국이 되는 것으로 잡고, 우선은 중간단계를 정해 에둘러가는 방법도 있다. 그중에서 우리가 관심을 둬야 할 국가는 노르웨이와 싱가포르다. NATO라는 군사동맹에 얽매여 있으면서도 대외정책에서는 상당한 자율성을 누리는 게 노르웨이다. 1993년에는 이스라엘과 팔레스타인 해방기구PLO 간 오슬로 평화협정을 주도했고, 최근 중동 전쟁에서도 가장 먼저 팔레스타인을 '독립' 국가로 인정할 정도다. 자유주의 진영에서는 모두가 꺼리는 북한에 대해서도 포용적이다. 양국 간 외교관계는 1973년부터 시작되었고, 지금도 주서울 노르웨이 대사가 북한 문제를 같이 다룬다. 북한에 대한 인도적 지원활동을 꾸준히 해왔고, 2022년 10월에도 20만 달러 정도의 후원을 했다.[101]

중국에 대한 대응방식에서도 흥미로운 점이 많은데, 원칙은 포기하지 않으면서 흑백논리에 빠지는 것을 철저히 경계한다. 이를테면 중국의 반대에도 불구하고 인권운동가 류샤오보Liu Xiaobo에게 노르웨이에 선정 권한이 있는 노벨평화상을 준 일이 그랬다. 당연히 중국 정부의 항의가 있었고 일시적으로 외교 문제가 생겼어도 2016년부터는 다시 관계 회복에 나섰다. 지난 2024년 11월 2일 중국 정부가 단기간 방문자에게는 일시적으로 비자를 면제한다고 밝힌 국가에도 포함되어 있다.

덩치는 작아도 우리 처지에서는 배울 게 많은 또 다른 사례가 싱가포르다. 작은 도시국가로 지금은 모두가 부러워하는 선진 국이 되어 있지만, 원래는 영국의 식민지였다가 전쟁 후 독립 을 한 말레이시아연방에 속해 있었다. 정치적으로 또 경제적으 로 말레이시아와 이해관계가 달랐던 터라 자신을 지킬 국방력 도, 국민이 제대로 먹고살 만한 경제력도 없이 1965년 연방으 로부터 쫓겨났다. 영국 해군이 계속 주둔하면서 겨우 안보 위 기는 벗어나는가 싶었는데 그것도 1971년 영국이 일방적으로 철수하면서 물거품이 됐다. 모두 리콴유 총리 재직 중에 벌어 진 일인데, 이런 위기를 맞아 그가 선택한 길은 남달랐다.

군사적 위협을 더는 남에게 의탁해 해결할 수 없다는 판단으 로 먼저 모든 국민이 무장하는 방법을 택했다. 국가를 사랑하 는 마음이 없으면 스스로 총을 들지 않을 거라는 판단에서 사 회주의에 가까운 정책을 도입했다. 이를테면 재산 규모가 아 니라 각자의 형편에 맞도록 주택을 배정하고 정치적 자유보다 는 질서와 안정을 더 챙겼다. 그래서 등장한 게 '아시아적 민주 주의'란 개념인데, 정치적으로는 독재를 유지하면서 공동체 가 치를 더 중요하게 생각하는 모델이다. 국제사회에서는 독재 로 비판받을 정도로 리콴유 총리의 재임 기간이 길었는데 무 려 31년이나 된다. 그래도 그가 재직하는 동안 경제는 눈부시 게 성장했고, 정치는 안정적이었으며, 외교에서도 중립국에 가까운 정책을 폈다. 2018년 북미정상회담이 싱가포르에서 열릴 수 있었던 것은 이런 중립 외교가 빛을 발휘했기 때문이다. 지난 2015년 중국의 시진핑 주석과 대만의 마잉주 총통이 무려 44년 만에 정상회담을 한 곳도 여기다.

굿이나 보고 떡이나 먹자는 자세가 아니라 작은 힘이나마 보태겠다는 주인의식이 있어서 가능했고, 한국이라고 이렇게 못할 이유는 없다. 무슨 순진한 소리냐고? 미국이 그냥 놔두겠느냐는 우려는 G2로 성장한 중국이 없을 때나 통했던 얘기다. 브릭스를 포함해 대안질서를 요구하는 목소리가 어느 때보다 높다는 점도 전혀 불리하지 않은 변화다. 다들 한국을 자기편으로, 또는 최소한 적으로 만들고 싶지는 않은 형세라 '누울 자리'가 생겼다. 제국이 한반도를 서로 잡아먹으려고 했던 그 엄혹한 시기에도 조선의 중립화 얘기가 나왔었는데, 지금은 그때보다 훨씬 상황이 좋다. 필요한 건 희망이고 그걸 준비하려는 마음을 먹는 것이다. 누군가는 영원한 제국을 꿈꾸면서 '초-제국'을 만들었는데 겨우 중립국 하나 못 만들 이유가 어디 있겠는가.

# 후주

1  유신모 (2011.12.16) 「8년 9개월 끈 이라크전 사망자 총 15만여 명 추산」, 『경향 신문』.

2  당시 상황에 대한 미국 정부의 의심쩍은 행적을 고발한 책으로는 게르하르트 비 스네프스키가 쓴 『제국의 꿈 - 작전911』(박진곤 옮김, 달과소, 2004)가 있다.

3  국무부에서 관리하는 제재 관련 사이트 주소는 다음과 같다. https://www. state.gov/economic-sanctions-policy-and-implementation/

4  Jeff Stein & Federica Cocco (2024.7.25) How four US presidents unleashed economic warfare across globe, The Washington Post.

5  이승현 (2022.9.16) 「북 외무성 대사, "일본은 조(북)일평양선언 배신 책임 벗어 날 수 없다"」, 《통일뉴스》.

6  조진구 (2024) 「역사로서의 평양 선언과 북일 관계」, 『현대북한연구』 27권 1호, 91~138쪽.

7  이제훈 (2021.7.12) 「'북-일 관계정상화' 미국은 왜 두 차례나 틀어막았나」, 『한겨 레』.

8  US Department of State (2004.2.9) "Armitage: U.S. won't relent on North Korean nuke issue" (https://japan2.usembassy.gov/e/p/2004/tp-20040209-41.html)

9  원문은 다음 사이트를 참고하면 된다. (https://web.archive.org/web/ 2023020 8125256/ https://seymourhersh.substack.com/p/how-america-took-out-the-nord-stream)

10  Barbara Moens & Mark Scott (2021.9.9) Transatlantic trade deal rises from the grave to fight China, Politico.

11  옥기원 (2019.1.24) 「트럼프 "과이도 임시대통령" 인정 vs 마두로 "미국 주도 쿠 데타"…일촉즉발 베네수엘라」, 『한겨레』.

12  보고서 원문은 다음 사이트에서 확인할 수 있다. Ben Smith (2016.7.1) "Chilcot Inquirty" Number CBP 6215, House of Commons.(https://researchbriefings.

files.parliament.uk/documents/SN06215/SN06215.pdf)

13  Ben Aris (2024.4.17) Fresh evidence suggests that the April 2022 Istanbul peace deal to end the war in Ukraine was stillborn, The Intellinews.

14  Claire Mills (2024.9.24) Military assistance to Ukraine since the Russian invasion, Research Briefing, House of Commons.

15  Jennifer Ruth & Yu Xiao (2019) Academic Freedom and China: Every instuctor walks on this ice, Academe, American Association of University Professors.

16  Margaret Simons (2023.3.16) 'Pretentious', 'hyperbolic' and 'irresponsible': what was behind Nine newspapers' Red Alert series?, The Guardian.

17  Binoy Kampmakr (2023.3.12) Media peddling 'Red Alert' rubbish slammed, Independent Austrialia(https://independentaustralia.net/business/business-display/media-peddling-red-alert-rubbish-slammed,17310)

18  Michael Lee (2023.3.16) Chinese Canadians report feelings of helplessness around anti-Asian racism, CTV News

19  임헌규 (2019) 「공자의 정치이념: 다산 정약용의 '정명' 해석」, 『동방학』 40, 9~42쪽.

20  한종구 (2022.6.19) 「"세계질서 혼란의 원인" … 중국, 4만자분량 자료집으로 미국 비난」, 『연합뉴스』. 인권정치를 둘러싼 미국과 중국의 갈등은 다음 논문에도 잘 정리되어 있다. 서재진 (2004) 「미국의 중국에 대한 인권정책 연구」, 『통일정책연구』 13(1), 45~80쪽.

21  강석희(1989), 「제2차 세계대전후 자본주의 세계를 군사적으로 장악하고 경제적으로 통제하기 위한 미제의 침략전쟁」, 『력사과학』 4호, 45~48쪽. (김세라, 2016, 60쪽에서 재인용)

22  김옥채 (2017.11.22) 「연방의원들, 학력과 재산 미국 평균 훨씬 상회」, 『중앙일보』.

23  레디앙 (2010.2.22) 「중국은 과연 독재국가인가?」, 《레디앙》.

24  Medea Benjamin & Nocolas. J.S. Davies (2022.1.11) The U.S. drops an average Of 46 bombs a day: Why should the world see us as a force of

peace? 〈Salon〉

**25** 길윤형 (2022.6.30) 「푸틴, 미국 '일극체제' 깨뜨리는 "다극체제화는 불가역적 과정」, 『한겨레』.

**26** 이장훈 (2023.2.4) 「'우크라이나 특수'에 美 방산업체 '잭팟'」, 『주간동아』1375호.

**27** 김종철 (2022) 「글로벌 인플레이션과 제국주의: 글로벌 인플레이션의 정치사회학적 의미」, 『경제와사회』136, 114~147쪽.

**28** 미국의 정보공동체에 관한 자세한 정보는 위키피디아(Wikipedia)에서 확인할 수 있다. (https://en.wikipedia.org/wiki/United_States_Intelligence_Community)

**29** 필리프 골뤼브 (허보미 역, 2019.10.19) 「미국이여, 영원은 제국은 없다네」, 《한겨레 르 디플로》.

**30** 장우성 (2010.8.18) 「친미도 반미도 아니다. 나는 용미(用美)주의자" 조선일보 김대중 고문 인터뷰」, 『한국기자협회』.

**31** 이형식이 2018년에 발표한 「'내파(內破)'하는 '대동아공영권 - 동남아시아 점령과 조선통치」라는 논문 83쪽과 84쪽에 나온다.

**32** 한찬욱 (2023.8.11) 「아프리카에서 반서방의 횃불이 타오르고 있다」, 《자주시보》; 류경완 (2023.8.7) 「니제르 쿠데타, 서구 신식민지 정책에 대한 아프리카 대륙의 반란」, 《민플러스》.

**33** 강정원 (2013) 「포스트차베스 시대의 베네수엘라, 혁명의 전환점에 서다」, 『라틴아메리카이슈』5, 83~100쪽.

**34** 이재림 (2023.6.16) 「이란·쿠바 "美 제국주의에 맞서자"…반미 밀착 강화」, 『연합뉴스』.

**35** 홍욱현 (2009) 「베네수엘라-미국 관계: 차베스 대통령의 반미동맹 성공할 수 있을까?」, 『트랜스라틴』5호, 42쪽 재인용.

**36** Inderjeet Parmar (2018) The US-led liberal order: Imperialism by another name International Affairs 94:(1), 151~172쪽.

**37** Stephen Castles (2005) Nation and Empire: Hierachies of Citizenship in the New Order, International Politics, 42, 203~224쪽.

38 그림의 출처는 https://www.bbc.co.uk/bitesize/articles/z77cg7h#znnqwnb

39 그의 주장은 2007년에 출간된 책 God and Gold: Britain, America, and the Making of the Modern World에 잘 나와 있다.

40 손일선·고보현 (2021.9.17)「오커스 날벼락 맞은 프랑스… "미국이 등에 칼꽂았다"」, 『매일경제』.

41 김호연 (2019)「우생학, 국가, 그리고 생명정치의 여러 형태들」1865-1948, 『동국사학』68, 269~310쪽.

42 Jay Sexton (2021) The British Empire after A.G. Hopkin's American Empire, The Journal of Imperial and Commonwealth History, 49(3), 459~480.

43 Andrew Clem (2016) The Fillipino Genocide, Historical Perspectives, 21(6), 1~9.

44 Federal Reserve Bulletin (1919.10.1) Export from the United States before and after the outbreak of the War.

45 Mulder, Nicholas: War Finance, in: 1914-1918-online. International Encyclopedia of the First World War.

46 Francis P. Sempar (2017) Churchillian geopolitics: Mackinder, Mahan, and the preservation of the British Empire, Competition Forum, 15(1), 234-240.

47 Tindall, George Brown and Shi, David E. (2012). America: A Narrative History (Brief Ninth Edition) (Vol. 2). W. W. Norton & Company. p. 589.

48 Robert K. Murray (1955) Red Scare: A Study in National Hysteria, 1919~1920. University of Minnesota Press.

49 National Humanities Center, Political Cartoons of the 1920s: The Red Scare. (http://americainclass.org/sources/becomingmodern/divisions/text8/politicalcartoonsrs.pdf)

50 Jessica Brain (2021) The Great Depression, The History of Britain Magazine, (https://www.historic-uk.com/HistoryUK/HistoryofBritain/Great-Depression/)

51 러시아 내전과 관련한 자료는 위키피디아의 "Russian Civil War" 자료를 참고했다.

52 Paul R. Gregory & Joel Sailors (2003) The Soviet Union during the Great Depression: The Autarky Model, Ch.8, in T. Balderston (ed.) The World Economy and National Economies in the Interwar Slump, Palgrave Macmillaan.

53 Best Antony (2012) We are virtually at war with Russia: Britain and the Cold War in East Asia, 1923-40, Cold War History, 12(2), 205~225.

54 박휘락 (2013) 「주요 미군 주둔 국가(한국, 일본, 독일)의 방위비 분담 비교연구」, 국회예산정책처 보고서.

55 관련 수치는 위키백과에서 얻었다. (https://en.wikipedia.org/wiki/Lend-Lease)

56 박인규 (2019.1.15) 「미국의 '군사화', 그리고 파워엘리트의 탄생」, 《프레시안》.

57 Geir Lundestad (1986) Empire by Invitation? The United States and Western Europe, 1945-1952, Journal of Peace Research, 23(3), 263~277.

58 Allied and Axis GDP(Ralph Zulian), (http://www.zuljan.info/articles/0302wwiigdp.html )

59 https://www.swcs.com.au/goldreserves.htm

60 Tassava, Christopher. "The American Economy during World War II". EH.Net Encyclopedia, edited by Robert Whaples. February 10, 2008.

61 위의 Geir (1986) 참고.

62 Michael Cox, (2005) Caroline Kennedy-Pipe (2005) The tragedy of American diplomacy? Rethinking the Marshall Plan, Journal of Cold War Studies, 7(1), 97~134.

63 1960년대 이후 남미를 중심으로 퍼져 나갔던 종속이론의 근거가 됐다.

64 그림의 출처는 다음과 같다. (https://www.researchgate.net/figure/Cecil-Rhodes-depicted-as-The-Rhodes-Colossus-in-1892-with-one-foot-in-the-Cape-and-the_fig3_303457731)

65 The War and Peace Studies on the Council on Foreign Relations, 1939-1945, The Harold Pratt House, New York, 1946. (https://ia802708.us.archive.

org/4/items/CouncilOnForeignRelations1946TheWarAndPeaceStudies/
Council%20on%20Foreign%20Relations%201946%20_%20The%20
war%20and%20peace%20studies.pdf)

**66** Jeremi Suri (2002) Hamlton Fish Armstrong, the "American Establishment,"
and Cosmopolitan Nationalism, The Princeton University Library Chronicle,
63(3), 438~465.

**67** G. William Domhoff (2014) The Council on Foreign Relations and the Grand
Area: Case Studies on the Origins of the IMF and the Vietnam War, Class,
Race and Corporate Power, 2(1), p. 34.

**68** Geir Lundestad(1999) Empire by Invitation in the American Century,
Diplomatic History, 23(2), 189~217.

**69** 김성해 (2019) 『지식패권 2: 약소국의 눈물과 잿더미 위에 피운 꽃』, 민음사.

**70** Hakon Ringstad (2012) The roots of America's 'War on Terror': A war that
never ends, Thesis, Florida State University.

**71** 펜타곤과 CIA 등이 트위터와 같은 SNS를 동원해 우크라이나와 러시아의 전
쟁에 개입하고 있다는 증거는 Russia Times의 다음 뉴스에서 거듭 확인된다.
Twitter 'directly assisted' Pentagon's propaganda campaigns(2022.12.21) &
US spies pushed Twitter to censor 'anti-Ukraine narratives' - media(2022.12.25).

**72** Ron Theodore Robin (2009) The Making of the Cold War Enemy, Princeton
University Press.

**73** Global Times (2021.12.3) US wages global color revolutions to topple
governments for the sake of Americal control.

**74** The White House (1998.6.11) Remarks by the Prssident on US-China
Relations in the 21st Century. (https://1997-2001.state.gov/regions/
eap/980611_clinton_china.html)

**75** 영화사 순위는 다음 자료를 참고했다. (https://startuptalky.com/top-movie-
studio-companies/)

**76** 관련 기사는 다음을 참고하면 된다. AFP (2021.9.10) 'Big Tech Sells War':

Companies made billions with 'war on terror'; Alex Press (2019.2.7) Big Tech's unholy Alliance with the Pentagon, The New Republic; James Bandle (2019.8.22) How Amazon and Silicon Valley Seduced the Pentagon, ProPublica.

77 Eugene Kim (2016.8.2) Amazon CEO Jeff Bezos joins a group led by ex-Google CEO Eric Schmidt to advise the Pentagon, Insider.

78 Sam Becker (2018.6.11) The crazy amount of money the Military gives to the NFL, Sportscasting.

79 Joseph W. Ryan (2010) What were they thinking? Samuel. A. Stouffer and the American Soldier, Dissertation, University of Kansas.

80 권윤경 (2020) 「제국의 동양학과 문화적 식민주의- 프랑스령 인도차이나의 극동연구원」, 『서양사론』146, 50~90쪽.

81 채오병 (2014) 「냉전과 지역학: 미국의 헤게모니 프로젝트와 그 파열, 1945-1996」, 『사회와역사』104, 297~333쪽.

82 Melville J. Hershkovits (1964) Biograpy of Clyde Kay Maben Kluckhon, National Academy of Science.

84 Stephanie Savell (2021.2) United States Counterterrorism Operations 2018-2020, (https://watson.brown.edu/costsofwar/files/cow/imce/papers/2021/US%20Counterterrorism%20Operations%202018-2020%2C%20Costs%20of%20War.pdf)

86 자세한 정보는 다음 사이트에서 확인하면 된다. (https://freedomhouse.org/countries/freedom-world/scores)

85 Patrick Porter, "Why America's Grand Strategy Has Not Changed: Power, Habit, and the U.S. Foreign Policy Establishment," International Security, Vol. 42, No. 4 (Spring 2018), pp. 9-46,

86 Wright Mills (1959) The Sociological Immagination, Oxford University Press.

87 https://history.state.gov/historicaldocuments/frus1945-50Intel/d292.

88 Kenneth Wald (1994) The Religious Dimension of American Anti-Communism,

Journal of Church and State, 36(3), 483-5-6.

**89** Douglas Kinnard (1977) President Eisenhower and the Defense budget, Journal of Politics, 39(3), 596-623.

**90** National Priorities Project (2023.5.24) The Warfare State: How Funding for Militarism Compromises Our Welfare. (https://www.nationalpriorities.org/analysis/2023/warfare-state-how-funding-militarism-compromises-our-welfare/)

**91** Jack Goldsmith (2022.12) How J. Edgar Hoover went from hero to villain, The Atlantic.

**92** 강우석 (2023.9.15) 「한국 무역 의존도, 미국의 3배 수준… 미중 패권다툼등 '외부 충격' 더 취약」, 『한겨레』.

**93** 김지섭 (2023.2.24) 「자원 없는 나라는 서럽네… 환율도, 물가도, 주가도 '흔들'」, 『조선일보』.

**94** 김정우 (2014.03) 「〈정밀추적〉 이석기 공판에서 드러난 내란음모 사건의 전모」, 『월간조선』.

**95** 김민찬 (2024.1.16) 「'적대국' 규정에 "북한 정권, 반민족 집단 자인"」 MBC.

**96** 김성해 외, (2021) 「위선과 무례함 그리고 사악함의 변주곡: 북한 관련 '가짜뉴스'를 통해서 본 한국 언론의 민낯」, 『통일문제연구』 33(2), 189~234쪽.

**97** William Blum, 1995, Killing hope : US military and CIA interventions since world war Ⅱ, Common Courage Press.

**98** 황방열 (2023.9.1) 「브릭스 11개국 GDP 36% vs G7 29.9%」, 《뉴스토마토》.

**99** 김병용 (2018.6.11) 「현대차도 이란 철수…美 이란제재 후폭풍」, 『글로벌이코노믹』; 최우리 (2023.12.19) 「현대차 러시아 공장 팔고 빠진다, 매각 가격은 14만원」, 『한겨레』.

**100** 책방아저씨 (2015.8.10) 「살면서 딱 한 번은 '낭만기사' 돈키호테처럼」, 브런치 스토리.

**101** 윤형선 (2022.10.27) 「노르웨이 정부, 인도적 활동위해 북한에 20만 달러 지원.. 국제적십자 통해 전달」, 『남북경협뉴스』.

# 찾아보기

# 제국 없는 제국주의 시대

다가온 탈제국의 조류, 한국호의 방향타는 어디로?

2025년 2월 7일 초판 1쇄

| | |
|---|---|
| **지은이** | 김성해 |
| **펴낸이** | 장의덕 |
| **펴낸곳** | 도서출판 개마고원 |
| **등록** | 1989년 9월 4일 제2-877호 |
| **주소** | 강원도 원주시 로아노크로 15, 105동 604호 (우 26382) |
| **전화** | 033-747-1012 |
| **팩스** | 0303-3445-1044 |
| **이메일** | webmaster@kaema.co.kr |

ISBN 978-89-5769-501-2  03340